恩道尔国际地缘政治丛书

BOOK SERIES ON GLOBAL GEOPOLITICS BY WILLIAM ENGDAHL

TARGET CHINA

目标中国

华盛顿的“屠龙”战略

[美] 威廉·恩道尔◎著

戴 健 顾秀林 朱宪超◎译

中国出版集团
中国民主法制出版社
全国百佳图书出版单位

图书在版编目(CIP)数据

目标中国：华盛顿的“屠龙”战略 /（美）恩道尔（Engdahl,F.W.）著；戴健等译 . — 北京：中国民主法制出版社，2013.1

ISBN 978-7-5162-0194-7

Ⅰ.①目… Ⅱ.①恩… ②戴… Ⅲ.①中美关系—研究 Ⅳ.① D822.371.2

中国版本图书馆 CIP 数据核字（2012）第 271174 号

图书出品人：刘海涛
出版统筹：石　松
图书策划：刘　忠
责任编辑：姜　华

书　名 / 目标中国：华盛顿的“屠龙”战略
作　者 /［美］威廉 · 恩道尔　著

出版 · 发行 / 中国民主法制出版社
地址 / 北京市丰台区右安门外玉林里 7 号（100069）
电话 /（010）63055259（总编室）　63058068　63057714（营销中心）
传真 /（010）63055259
http: //www.npcpub.com
E-mail: mzfz@npcpub.com
经销 / 新华书店
开本 / 16 开　　787 毫米 ×1092 毫米
印张 / 14.75　　**字数** / 190 千字
版本 / 2013 年 1 月第 1 版　　2025 年 2 月第 42 次印刷
印刷 / 三河市宏图印务有限公司

书号 / ISBN 978-7-5162-0194-7
定价 / 39.00 元

致谢

谨将此书献给我的朋友安杰·阿比西（Antje Abisch），正是在她的激励和不知疲倦地支持下才有了本书。

前　言

“知彼知己者，百战不殆；不知彼而知己，一胜一负；不知彼不知己，每战必败。”

——《孙子兵法·谋攻篇》

“兵者，诡道也。……实而备之，强而避之……攻其无备，出其不意。”

——《孙子兵法·计篇》

谁是中国真正的敌人?

阅读本书，朋友们或许心生疑虑，也不免大吃一惊。

书中所列势力种种，其所虑所为均有相通之处，那就是让中国束手就擒。

事实当真如此?

针对中国的布局与陷阱，并非都像美国在亚洲的军事部署那样有目共睹，无可争议。这些陷阱极具隐蔽性，然而一旦成功实施将具有极大的灾难性。笔者只是在浩瀚如海的事件中发现端倪，并把它们所承载的后果展现给所有有识之士，防止灾难的发生，维护人类共同的利益。

我们通常把“敌人”看成是某个国家或国家集团。然而，中国的敌人并非美国人民，更不是英国或其他国家的大多数人。中国真正的敌人绝非等闲之辈，他们人数不多但关系极为密切，还有培植多年的御用智库和财经团队随时听令。过去几十年，这些人已经实际控制了美国政府的核心部门，像财政部、国防部、农业部以及国务院等的诸多机构。

这些人对美国并无好感，对普通美国民众更是视之为草芥，弃之如粪土。我们不妨将他们称为全球卡特尔联盟，其中包括洛克菲勒家族、乔治·布什家族、杜邦家族、比尔·盖茨家族，以及一些闻所未闻的名字。这些家族并非精英，他们的最终目的不过是在全球范围内损人利己，在未来几十年大幅减少地球人口就是其措施之一。要想实现对人类生命的终极控制，美国和中国这样的大国自然成为他们的眼中钉。

不错，这些人确实疯了，但是靠着鼎鼎大名带来的神圣光环，他们竟能与“屠夫”的恶名毫不相干。

他们的实力来自于手中的150家跨国公司，这些公司控制着世界经济的命脉。如果这些大牌企业联手，包括美国政府在内的各国政府都会不堪一击。千万别忘了，政客们都是明码标价的。中情局局长如果不合政治掮客的意，或许就会因性丑闻之类的借口被免职；而总统若像肯尼迪这般，必定会遭到暗杀。

这150家大公司构成了全球私人权力联盟，研究这张大网颇费心血，笔者用了38年的时间才洞悉玄机。这些公司实力令人生畏，但舵手却屈指可数，究其理念，均来自鸦片战争时期的荷兰东印度公司及英国东印度公司，其核心的核心就是对美欧金融机构的掌控。通过把持金融市场和国际银行体系，这个联盟得以胁迫这150家公司，让他们唯马首是瞻，否则难逃破产厄运。美国民众早在不知不觉中被这个联盟鱼肉已久。

控制美联储、美国财政部、英格兰银行、欧洲央行货币政策的有下列大牌机构：美国的资本集团公司、美商道富银行、先锋集团、摩根大通、高盛、美林、摩根士丹利、美国银行、沃尔顿企业（沃尔玛为其旗下公司）；英国的巴克莱银行、法通保险；法国的保险巨头安盛、法国兴业银行；还有瑞银集团、瑞士信贷、三菱日联金融等。上述大牌机构拥有世界顶尖企业的核心股权，孟山都、波音、雷神、埃克森－美孚、哈利伯顿、BP、壳牌均俯首听命。

瑞典研究人员最近对4万多家跨国公司及其所有权进行了分析，发现仅1,300家构成全球经济的核心，而其中的超级核心就是这150家，他们占据全球财富的40%以上，拥有的权力令人瞠目。如果看一看达沃斯世界经济论坛的与会名单，就会对这些处于权力巅峰的企业有更好的了解。

不但如此，他们还拥有庞大的院外游说组织，美国商会、美国银行业协会、欧洲企业圆桌会议始终在其鞍前马后。

在美欧，全球卡特尔联盟花大价钱下注媒体和大选，迫使政府对大企业减税、放宽管制，让反垄断法成为摆设。这样一来，私人企业在过去30年间积累了巨额财富，这在世界历史上前所未有。世界贸易组织的创立也是由他们一手推动，目的是在全球获得更大的利润。就像俄罗斯这样的新成员在世贸组织也没有决定权，而且还必须服从这150家大企业制定的规则。

这些企业涉及诸多领域，电信巨头有英国沃达丰、美国AT&T、韦里孙通信、法国电信；军工企业如波音、麦道；石油大亨像雪佛龙、埃克森－美孚、BP；农业方面是孟山都、先正达、杜邦、拜耳、嘉吉、阿丹米；房地产业包括印度的德里土地金融等。更不乏“赌城之父”史蒂夫·韦恩、微软创始人保罗·艾伦这样的名人。为说明他们的规模，不妨列举些许数字，据《福布斯》杂志2011年统计，这些大公司当年的营业额达36万亿美元，净利润2.6万亿美元。他们的资本总额高达149万亿美元，等于全球GDP总和的2倍，是所有发展中国家GDP总和的6倍还多，员工更是多达8,300万人。在他们背后操控全局的，就是华尔街和伦敦金融业屈指可数的一帮人。

这帮人就是华盛顿敌视中国、俄罗斯、伊朗等的政策推手，也是他们决定着是否对伊拉克、阿富汗、叙利亚开战。普通美国民众对他们的真实面目毫不知情，美国军方的大多数高级军官同样一无所知。读者朋友们在阅读本书时，请务必将此牢记于心。

这个全球卡特尔联盟就是中国真正的敌人，也是世界真正的敌人。至于他们所采用的策略，不妨称作“慢火煮蛙”。

慢火煮蛙与“屠龙”战略

有一则古老的民谚，讲的是要想把青蛙活活煮死，要先把它放进冷水锅里，然后慢慢把火加大，青蛙就会在不知不觉中听任死亡来临，身临险境却浑然不知。这则谚语形象地反映了当前美国统治阶层的对华战略。

30多年前，邓小平在中国实行“社会主义市场经济”，这一政策的效果出乎所有中国人的意料，世界也为之震惊。正是凭借中国人民的勤奋和进取，上世纪70年代仍一穷二白的中国一举发展成为当今世界的经济巨人。说来有趣，中国飞速崛起的第二个因素要“仰仗”美英等国企业的外包政策，他们原本只想从这个世界最大的廉价劳动力市场获利，谁知却在无形中助推了巨龙的腾飞。

美国政府高层很早就有推动中国融入世界的想法，关键人物是时任总统国安事务助理的基辛格，他一手策划了1972年尼克松访华的历史性事件。此外还有基辛格的助手洛德，此人后来出任驻华大使。实际上，上述安排都在洛克菲勒家族的无形掌控之中，基辛格和洛德是洛克菲勒家族的得意门生。当年毛主席与尼克松会面时，陪同在场的美国人仅有基辛格和洛德，连国务卿罗杰斯都未能参加。对美国的决策圈而言，能在冷战时期融化美中外交的坚冰，无疑是对抗苏联的头号地缘战略。

1979年，中美正式建交，邓小平随即开始了迈向“社会主义市场经济”的关键转折。虽征途艰险莫测，但此举大气磅礴。1991年，苏联在美国的精心设计下解体，其后不久，中情局通过驻华大使洛德和其继任者李洁明精心布局，策划了“天安门事件”爆发。诸多证据表明，这些伎俩就是为了制造类似苏联解体前的政治混乱，削弱中国共产党的领导，阻止中国经济发展的步伐。虽然美国的行动未能成功，但对在国际政治和经济上孤立中国却发挥了重大作用。

此后，中国对外资日益开放，并且寻求加入世贸组织，这使其成为欧美跨国公司的理想投资市场。回首过去20多年，外资带来的效应令人瞠目。按美元汇率计算，中国现在是世界头号出口大国，也是排名美国之后的第二大石油进口国。

尽管中美之间不乏握手言欢、觥筹交错，但这些不过是镜花水月，美国的外交归根结底是由其自身利益决定的，与鸦片战争时英帝国对清朝的策略并无两样。时任英国外交大臣的巴麦尊一语中的——“国家没有永远的敌人，也没有永远的朋友，只有永远的利益。”中国的决策者务必要对此保持警醒。

从 1972 年中美高层首次接触到 1989 年柏林墙倒塌，美国对华交往的目的多少都带有联中抗苏的色彩。美国为对抗苏联无所不用其极，一旦戈尔巴乔夫领导的政权土崩瓦解，受洛克菲勒和布什家族控制的美国情报部门就开始对中国共产党如法炮制。力促中国政府推行一蹴而就的经济改革就在其中，这一措施的本质就是曾在 20 世纪 90 年代让前苏联国家的经济雪上加霜的国际货币基金组织主导的“休克疗法”。

中国加入世贸组织之后，美国从自身的利益出发，计划用投资把中国变成世界出口基地，目的是利用其廉价劳动力降低从汽车到苹果手机等欧美商品的成本。中国虽名为出口大国，但获利甚微，相比之下，大笔的黄金白银却滚滚流向了美国。

这种情形延续到 2005 年，中国经济一直沿着美国倡导的“自由市场”的模式快速发展，因而并未被美国视为威胁，但随着经济规模扩大，对原油、铁矿砂、铜等原材料的需求与日俱增，中国开始采取更为大胆和有效的对外经济政策，足迹遍布非洲、中东乃至全球各个角落，原本只被视为沃尔玛等美国跨国公司廉价劳动力来源的中国，却在不知不觉中对美国未来的霸权构成威胁，尤其是在非洲、亚洲和富产石油的中东地区。

也正是从 2005 年开始，华盛顿用“慢火煮蛙”的策略来对付中国，并且逐渐把火调大，妄图重创直至扼杀中国发展。虽然离沸点已经不远，但中国仍有时间，对于中国领导人和人民而言，现在绝对不能对对手的残酷和意愿抱些许幻想。

本书所呈现给读者的，正是美国统治集团如何一步一步精心策划的“屠龙”战略。

威廉 · 恩道尔

F. William Engdahl

目 录 CONTENTS

第一章
货币战争：山雨欲来

到 2005 年底，中国的外汇储备即将突破 1 万亿美元大关，不过这也意味着中国政府别无选择，只能把越来越多的外汇结余用于购买美国国债，而美国就能高枕无忧地靠借债来支付伊拉克和阿富汗两场战争的高额费用。

如鲠在喉

2003 年 3 月，美国攻占伊拉克，举世震惊，北京清楚地认识到美国骨子里所遵从的就只有赤裸裸的霸权。

2005 年，华尔街和美国政府开始对飞速增长的中国经济坐立不安。当年 8 月，中俄“和平使命－2005”联合军事演习，历时 8 天，地点在山东半岛及附近海域。此举令华盛顿咬牙切齿，它意味着曾一度为敌的俄中两国如今携手并肩。

看到中俄关系日趋密切，上海合作组织（SCO）不断发展，华盛顿迅速制定了钳制措施，首当其冲的就是拿人民币开刀。

幕后元凶

人民币目前在世界外汇市场尚不能自由兑换，但为方便贸易，中国人民银行事实上把人民币与美元挂钩。

美国政府的对华货币战争最初只是口水战，一而再、再而三地指责中国人为贬低人民币对美元的汇率。小布什开始第二任期后，华盛顿不遗余力地在汇率问题上对北京施压，他们很清楚，人民币汇率不但事关中国经济的核心，更关系到中国政局的稳定。恰因如此，华盛顿千方百计想给中国贴上“汇率操纵国”的标签。

如果人民币在 2005 年听任华盛顿的摆布，迅速升值 20% － 40%，中

美国联邦政府的刺激计划导致美元贬值、亚洲货币继续走高，由此可能引发新一轮货币战争

国出口将会受到重创，经济难免陷入困境。[1] 但福祸相依，如果中国外汇收入急剧下滑，其购买美国国债的能力也会随之下降，美国房地美公司和房利美公司的房贷市场就会应声缩水。无论如何，中国已经是美国最大的债权国，而美国则是中国最大的出口市场。

到 2005 年底，中国的外汇储备即将突破 1 万亿美元大关，不过这也意味着中国政府别无选择，只能把越来越多的外汇结余用于购买美国国债，而美国就能高枕无忧地靠借债来支付伊拉克和阿富汗两场战争的高额费用。说来荒唐，当今唯一的超级大国之美国和经济发展最快的国家之中国形成了某种互补，虽然匪夷所思，但确也客观存在。华盛顿其实从未真正想让人民币大幅升值，口诛笔伐不过是虚张声势，目的是让北京对未来的经济安全寝食难安。

为应对华盛顿铺天盖地的责难，北京从 2005 年开始逐渐让人民币升值。当年 7 月 21 日，人民币对美元的固定汇率改为浮动汇率，同时参考欧元、日元、韩元等货币进行调节。[2] 到 2008 年，人民币对美元累计升值 20%，这是对美国所提要求的很大让步。其实美国的真实目的并不是削弱中国的出口能力，而是希望通过施加压力来破坏中国的经济。

由此来看，货币战争离结束仍遥遥无期。这正是华盛顿“屠龙”战略的第一招。

全球化时代，各国的经贸关系千丝万缕，货币安全甚至比能源安全更加重要，保持币值稳定的重中之重就是世界外汇储备体系。1944 年布雷顿森林会议，美国主导了战后的国际货币制度，其后华盛顿不择手段，用谎言、欺骗、操纵甚至战争等方式来维持美元在世界上的“核心货币”地位。当前美国实体经济不断下滑，美元后继乏力，多少有些像撒切尔时代落魄的英国，但凭借超强的军事实力，美元继续高坐国际外汇交易的头把交椅。

对于美元的这一特殊地位，不少西方经济观察家用荒谬之极来评论，一方面其他国家要备有足够的美元储备，以防止类似1997年－1998年亚洲金融危机的投机行为，另一方面迫不得已还要购买美国国债。事实上，正是由于中国人民银行大量买进美国国债，小布什政府才能在给富人减税的同时从容地发动全球反恐战争。哈佛大学知名教授尼尔·弗格森将之称为“中国对美国帝国秩序的某种‘贡献’”。[3]到2012年，中国持有的美国国债高达近2万亿美元。美元一旦崩盘，后果不堪设想。

真相何在？

从1944年至今，美元对黄金的比价已经丧失了97%。美元对世界其他货币的贬值每年在30%左右，华盛顿这样做仅仅是为了一己私利。2007年全球金融危机爆发后，美联储更是故伎重演，印钞机马不停蹄，为了粉饰太平，还美其名曰“量化宽松”。

美国过去是、现在仍是真正的汇率操纵者！

1985年，美国迫使日本签订《广场协定》，降低了美元对日元及其他主要货币的汇率，此举让日本陷入著名的“泡沫经济”。1990年泡沫破裂后，日本陷入长期通胀，经济衰退。1989年，华盛顿对韩元如法炮制。通常这种做法都被冠以“同舟共济”的旗号，但问题是华盛顿从来都是把包袱强加于人。[4]

美国对汇率操纵最著名的一次是在1973年。为了挽回美元的颓势，华尔街和国务卿基辛格沆瀣一气，精心策划了“赎罪日战争”，国际油价飙升4倍，美元地位惊天逆转，世界经济却深陷衰退。[5]

2007年至2009年全球金融危机，美联储无休止地印发美元，为的就是控制汇率的天平。只要美元仍保持世界核心货币的地位，华盛顿和华尔街就可以肆无忌惮地利用货币政策来支撑美国的金融霸权，中国学者把美元的浮动汇率称为“掠夺机器”，可谓一针见血。[6]

2009 年，中国已持有 1 万亿美元的美国国债，难怪温家宝总理当年 3 月 13 日公开对这些国债的安全性表示担忧，暗示中国将借助欧元等将外汇储备多元化。话音未落，华尔街金融大鳄和华盛顿联手在希腊引发了“欧元危机”，美元地位进一步得到加强。[7]

上述行为不是汇率操纵又是什么？

中国农业银行高级经济师何志成指出，华盛顿要求中国采取浮动汇率是不折不扣的陷阱，这会让中国把人民币的定价权拱手相让，外国资本就有机会干预中国市场。[8]

2011 年 2 月，美国财政部的报告千呼万唤始出来，尽管没有给中国贴上“汇率操纵国”的标签，但其立场较前更为强硬，称人民币被“大幅低估”，并警告说“目前的升值还不够，中国需要加大步伐”。当年 12 月的报告中，美国财政部再次对中国施压。[9] 进入 2012 年，中国的出口明显下降，5 月，美国财长盖特纳又拿人民币汇率老调重谈。[10]

2012 年美国总统大选帷幕初启，共和党候选人罗姆尼就放言，如果他当选，第一件事就是把中国定为汇率操纵国。罗氏有一部竞选宣传片，其中公开讲道：“罗姆尼将在经贸问题上毫不退让，会迫使中国按规矩出牌。”[11]

2012 年初，美联储转嫁通胀的做法让东盟十加三各国叫苦不迭，难怪他们决定建立有别于西方的资本交易平台，推进域内各国资本市场一体化。6 月，新加坡交易所和马来西亚交易所率先连接，泰国证交所将在年底前加入。中国和亚洲相关国家也在推动使用双边货币来进行贸易结算，以此规避以往用美元结算带来的风险。[12]

就像美国采取的诸多地缘战略一样，华盛顿迫使人民币升值的真正目的并不仅限于此，它是想借此一步一步使人民币成为美元及欧元那样的全球流通货币，最终迫使中国完全开放资本市场，为华尔街的资本大鳄们开辟一片肥水宝地。如果北京按照美国财政部、美联储、华尔街的要求去做，那么最终结局将和 1997 年亚洲金融危机时的泰国如出一辙。

尽管如此，美元对人民币的货币战争只是华盛顿“屠龙”之术的一招而已。美国发动货币战争，就是想让中国未来的经济安全四面楚歌。为阻止中国经济增长，华盛顿及其北约盟友还有第二招，那就是控制中国的海外石油来源。

---

[1] 保罗·鲍尔斯（Paul Bowles）和王宝泰（Wang Baotai），“中美经济紧张局势预计将持续”，《中国日报》(*China Daily*)，2007 年 2 月 27 日，网址：http://www.china.org.cn/english/international/200895.htm。

[2] 梁建邦（Andrew Leung），“货币战争和人民币：货币政策、失衡和全球储备货币体系”，网址：http://www.andrewleunginternationalconsultants.com/files/currency-war-and-the-rmb.pdf。

[3] 同上。

[4] 同注 [1]。

[5]1973 年美元操纵和石油危机详情，请参见 F. 威廉·恩道尔所著《石油战争：石油政治决定世界新秩序》(*A Century of War: Anglo－American Oil Politics and the New World Order*)，恩道尔出版社(edition.engdahl)，威斯巴登（Wiesbaden)，2010 年。

[6] 同上。

[7]《纽约时报》，“中国领导人对美国国债表示‘担忧’”，2009 年 3 月 13 日，网址：http://www.nytimes.com/2009/03/14/business/worldbusiness/14china.html。

[8] 同注 [2]。

[9] 同上。

[10] 彭博社（Bloomberg），“美国对人民币币值施压”，彭博新闻社（Bloomberg News)，2012 年 5 月 3 日。

[11] 基思·布拉德舍（Keith Bradsher），“人民币近期变弱或引发新的贸易紧张情绪”，《纽约时报》，2012 年 5 月 31 日，网址：http://www.nytimes.com/2012/06/01/business/global/china-lets-its-currency-slip-raising-trade-tension.html?_r=1&pagewanted=all&pagewanted=print。

[12] 彼得·范（Peter Pham），“东盟和迫在眉睫的货币战争”，2012 年 4 月 30 日，网址：http://beta.fool.com/peterpham8/2012/04/30/asean-and-looming-currency-wars/4083/。

第二章
石油战争：十面埋伏

“西非的石油资源已关乎美国的战略利益”，美国主管非洲事务的前助理国务卿沃尔特·坎斯坦纳（Walter Kansteiner）在 2002 年表示。达尔富尔和乍得不过是美国对伊拉克政策的翻版，美国企图通过“其他方式”——控制全球石油资源——来控制中国的石油来源。中国成为美国全球石油控制战略的拦路虎，尤其体现在非洲。美国五角大楼针对石油的新型冷战已悄然打响，达尔富尔成为首个战场。

早在 2002 年，美国负责非洲事务的助理国务卿沃尔特·坎斯坦纳就说过：“西非的石油已关乎美国的战略利益。”达尔富尔和乍得所发生的一切，不过是美国对伊拉克政策的翻版，目的就是从根本上控制中国的海外石油来源。然而，中国却四处“挑战”美国的石油霸权，这在非洲尤为明显。五角大楼的对华石油冷战已黑云压城，达尔富尔就是揭幕之战。

命系石油

1994 年，中国从石油出口国变为净进口国。这一转变对中国的国家安全意义深远，也让美英统治集团染指中国的能源命脉成为可能。中国的汽车行业发展迅猛，2010 年的保有量高达 1990 年的 90 倍，有人甚至预测 2030 年之前就会超过美国。此外，石化、交通领域对石油的需求均有增无减，因此确保石油供应就成为中国国家安全的重中之重。

1999 年，中国开始在苏丹投资石油开发，计划铺设 1,500 公里长的管道，把苏丹南部的石油输送至红海之滨的苏丹港，然后转运中国。不久，中国又在南部的达尔富尔发现了储量丰富的油田。2005 年 4 月，苏丹能源部长在喀土穆对外界宣布，达尔富尔地区发现了巨型油田，预计不久就能实现日产石油 50 万桶。国际地质学家认为，达尔富尔、乍得、喀麦隆所在的盆地可能蕴含丰富的石油，堪与沙特媲美，该油田的发现不过是冰山一角。[1]

2011 年的利比亚战争是五角大楼非洲司令部在非洲针对中国石油来源打响的第一战

这无疑让华盛顿坐立不安，早已在苏丹埋下的导火索被迫不及待地引燃了。

随即，武装分子从邻国乍得越过地处沙漠的两国边境，在达尔富尔大肆制造屠杀、强奸等灭绝人性的事件。他们的暴行背后都有西方情报机构的支持，可以说是华盛顿拉开了“达尔富尔种族屠杀”的大幕，目标是为北约介入制造借口，让中国在当地的石油美梦彻底破碎。

达尔富尔真相

达尔富尔战略地位显赫，毗邻乍得、中非、埃及和利比亚。那里发现石油之后，北京进一步拓展和非洲国家的关系，目的之一就是资源，石油自然首当其冲。

中国为非洲发展提供的贷款无任何附加条件，相比之下，美国通过世界银行和国际货币基金组织来施加影响的惯用做法备受冷落，这让华盛顿怒不可遏。试想，当中国既慷慨解囊又援建公路和学校时，有谁愿意捧着国际货币基金组织的苦酒不放手呢？

2006 年 11 月，北京举办了中非合作论坛北京峰会，规模前所未有，40 多位非洲首脑出席，其中就包括阿尔及利亚、尼日利亚、马里、安哥拉、中非、赞比亚、南非、苏丹等国家。

期间，中国和尼日利亚、南非签订了石油协议。协议总额达 22.7 亿美元，中海油获得尼日利亚一处大型近海油田 45% 的股份，着手扩大那里的石油产量。到 2008 年，中国从该项目得到日均 17.5 万桶原油的回报。而此前，尼日利亚一直被华盛顿视为埃克森－美孚、壳牌、雪佛龙等美英石油巨头的地盘。

2006年，中国约30%的进口原油来自非洲，中国对尼日利亚、安哥拉、莫桑比克的投资超过80亿美元，还与加纳协商12亿美元的电气化改造贷款，这些都没有任何附加条件。与此相比，受美国操纵的世界银行对南部非洲地区的投资总共才23亿美元，而且条件苛刻。

北京的石油外交引来了华盛顿的无端指责，称“从源头控制石油”十分不当。但不要忘了，至少一个世纪以来，美国外交的重点一直是确保在全世界获取石油。[2]

自1999年以来，中国累计在苏丹投资达150亿美元，中石油是苏丹最大的外资公司，仅油田开发就投资50亿美元，还在苏丹境内铺设了一条管道，从取得租让权的1区、2区、4区通往苏丹港。2005年，苏丹成为中国海外石油的第四大进口国，到2006年，中国进口石油的8%来自苏丹南部地区。苏丹日产石油50万桶，运往中国的石油占到其总产量的65% - 80%。同年，中国超过日本成为仅次于美国的第二大石油进口国，日进口650万桶，年增长约30%。据美国国际开发总署估计，中国几年内就将超过美国成为全球头号石油进口国。这一现实成为中国扩大非洲外交的动力。

苏丹的油田主要集中在南方，那里长期动荡不安。叛乱活动主要受到美国的暗地支持，目的就是把盛产石油的南方从以穆斯林为主的北方分离出去。2005年4月，苏丹政府宣布在南部地区发现具有战略意义的大油田，美欧主流媒体不但充耳不闻，而且使劲炒作达尔富尔爆发的冲突。

华盛顿派国务卿鲍威尔出面，谴责喀土穆政权在达尔富尔的“种族屠杀”行为。但此事之前并无真凭实据，只有华盛顿和其麾下的非政府组织给达尔富尔贴上“种族屠杀”的标签。如果这种做法被国际社会接受，就等于为北约在苏丹进行政权更迭大开绿灯，华盛顿可以轻松染指苏丹的主权。为达到渲染的目的，“华府”甚至拉上了好莱坞影星乔治·克鲁尼，此人刚被媒体披露为同性恋，巴不得利用人权这样的话题来为自己贴金。

在2006年11月美国国务院国际信息局的一次在线采访中，负责人口、难民和移民事务的助理国务卿埃伦·绍尔布赖直言不讳：“达尔富尔发生的种族屠杀是对人权的肆意践踏，美国对此高度重视。”小布什政府一再强调，达尔富尔种族屠杀早在2003年就已开始，但意大利法官卡塞斯率领的联合国5人调查组在2004年的结论却不同，他们认为达尔富尔没有发生种族屠杀，只是存在严重的侵犯人权现象。[3]

在达尔富尔，反对苏丹总统巴希尔的有两个组织，一是人多势众的苏丹人民解放运动，二是正义公平运动。约翰·加朗是苏丹人民解放军（苏丹人民解放运动武装力量）的首领，此人曾在臭名昭著的美国班宁堡特种部队学校受训，一直到2005年去世，他一直是美国在该地区重点扶植的对象。自从苏丹南部发现石油后，美国就往那里运枪运弹，为当地的冲突火上浇油，导致上万人死亡，数百万人流离失所。冲突地区的武器多由军火商具体操办，其中不乏维克多·布特之流，此人曾是克格勃的间谍，现在把生意做到了美国。

2003年2月，苏丹人民解放运动总书记马纳韦以政府无视达尔富尔地区为由，号召向巴希尔政权发动进攻，目的是在苏丹建立联合民主政权，其实就是政权更迭。[4]

2006年2月，美国参议院通过一项决议，要求北约在达尔富尔部署军队，同时请求联合国给予在当地的“维和”部队更大授权。一个月后，小布什总统呼吁北约增兵达尔富尔，目的就是控制中国潜在的石油来源。虽然达尔富尔处于联合国和非盟混合维和部队的保护之下，但负责联合国特派团的英国人托尼·普雷纳和其下属利用职权为当地叛乱分子提供武器，苏丹政府多次予以谴责。[5]

与此同时，五角大楼不忘加紧训练非洲叛军，把过去几十年培训拉美反政府武装的一套把戏又拿了出来。“国际军事教育和培训计划”就是专为乍得、埃塞俄比亚、厄立特里亚、喀麦隆和中非等苏丹周边国家量身定做的。要知道，苏丹人民解放军、全国民主联盟（苏丹反政府运动的联合组织）、东部阵线以及达尔富尔叛乱分子都得到厄立特里亚的支持，有些还把总部建在那里。

埃克森－美孚和前国务卿赖斯的雪佛龙在邻国乍得有生意，他们投资37亿美元修建了一条石油管道，起点是乍得中部靠近达尔富尔的多巴，终点是喀麦隆境内大西洋沿岸的克里比，日输送能力16万桶，为美国炼油厂提供原油。2003年，正当“达尔富尔种族屠杀”被大肆渲染之际，乍得－喀麦隆输油管道也开始正式运作，美国由此获得了控制达尔富尔石油的立足之地，可以把中国潜在的石油来源据为己有。

为了获利，他们不惜和乍得“终身”总统伊德里斯·代比相互勾结。总统其人专制腐败，曾被指控为达尔富尔叛乱分子提供美制武器。代比还加入了美国欧洲司令部的泛萨赫勒倡议，训练其军队打击“伊斯兰恐怖主义”，而达尔富尔地区多数部落的信仰正是伊斯兰教。

依靠美国的军援和训练，代比在2004年发动了第一次暴乱，拉开了达尔富尔冲突的大幕。总统卫队中有不少人来自达尔富尔，代比就利用他们为反政府组织提供越野车和武器。事实上，美国政府对代比的支持就是达尔富尔流血冲突的导火索。苏丹政府虽采取了行动，但却以失败告终，悲剧愈演愈烈。[6]

非洲问题专家基思·斯诺指出，“美国实现在达尔富尔乃至整个非洲之角的军事企图，目前主要靠部署在达尔富尔的非盟维和部队，北约为这些所谓的‘中立维和部队’提供地面和空中支援，美国则在后面坐镇指挥。苏丹境内狼烟四起，既有美军的秘密行动，也有美国训练的‘叛乱组织’，他们从邻国乌干达、乍得、埃塞俄比亚潜入苏丹，而那些国家也不乏美军的身影。”[7] 近年来，美国国际开发署对乍得等南部非洲国家的发展援助大幅削减，但军援却节节攀升。

相反，北京却向乍得及整个非洲地区伸出援助之手。2006年，中国政府领导人访问了至少48个非洲国家，当年8月，北京接待了来访的乍得外交部长，双方恢复了自1997年以来中断的外交关系，中国也开始从乍得进口石油。乍得外交部长宣布，中国投资乍得石油开发一事“进展顺利”，称中国提出的条件“比乍得之前与西方签署的合同更为公平”。[8]

说来难以置信，中国对乍得的经济投资对于平息达尔富尔冲突起到了很好的效果，这一点非洲联盟和联合国维和部队无论如何也做不到。但是，华盛顿和雪佛龙总部的一帮人却因此大为恼火。

资源冷战

小布什政府在非洲圣多美和普林西比共和国设立新基地，同样也是出自对石油的兴趣。该基地距几内亚湾 200 公里，可以控制从安哥拉到刚果、加蓬、赤道几内亚、喀麦隆和尼日利亚的整个几内亚湾地区，而这里恰是中国近期外交和投资的重心。

中国进口的苏丹石油主要来自苏丹南部，该地区在 2011 年宣布成立南苏丹共和国，这为五角大楼插手创造了绝佳的条件。尽管华盛顿一直在幕后为南苏丹独立出钱出力，但表面上仍小心谨慎地与其保持距离，不愿成为第一个与之建交的国家。到 2012 年 1 月，局势变得清晰起来，南北苏丹无法就石油收入分配达成一致，南苏丹宣布停止向北部输油。与此同时，南苏丹新闻部长本杰明宣布已与肯尼亚达成谅解备忘录，双方将修建一条通往肯尼亚港口拉姆的输油管道，他还强调，大约 1 个月左右资金就能到位，工程预计在 10 个月内完工。[9]

肯尼亚是美国非洲司令部的桥头堡，让南苏丹的石油改道肯尼亚，华盛顿就能对中国的海外石油来源做手脚。南苏丹占到原苏丹石油总产量的 90%，所以不难理解，南北分治后每天运往中国的 35 万桶原油为何戛然而止。类似的手段不一而足，目的都是为了破坏 2006 年后不断深化的中非关系。

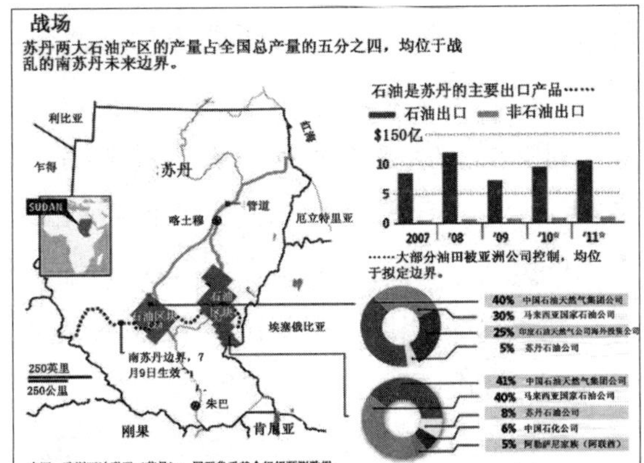

苏丹两大石油产区的产量占全国总产量的 4/5，均位于战乱的南苏丹未来边界

虽然中国在非洲的石油战略极其明智，但美国的非

洲司令部正步步设防，令中国在非洲举步维艰。

美国在非洲发动代理人战争，秘而不宣的目的之一是阻止中国获取那里丰富的矿产资源。1997 年，洛朗·卡比拉领导的反政府武装推翻了蒙博托 32 年的统治，扎伊尔共和国随即更名为民主刚果共和国，当地人则称自己的国家为刚果－金沙萨。

刚果东部与卢旺达和乌干达接壤，毗邻东非大裂谷，基伍省的矿藏尤为丰富，是地质学家公认的矿产宝库。

除了石油，刚果还有世界半数以上的钴、1/3 的钻石、3/4 的铜钽铁矿，这种铁矿是电脑芯片和印刷电路板的重要原料，制造手机、电脑及其他现代电器必不可少。

美国矿业集团为卡比拉上台可谓立下汗马功劳。集团总部曾设在阿肯色州的霍普，那里也是克林顿家族的地盘。集团的主要股东均为克林顿担任阿肯色州州长期间的密友。在蒙博托倒台前几个月，盘踞在扎伊尔东部的卡比拉早已和几家美英矿业公司谈妥，其中就包括美国矿业集团。在美国主导的国际货币基金组织的干预下，蒙博托的独裁统治被迫中止。

1997 年 4 月，也就是蒙博托逃亡的前一个月，国际货币基金组织在一份报告中建议，为迅速恢复当地经济，应当“尽快全面暂停货币发行”。卡比拉上台后仅几个月，该组织就敦促新政府冻结公务人员的工资，以便“恢复宏观经济稳定”。由于通货膨胀，普通民众的工资降至每月 3 万新扎伊尔，才相当于 1 美元。

加拿大经济学家乔索多夫斯基指出，国际货币基金组织此举无异于将当地民众推入贫穷的深渊。虽然打着战后经济重建的旗号，实际上却是给刚果内战火上浇油，近 200 万人在战乱中死亡与他们不无关系。

华盛顿对洛朗·卡比拉其实也不是那么满意，所以他在 2001 年也难逃被暗杀的厄运。洛朗·卡比拉的继任者是其子约瑟夫·卡比拉，也是刚果首任民选总统，看起来他比父亲更注重民生。

矛头直指中国

2007年2月，为应对中国在非洲如火如荼的能源外交，小布什政府下令组建非洲司令部，其使命不但包括“以军事行动为美国的非洲政策提供支持，与53个非洲国家建立军事关系”，还包括密切配合美国驻非洲使馆及美国国际开发署的工作，“对于国务院在非洲的一切活动，非洲司令部将提供人员和后勤支持，以更好地提升非洲国家的安全能力”[10]。

2008年，在即将对非洲8国展开12天的国事访问之前，胡锦涛主席宣布对非洲提供为期3年的30亿美元优惠贷款，同时扩大对非援助，这是他2003年上任以来第三次访问非洲大陆。在2006年中非合作论坛北京峰会开幕式上，胡锦涛主席曾宣布为非洲提供30亿美元贷款和20亿美元出口信贷。

华盛顿看在眼里急在心上，让美国非洲司令部展开行动已是燃眉之急，地缘战略意义非同小可。2008年10月1日，该司令部正式开始运作，总部驻地设在德国斯图加特。

2008年10月27日，非洲司令部司令沃德上将在华盛顿对国际维和组织发表演讲，他把自身使命概括为“与美国政府和其他国际伙伴充分协调，加强对非洲的军事交往及相关军事行动，促进非洲的安全与稳定，从而为美国的非洲政策提供支持”[11]。

这一表态锋芒毕露，针对的就是中国在非洲经贸领域不断扩大的影响。事实上，正如华盛顿上上下下公开表示的那样，组建非洲司令部，就是要把矛头对准中国在非洲的存在。

中国政府对此明察秋毫，从容应对。国际货币基金组织对非洲的援助不但条件苛刻，而且最终给受援国留下的都是烂摊子。中国从不这样做，不但提供优惠贷款，而且帮助修建公路和学校等基础设施，因而赢得了当地政府和民众的尊敬。

值得注意的是，2008年10月下旬，也就是该司令部成立不到一个月的时间，刚果叛军首领洛朗·恩孔达指挥人马包围了北基伍省的戈马市，要求与总统约瑟夫·卡比拉谈判，条件之一就是让总统取消一项与中国签订的 90 亿美元的合同。合同规定中国为刚果完成价值 60 亿美元的道路、水电、医院、学校等基础建设，并修建通往加丹加省和马塔迪港的铁路，另外 30 亿美元中国用来开发刚果授权的铜矿和钴矿。

彼得·范博士是华盛顿的内幕人士，与新保守派的保卫民主基金会来往密切，也是国务院和国防部的顾问。他公开承认，非洲司令部的任务之一就是“……确保获取非洲丰富的石油和其他战略资源……包括保证这些资源的安全，不让中、印、日、俄等国垄断或获得特别待遇”。

在 2007 年组建非洲司令部的国会听证会上，范博士表述说：

“中国经济充满活力，过去 20 年的年均 GDP 增幅达 9%，为保持高增长，中国对石油和其他资源贪得无厌。非洲自然资源得天独厚，中国对此觊觎已久。中国所需原油的一半都要进口，现日均进口原油 260 万桶，其中约 1/3 来自非洲，尤其是苏丹、安哥拉、刚果。由此可以判断，北京近期海外战略利益的重点就在非洲。去年，中国政府发表了关于非洲政策的第一个白皮书。”

“当前美国在全球的真正竞争对手是中国，双方都力图扩大影响，同时确保对资源的获取。非洲，尤其是富含石油的非洲西海岸，将在美中战略竞争中成为越来越重要的舞台，这已经成为众多分析人士的共识。”[12]

利比亚祸起石油

2007 年 10 月，作为中国石油领域的领军企业，中石油与乍得政府签署了共同修建炼油厂的协议。2009 年，一条从中资油田通往炼油厂的 300 多公里长的石油管道破土动工。与此同时，有西方背景的非政府组织开始大肆声讨管道对环境的影响，但是，雪佛龙 2003 年在乍得开采石油时，这些非政府组织却三缄其口。

2011 年 7 月，庆祝中国和乍得合作的第一个炼油厂竣工的仪式隆重举行，该厂就建在首都恩贾梅纳附近[13]，与中国在苏丹达尔富尔的大型石油项目仅咫尺之遥。

据地质学家估算，达尔富尔－乍得－喀麦隆地区石油储量极为丰富，堪比沙特。控制该地区对五角大楼的对华遏制战略至关重要，这相当于控制了中国石油进口的阀门。

美国对华石油战的下一步棋就在利比亚，卡扎菲控制下的利比亚成为美国对华全面石油战的绊脚石。所以不难理解为何美国一方面忙着让南苏丹独立，另一方面急于鼓动当时还形单影只的叛乱分子推翻卡扎菲，这些都是五角大楼全方位主导战略的重点。遗憾的是，中国在安理会表决时并未否决北约设立“禁飞区”，这在无形中为美国打开了方便之门，的黎波里和利比亚全境遭到狂轰滥炸在所难免。

西方对利比亚的军事行动，突尼斯、埃及发生的“阿拉伯之春”运动，以及南部苏丹独立的全民公决，背后的关键推手都是美军非洲司令部。北京对此洞若观火。

如果我们看看非洲大陆的地图，再想想美军非洲司令部的职能，美国试图控制中国战略物资来源的目的便昭然若揭。

无论过去还是现在，北约在利比亚瞄准的就是高品质的石油，但这与美国自身的能源保障并无关系，主要是为了掌控中国石油进口的两大源头——非洲和中东。说白了，就是要控制中国。

利比亚北靠地中海，与意大利隔海相望；西接突尼斯和阿尔及利亚；南临乍得；东边是苏丹、南苏丹、埃及。战略地位可见一斑。非洲司令部如能控制利比亚，就相当于为长期控制非洲及其资源打开了方便之门。

2006 年的数据表明，利比亚已探明石油储量可能占非洲的 35%，高出尼日利亚，居非洲第一，但卡扎菲一直对其优质低硫原油实施严格的国有化。意大利埃尼集团此前一直是利比亚石油的最大投资商，近年中国、俄罗斯等国家的石油公司也获得了特许权。

所以不难理解卡扎菲被推翻后，反对派控制的阿拉伯湾石油公司公开对路透社表示：“我们和意大利、法国、英国的公司合作没有任何障碍，但和俄罗斯、中国、巴西的合作可能会存在一些政治问题。”[14] 后三个国家主张以谈判方式解决利比亚内战，还要求北约停止在利的军事行动。

但是，要想完全控制中国的石油来源，非洲仅是美国的全球战场之一。

布局也门

在波斯湾和非洲通往中国的海上“咽喉要道”，五角大楼暗中排兵布阵。一段时间以来，美国不断增兵也门，该国北靠沙特，西临红海，南接亚丁湾，直通阿拉伯海，虽算不上不毛之地，也与对面频登国际头条的索马里不相上下。美军方和情报部门的意图很明确，借口索马里海盗和也门所谓的基地组织死灰复燃，来控制曼德海峡这个世界最重要的石油通道。[15]

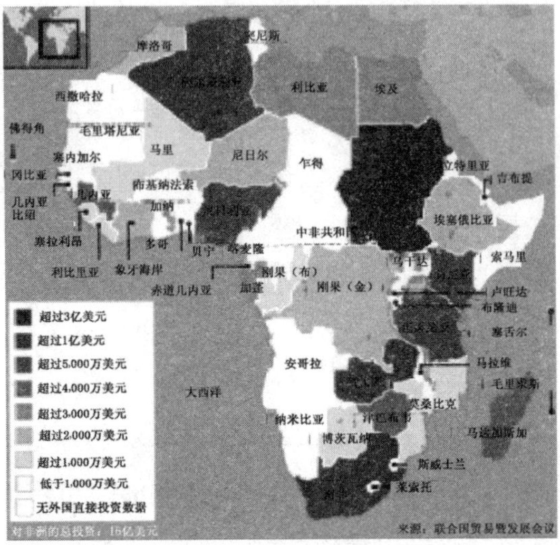

中国对非洲的直接投资（2005）

也门局势动荡加剧的转折点是 2009 年 12 月 25 日，美国假戏真做，逮捕了 23 岁的尼日利亚人阿卜杜勒·穆塔拉布，他乘坐西北航空公司的飞机由阿姆斯特丹飞往底特律，罪名是涉嫌携带内衣炸弹。此后，美国有线电视新闻网（CNN）、《纽约时报》等媒体的报道接踵而来，众口一词地“怀疑”他在也门受过恐怖袭击的训练，据报道，穆塔拉布也承认自己受基地组织也门分支的指派。于是，全世界对基地组织的关注就被堂而皇之地转移到了也门，阿拉伯半岛的这片不毛之地，就顺理成章地被塑造成美国“反恐战争”的新目标。

1990 年，受苏联解体的直接影响，也门人民民主共和国（南也门）失去靠山，与阿拉伯也门共和国（北也门）统一，成立也门共和国。自 1978 年以来，萨利赫一直大权独揽，先是统治北也门，后成为也门总统。1990 年之前，华盛顿和利雅得一直支持萨利赫的伊斯兰化政策，目的是遏制社会主义的南也门，从那时起，萨利赫就依赖于强大的萨拉菲派和圣战组织来维持个人独裁。

然而好景不长，1994 年南方军队揭竿而起（南北也门的军队统一时未曾合并)，反对萨利赫的腐败统治，内战就此爆发。

出身于也门南部的前圣战组织领导人法赫利，退出了与萨利赫政府长达 15 年的联盟，宣布加入名为南方运动的反对联盟。上世纪 80 年代后期，法赫利曾是阿富汗圣战组织成员，接受过中情局的训练，同时受训的还有当时名不见经传的沙特富商本·拉登。实际上，不少评论家都说，基地组织的真正老巢就是中情局在弗吉尼亚州的总部。法赫利与萨利赫分道扬镳，无疑让南方运动如虎添翼，这对萨利赫简直是当头一棒。

也门政府财政收入的 70% 来自石油出口，萨利赫一手控制着盛产石油的南也门。一旦石油收入减少，萨利赫靠出钱来收买南方反对派的做法就只能是死路一条。

2009 年 4 月 28 日，也就是法赫利加入南方运动后不久，也门南部拉赫季省、哈德拉毛省、达里市的抗议运动此起彼伏，参与者数以万计，多是被遣散的军人和公务员，他们要求提高工资、改善待遇。类似的抗议活动自 2006 年起不断增多。

也门被冠以失败国家的头衔，这让局势更为复杂。在北方，萨利赫不得不面对栽德派的胡西叛乱。2009 年 9 月 11 日，在半岛电视台的一次采访中，萨利赫谴责伊拉克什叶派领导人萨德尔及伊朗支持胡西派，他说："我们不想指责伊朗官方，但是伊朗人联系我们，说他们愿意调停。这意味着伊朗人已经接触过胡西派，也做了调停的准备。另外，伊拉克什叶派领袖萨德尔也表示要当调停人，这表明他和胡西派也有往来。"[16]

也门当局称，他们已收缴了境内隐藏的伊朗武器。胡西派则声称缴获了沙特支援也门政府的装备，还指责萨那（也门首都，美国大使馆所在地）充当沙特的代理人。伊朗驳斥了在也门北部发现其武器的说法，称指责其对也门反对派的支持毫无根据。

2009 年 1 月，各大网络大肆宣扬本·拉登的基地组织在也门建立了新的分支，要在也门和沙特展开行动，这无疑给也门动荡的局势火上浇油。

1 月 20 日，基地组织也门分支的头目瓦哈伊实通过网络上的圣战论坛发表声明，宣布成立阿拉伯半岛基地组织，由其全权负责。据他所言，该组织包括前基地组织也门分支以及已经陷于停顿的沙特分支。声明还宣布，曾是关塔那摩囚犯（囚号 372 号）的沙特人希赫里将担任自己的副手。

几天后，网上惊现瓦哈伊实的录像，标题是：“我们从这里出发，目标——阿克萨清真寺”。阿克萨清真寺位于耶路撒冷旧城，在犹太人熟知的圣殿山上。录像威胁萨利赫、沙特王室以及埃及总统穆巴拉克等伊斯兰世界的领导人，还信誓旦旦地要把圣战从也门打到以色列，“解放”耶路撒冷的穆斯林圣地及加沙地带。如果这一疯狂之举付诸实施，不亚于点燃第三次世界大战的导火索。

录像中除了提到希赫里之外，阿尔·奥菲也作为该组织的执行头目露面，据称他也曾被关在关塔那摩（囚号 333 号）。显然，酷刑并未从他们那里获得有价值的口供，有人进而猜测，中情局和五角大楼 2001 年 9 月之后设立关塔那摩监狱的真正目的，是使用残忍的手法招募并训练恐怖分子，让他们潜伏起来，伺机按照美国情报部门的命令行事，但这种猜测难以证实。不过，关塔那摩的两个“高材生”现身半岛基地组织，本身就耐人寻味。

这一小撮人虽与声势浩大的南方运动相去甚远，却被媒体大肆渲染为基地组织也门分支，让五角大楼增兵这一战略要地师出有名。2009 年圣诞节底特律“炸机未遂”案，让华盛顿在也门的“反恐战争”更加肆无忌惮，奥巴马也可以名正言顺地给萨利赫提供军援。

尽管奥巴马总统承认也门内乱是内政，但仍然授权空中打击。五角大楼称，2009 年 12 月 17 日和 24 日发动的空袭打死了 3 名基地组织的头目，但没有提供证据。

无巧不成书。之前在多国军舰威慑下沉寂已久的索马里海盗，此时大有卷土重来之势，CNN 也不惜重墨头条报道。

2009 年 12 月 29 日，莫斯科俄新社报道，索马里海盗在亚丁湾海域劫持了一艘希腊货船。同一天，一艘挂英国国旗的化学品运输船及 26 名船员在亚丁湾被劫。海盗头子穆罕默德·沙基尔熟知西方媒体语言，他在电话里告诉英国《泰晤士报》：“我们昨天在亚丁湾劫持了一艘悬挂英国旗帆的轮船。”美国情报机构战略预测公司在其简报中称，《泰晤士报》的老板是支持新保守派的默多克，以色列情报机构曾借助该报上演障眼法。

2009 年，索马里海盗的劫持和袭击事件创了纪录。到 12 月 22 日，亚丁湾和索马里以东海域的袭击达 174 起，35 艘船被劫持，587 名船员成为人质。国际海事局海盗监测中心的数据显示，几乎所有劫持行动都成功了。那么，究竟是谁给索马里“海盗”提供武装和后勤保障，让他们竟能避开多国海上巡逻？

也门和索马里之所以具有地缘战略利益，是因为它们之间的曼德海峡，这里被美国视为 7 个世界石油运输咽喉之一。曼德海峡位于也门、吉布提、厄立特里亚之间，连接红海、亚丁湾、阿拉伯海。波斯湾的石油和货物要经过苏伊士运河，必须经由曼德海峡。美国能源部 2006 年的报告称，每天约有 330 万桶原油经过此海峡运往欧洲、美国以及亚洲，其中 210 万桶向北经苏伊士运河和苏迈德管道运往地中海。

美国能源信息局称：“关闭曼德海峡，就能阻止波斯湾的油轮驶向苏伊士运河，也就等于控制了苏迈德管道（苏伊士－地中海石油管道），油轮必须绕行非洲最南端。所以，曼德海峡是非洲之角与中东地区的咽喉，是地中海与印度洋的战略连接点。”[17]

增兵曼德海峡，让美国和北约离控制 7 个世界石油运输咽喉的目标又近了一步。这是美国未来战略的重点，目的是阻止石油流向中国、欧盟或美国的任何对手。沙特石油主要经曼德海峡外运，美国屯兵此地，沙特就不敢不用美元与中国等国家进行石油交易。

此外，曼德海峡的北面不远就是位于红海的苏丹港，是中国能源需求的主动脉。美国此举一石多鸟。

美国的目的不仅是控制全球重要的石油运输通道，据报道也门还有极为丰富的石油储量。有国际石油公司称，也门的马西拉盆地和夏布瓦盆地蕴藏着“世界级的大油田”，法国的道达尔等几个国际石油公司正准备开发。大约 15 年前，一位华盛顿消息灵通人士透露，“也门蕴藏的石油足够整个世界未来 50 年所需”。

步步紧逼

在中东和非洲这些中国重要的石油进口地区，美国一步步地排兵布阵。除此之外，五角大楼和中情局还扶持“非政府组织”在西藏、新疆以及缅甸采取了一系列行动。

2007 年，所谓“袈裟革命”（即藏红花革命）在英国前殖民地缅甸爆发，目的是改变缅政府的亲华立场。如同乌克兰、格鲁吉亚、塞尔维亚的“颜色革命”一样，“袈裟革命”也是由美国国务院、五角大楼、中情局一手操办。

乌克兰的“橙色革命”、格鲁吉亚的“玫瑰革命”，对俄罗斯呈围堵之势。“袈裟革命”也是华盛顿精心安排的政权更替运动，发生在中国周边的战略要地，与对俄罗斯的做法同出一辙。具体做法不外乎“打了就跑”的“蜂群”战术，核心成员训练有素，依靠网络博客、手机短信联络，只不过抗议者变成了穿藏红花色袈裟的和尚。尽管讳莫如深，但 CNN 在 2007 年 9 月的一次直播中还是露了马脚，承认缅甸抗议活动的背后是美国国家民主基金会在运作。该基金会是美国政府旗下的“非政府组织”，专门颠覆那些华盛顿看不顺眼的政权。

2007 年 8 月，缅甸政府出人意料地把燃油价格调高了 100% － 500%，货币购买力大幅缩水。缅甸约 5,000 万人口，民众的生活水平原本就不高，据联合国统计，他们每月收入的 70% 都用于食物，油价飞涨对大多数家庭来讲难以承受。据非官方统计，缅甸的通货膨胀率达 35%，这自然引发僧侣大规模抗议。可笑的是，燃油价格由市场调控的做法恰恰是国际货币基金组织和世界银行的“改革”建议，而这两者是华盛顿的左膀右臂。

CNN 把僧侣在前首都仰光游行的画面作为特写镜头，其背后有重大的地缘政治含义。

缅甸的陆地面积和德克萨斯州相仿，是华盛顿这出大戏的受害者。至于导演，不外乎国家民主基金会、索罗斯的开放社会研究中心、自由之家，还有吉恩·夏普的爱因斯坦研究所。

2003 年 10 月 30 日，美国国务院在其新闻公报中承认：“美国政府支持国家民主基金会、开放社会研究中心、英特新闻（国际记者培训机构）为推动地区民主进程所采取的活动。”[18]

国家民主基金会名为“民间组织”，实际上是由美国政府出资，其创始人在《华盛顿邮报》曾坦言，该组织的目标就是为美国的外交做势，与冷战时期中情局的所作所为并无两样。在缅甸颜色革命中，索罗斯的开放社会研究中心一马当先，美国国家民主基金会在背后出钱出力。

为实现缅甸政权更迭，从 2003 年起，美国国务院至少每年给这些“非政府组织”拨款 250 多万美元。据报道，“袈裟革命”的指令多数来自美国驻泰国清迈的总领事馆，那里也是招募和培训异见分子的大本营，有些甚至送回美国培训，然后再派回缅甸兴风作浪。美国国家民主基金会承认，对缅境内主要反对媒体都曾给予资金上的支持，包括《新时代》杂志、《伊洛瓦底》杂志、民主之声电台。[19]

“袈裟革命”是僧侣唱主角的非暴力政权更迭运动，总策划是吉恩·夏普，他一手创建了爱因斯坦研究所，这个名字极具迷惑性，它的靠山是美国情报部门，总部在马萨诸塞州的剑桥，是国家民主基金会的衍生机构，二者实乃一丘之貉。该所意图在世界范围内引发“非暴力”政权更迭，是实施美国战略意志的急先锋。1988 年，缅甸军政府在“88 运动”中对反对派大开杀戒，该所从次年便开始了在缅甸的活动。中情局特工罗伯特·赫尔威上校是前驻缅甸武官，也是秘密行动专家，他在 1989 年把夏普请到缅甸，训练反对势力如何采取非暴力行动。[20]

华盛顿搞“袈裟革命”，是出于地缘战略考虑，缅甸在 2011 年对西方“开放”，就是其不断施压的结果。从波斯湾到南海的航道事关重大，缅甸靠近马六甲海峡这个世界上最重要的通道，可为最终控制这一通道提供海军落脚点。

“9·11”之后，五角大楼打着防范恐怖袭击的幌子，试图借助军力影响该地区，却遭到缅甸等地区国家的坚决反对，不过美军还是设法进驻印尼北端班达亚齐省的伊斯坎德尔·穆达空军基地。

只需看一眼地图，缅甸的战略地位就一目了然。

马六甲海峡连接印度洋和太平洋，是波斯湾通往中国的海上最短航线，最窄处是新加坡海峡的菲利浦水道，只有1.5英里，堪称亚洲关键的海运枢纽，中国进口石油的80%都途经此处。每年通过马六甲海峡的船只超过5万艘，日均原油运输量达1,200万桶，目的地多是中国这个增长最快的能源消费市场，所以从缅甸至印尼班达亚齐自然成为世界上最重要的战略通道。如果海峡被封锁，国际上近一半的油轮就必须绕行，世界范围内运费上涨不可避免。

控制这片海域，就控制了中国能源供应的生命线。

近年来，北京向缅甸提供了数十亿美元的军援，包括战斗机、运输机、坦克、装甲运兵车、军舰、地空导弹等，还帮助缅甸修建铁路和公路。印度军方称，中国在缅甸的可可群岛建立了大型电子监听设备，同时修建在印度洋的海军基地。

在五角大楼看来，中国在缅甸、泰国和柬埔寨建立军事基地，是为了反制美国对马六甲海峡的控制，是“珍珠链”战略的具体表现。

缅甸的油气宝库

缅甸油气资源丰富，陆地和近海已探明有油田，而且储量巨大。英国1871年曾创办了仰光石油公司，后更名为缅甸石油公司。20世纪70年代缅甸开始出产天然气，90年代后法国道达尔、英国卓越等石油公司获许开采马达班湾，后来德士古和优尼科（即现在的雪佛龙）也在耶德那和耶德贡获得了开采权。

据估算，仅耶德那的天然气储量就超过1,400亿立方米，至少可以开采30年，耶德贡的天然气储量也不逊色，是耶德那的1/3。

迫于英国政府和“非政府组织”的压力，德士古和卓越公司在2002年撤出耶德贡项目。从2004年开始，缅甸通过管道向泰国输出耶德那的天然气，年获利10亿美元。天然气出口成为缅甸最重要的财政来源。

2004年，若开邦沿海又探明了新的大型天然气田——瑞气田。

2005年，中国、泰国和韩国投资缅甸油气产能，缅甸对泰国的天然气出口随之增加了50%。耶德那气田由道达尔、优尼科、泰国国家石油公司和缅甸油气公司联合开发，道达尔公司负责运营。泰国天然气需求的20%来自耶德那。

目前，耶德贡气田由马来西亚国家石油公司、缅甸油气公司、日本石油公司和泰国国家石油公司合资运营。天然气经由耶德那输气管运输，2009年开始，瑞气田出产的天然气也接入该管线。

2007年，缅甸方面与中石油签署谅解备忘录，从孟加拉湾的瑞气田向中国提供天然气，合同为期30年。中国和印度曾围绕瑞气田进行过激烈竞争，现在看印度显然成为输家。此前，缅甸曾答应以近海的两个气田解决印度所需，通过途经孟加拉的管道运输，但印度与孟加拉之间的外交争执导致该计划搁浅。

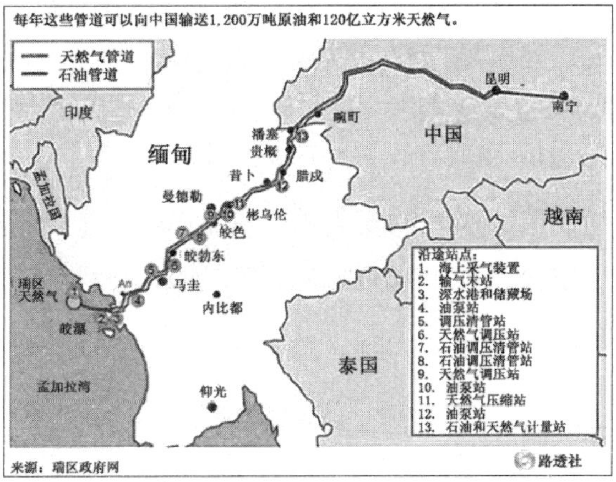

中国跨缅甸石油与天燃气管道

中国巧妙的策略明显比印度高出一筹。中国向缅甸投资数十亿美元，铺设从孟加拉湾的实兑港一直到云南昆明的油气管道，横跨缅甸，全长2,300多公里。作为计划的一部分，中国还要在昆明建一个炼油厂。

中缅油气管道意义重大，一旦建成，中国进口非洲和中东的油气将不再受制于马六甲海峡。这样一来，缅甸就成为中国连接孟加拉及其以西国家的“桥梁”，即便将来美国控制了马六甲海峡也无济于事。

“被同盟”的印度

2005年，小布什政府推动《美印防务关系新框架》的签署，印度在美国对抗中国的战略中就这样“被同盟”了。中国对印度的举动十分警惕，这也正常。

2002 年 10 月，五角大楼发布了一份名为"美印军事关系"的文件，净评估办公室在文中指出，若能建立美印军事联盟，那么美国就又多了一个"能干的伙伴"，能在亚洲"承担更多低烈度的军事行动"，还能提供合作机会，"最终为美国投送兵力提供基地"。华盛顿秘而不宣地推动在印度设立军事基地，一旦成功，印度长久以来的不结盟政策将严重受挫。

此外，小布什政府还取消了对印度长达 30 年的核制裁，向其提供先进的核技术，对印度公开违反《核不扩散协议》视而不见，却对伊朗同样的行为横加指责，其政治上的虚伪不言而喻。

值得注意的是，在煽动"袈裟革命"的同时，五角大楼展开了代号为"马拉巴尔 07"的美印海上联合军演，还拉上了澳大利亚、日本和新加坡。第七舰队的实力得到充分展示，出场的有"尼米兹"号和"小鹰"号航空母舰，"考彭斯"号、"普林斯顿"号导弹巡洋舰，还有至少 5 艘导弹驱逐舰。[21]

下注西藏

2008 年，北京奥运会开幕在即，中国希望利用奥运会向世界展示一个欣欣向荣的中国，华盛顿却一心想在西藏掀起轩然大波，这无疑是要和北京玩一场风险极高的地缘政治游戏。

2007 年 10 月，小布什在华盛顿第一次公开会见达赖，为美国此后在西藏的行动大开绿灯。总统当然明白会见达赖对北京意味着什么，也清楚这样做的代价，不但如此，他还出席了给达赖颁发国会金质奖章的仪式。对美国最大的贸易伙伴中国而言，这无疑是种挑衅。

2008 年 3 月 10 日，西藏爆发了暴力示威和针对汉族居民的攻击。数百名喇嘛在拉萨游行，还有些喇嘛抗议西藏和平解放 49 周年，也一同加入了游行队伍。

中国政府明确指出，西藏突发的暴力事件是达赖一手策划，目的就是在奥运会前夕恶炒中国的"人权"状况。西藏事件再次表明，这是华盛顿新一轮臭名昭著的“颜色革命”，这样处心积虑地煽动抗议活动，无非是想让北京在世人面前颜面扫地。

西藏事件的台前幕后都与美国密不可分，包括国务院的国家民主基金会、包柏漪领导的自由之家（中情局是其后台）以及藏独机构“国际声援西藏运动”。

温家宝总理谴责达赖用西藏暴力事件来破坏奥运。其后，小布什与胡锦涛主席通电话，要求中国与达赖展开对话。白宫证实，总统“表示了对西藏局势的关心，敦促中国政府与达赖的代表进行实质性对话，同时允许外国记者和外交人员进入西藏”。据称，胡锦涛主席告诉布什：达赖必须首先停止破坏奥运会，而后北京才会考虑对话的可能性。

达赖的狐朋狗友

在西方人的眼中，达赖备受推崇，以致很多人把他奉为神明。

提起达赖生活的圈子，只能用极端保守来形容。上世纪 30 年代，盖世太保头子希姆莱等纳粹头目把西藏视为“失落的亚特兰蒂斯文明”的幸存圣地，同时也是“纯种日耳曼民族”的源头。

在 11 岁被确立为达赖喇嘛后，达赖与名为亨利希·哈勒的纳粹分子交上了朋友。哈勒是党卫军精英，他成为年幼的达赖了解“西藏以外世界”的老师，采取两人密谈的方式进行所谓授课，内容当然已无从知晓。不过达赖与哈勒一直过从甚密，直到 2006 年哈勒 93 岁去世。[22] 1999 年 4 月，达赖和撒切尔以及老布什总统一道，要求英国政府放智利前总统皮诺切特回国，此人是法西斯独裁者，也是中情局的老朋友。达赖要求不把皮诺切特引渡到西班牙，以免他以反人道罪被起诉。哈勒并不是达赖纳粹圈子中唯一的朋友，达赖还与米格尔·塞拉诺过从甚密[23]，塞拉诺是智利国家社会党的头子，还是“正统希特勒主义”的铁杆分子。[24]

从 1959 年流亡印度开始，达赖的朋友和资助主要来自美国和西方的情报机构，以及他们旗下那些乌烟瘴气的非政府组织。

可以说，华盛顿圈子里的朋友对达赖的影响举足轻重。在《西藏迷思》一书中，美国历史学家迈克尔·帕伦蒂指出：“在上世纪五六十年代，为了在西藏搞出点动静，中情局不遗余力地为一些藏人提供武器、资金、培训、空投，以及其他五花八门的帮助。”[25]

帕伦蒂的书中还提到下列内容：[26]

自由亚洲协会总部设在美国，是中情局的马仔，达赖的大哥在该组织中甚为活跃，四处散播西藏叛乱的“真相”。在中情局的支持下，达赖的二哥在 1951 年建立了自己的情报组织，后来成为中情局的游击队，经常把培训过的叛乱分子空投回西藏。

90 年代末解密的美国情报文件表明，“上世纪 60 年代，中情局每年给西藏流亡政府提供 170 万美元，支持其反共行动，其中的 18 万美元直接给达赖”[27]。

在中情局的帮助下，达赖逃到印度达兰萨拉且居住至今，期间他得到的巨额资助源源不断，不是直接来自中情局，而是来自不显山不露水的国家民主基金会。该基金会由美国国会资助，也是中情局的下家。

无论哪次“颜色革命”，都有国家民主基金会的身影，不管是塞尔维亚、格鲁吉亚，还是乌克兰、缅甸，无一例外。该基金会资助各色反对派的国内外公关活动，并着力扶持它中意的头目。西藏的这次“颜色革命”，煽风点火的还是国家民主基金会。

80 年代初，时任里根政府中情局局长的凯西建议成立国家民主基金会，原因是中情局之前的暗杀和颠覆行动太过招摇，建立该基金会可以“掩人耳目”，让上述行动看起来不像美国政府所为。基金会的第一任总裁是魏斯坦，他在接受《华盛顿邮报》采访时坦言：“我们做的很多事都是 25 年前中情局秘密所为。”[28]

美国情报历史学家威廉·布卢姆指出，国家民主基金会在伊朗门事件中扮演了重要角色，奥利弗·诺思“民主项目”就得益于该基金会的资金支持。“民主项目”可谓是美国外交手段的微缩版，发动战争、走私武器和毒品，形形色色无所不为。1987 年白宫发言人曾承认，国家民主基金会就是“民主项目”的操盘手。[29]

"国际声援西藏运动"成立于 1988 年，是美国最大的藏独组织，其董事会成员几乎都是美国国务院前高官，像加勒·史密斯和前西藏问题特别协调员朱莉娅·塔夫脱。[30] 国家民主基金会从 1994 年开始为其提供资金。2005 年，该组织将年度"真理之光"奖颁给了国家民主基金会发起人卡尔·格什曼。

另一个活跃的反华组织是"自由西藏学生会"，由美国西藏委员会和"国际声援西藏运动"在 1994 年共同创办。该组织干过的坏事之一就是在长城上挂了一幅 450 英尺长的标语，内容是支持西藏独立，指责"西藏种族灭绝"。活动荒唐至极，不过对西方大学里某些幼稚的学生倒是颇有吸引力。

2008 年 1 月 4 日，五个组织共同宣布开展"西藏人民起义"活动，"自由西藏学生会"就是其中之一。他们还共同成立了一个临时办公室负责协调和筹资。

吴弘达是反华派的旗手，他的出名是因为在 1996 年接受《花花公子》访问时信口雌黄（即所谓死刑犯器官事件）。英国广播公司（BBC）播放了吴提供的相关录像，虽然录像不能说明什么问题，但对中国声誉的损害却难以挽回。吴在从伯克利大学退休后，成为劳改基金会的头子，此基金会无须缴税，主要靠国家民主基金会提供资金。[31]

此外，国家民主基金会还资助达兰萨拉的"西藏时报"、"西藏多媒体中心"，以及"西藏人权民主中心"，以便"为西藏争取人权民主的斗争发出声音"。

总之，无论是 2008 年 3 月西藏暴力事件，还是此前所有关于西藏的叛乱，都能看到美国国务院和情报界的魅影。问题是，他们这么做意欲何为？

西藏物华天宝

西藏与印度接壤，地理位置极其重要，所以华盛顿要拉印度入伙与中国作对。此外，西藏的自然资源极为丰富，有世界上最大的铀矿和硼砂矿，全球一半储量的锂矿，亚洲储量最大的铜矿，铁矿和石油储量居亚洲前列，金矿更是数不胜数，木材保有量也居中国之最。[32]

柴达木盆地位于西藏和新疆交界处，素有“聚宝盆”之称，那里有57种矿产资源，包括石油、天然气、煤炭、原盐、钾、镁、铅、锌、金等，估计价值高达15万亿人民币。已探明的钾、锂、原盐的储量为中国之冠。

西藏作为“世界屋脊”，是世界最重要的水资源宝库，亚洲最大的七条江均发源于此，是20亿人口的水源。毫不夸张地说，西藏的水源对于亚洲的地缘政治举足轻重。

对于华盛顿而言，西藏最大的价值并非这些，而是可以用作杠杆来破坏中国的稳定。

“非暴力战争”——华盛顿的新战法

西方媒体对2008年的西藏暴力事件大肆渲染，置新闻真实性于不顾。欧美媒体重磅推出一些视频和图片，称这是中国军队在镇压喇嘛。实际上呢？路透社和法新社的图片是暴乱僧侣在袭击汉人；德国电视台播出的画面更离谱，是尼泊尔警察在加德满都暴力执法。[33]

西方媒体的沆瀣一气于此暴露无疑，这进一步证实了西藏事件是华盛顿在幕后精心策划的。吉恩·夏普创建的爱因斯坦研究所的擅长就是“非暴力战争”，他们自己对此毫不避讳。[34] 在2004年的年度报告中，爱因斯坦研究所承认曾为藏人提供建议。[35] 但鲜为人知的是，国家民主基金会和罗伯特·赫尔维上校领导的爱因斯坦研究所在“天安门事件”中也扮演过不光彩的角色。

1989年初，上校在香港训练了几个学生头目，教他们如何组织大规模游行，不久后就在“天安门事件”中派上了用场。此外，他还是“法轮功”的顾问，传授非暴力抗议的技巧。赫尔维虽名义上在1991年退休，但他和爱因斯坦研究所以及索罗斯的开放社会基金会的合作从未中断。

五角大楼充分发挥现今互联网和移动电话普及的特点，利用“推特”

“脸谱网”等社交工具，发展出一套全新的政权更迭和颠覆的策略。

乔纳森·莫厄特专门研究“颜色革命”，他如此论述：

“前国防部长拉姆斯菲尔德曾提出，‘新军事变革’依靠的是高度灵活的作战分队，再加上实时情报和通信保障。我们看到的‘颜色革命’就是该原则的民用翻版。从军事上看，作战分队依靠‘智能头盔’提供的实时环境信息来控制周边区域；从民用上看，一帮年轻人可以通过手机联系聚集到约定地点。”

“二者之间的相似性并不奇怪，因为互联网、手机、社交软件的出现，最初都受到美国军方和国家安全部门的资助。研发这些技术，一开始就是为了在新的战争形式下占得先机。这些新技术使军事变革成为可能，而通晓心理战的专家又把它们的作用发挥到了极致。尽管这些军事上的奇思妙想已在兰德等智库孕育已久，但直到以拉氏为首的新保守主义入主五角大楼，成果才被美军高层所采用。”[36]

显然，华盛顿已采纳且不断完善了这些“非暴力革命”的技巧，目的之一就是阻止中国获取国外油气资源，国家民主基金会参与的一系列“民主”或“非暴力”政变就是很好的例证。

此外，华盛顿在西藏的颠覆活动，还得到了英国及北约情报部门的支持，这似乎早已形成套路。类似的情况不胜枚举：缅甸的“袈裟革命”；向达尔富尔派驻北约军队，阻止中国获取当地的石油；在乌兹别克斯坦和吉尔吉斯斯坦煽动内乱，干扰中国－哈萨克斯坦石油管道项目。

古代丝绸之路途经崇山峻岭，塔什干和阿拉木图是必经之地，皆属地理因素使然。同理，控制了乌兹别克斯坦、吉尔吉斯斯坦、哈萨克斯坦，就能控制中亚地区通往中国的所有石油管线，中国要从伊朗、沙特或其他欧佩克国家获得石油，这样的管线必不可少。美国控制俄罗斯周边国家，就是为了控制俄与西欧、中国、印度和中东的油气联系，对付中国不过是如法炮制。

为了说明问题，此处有必要引用布热津斯基在 1997 年 9 月《外交》杂志上发表的一篇文章。布氏是洛克菲勒家族的得意门生，也是英国地缘政治学奠基人麦金德爵士的门徒，曾在 2008 年为总统候选人奥巴马提供外交政策建议。他在该文的论述堪称精辟：

“欧亚大陆集中了世界上大多数有政治抱负的国家。回顾历史，所有曾觊觎世界霸权的国家都源于此。当前，中、印这两个有意谋取地区霸权的人口大国，以及其他可能在政治或经济上挑战美国的国家也在这里。排在美国之后的六个最大的经济和军事强国都在欧亚。公开的核国家只有一个不在欧亚，不公开的也只有一个不是欧亚国家。欧亚大陆拥有世界人口的 75%，国民生产总值的 60%，能源储量的 75%。总体而言，其潜力让美国相形见绌。”

“欧亚大陆面积居全球陆地之首，是世界的轴心。主导了欧亚大陆，就能对世界上三个经济中心的两个，也就是西欧和东亚，发挥决定性影响。扫一眼地图就会明白，主导欧亚大陆的国家自然就是中东和非洲的主宰。欧亚大陆是地缘政治中最重要的一盘棋，在欧亚分别布局已远远不够。欧亚大陆的权利如何分配，对美国的全球优势至关重要……” [37]

我们再看看 1997 年之后的世界大事——1999 年以美国为首的北约轰炸南斯拉夫，2001 年美国入侵阿富汗，2003 年美国入侵伊拉克，以及美国支持修建巴库－第比利斯－杰伊汉石油管线。

虽然布什和奥巴马口口声声都要“消灭暴君”、推行民主，但布热津斯基此话一出，我们不禁对美国的上述作为有了新的理解。美国这样做都是为了全球霸权，而非民主。中国认为华盛顿为所欲为不符合中国的国家利益，这丝毫不奇怪。

早在 2008 年之前，中国就取代日本成为世界头号外汇储备国，总额约 1.5 万亿美元，其中大多投资于美国国债，北京也成为华盛顿最大的债主。相比之下，美元虽仍是世界储备货币，但近几年美国经济却遭遇了 1930 年以来最大的危机。尽管如此，美国一边派财长保尔森（高盛前总裁）去北京，一边继续让中国在西藏问题上难堪，实在是居心叵测。

在西藏玩火后不久，华盛顿又打起边陲大省新疆的主意，目的是围绕石油向中国施压。

伸向新疆的黑手

2009 年 7 月，在中国的能源大省和少数民族聚集区新疆，发生了大规模暴力事件，国家民主基金会“功不可没”。

华盛顿插手新疆，其实是因为新疆是欧亚大陆的战略要地，对中国与俄罗斯、哈萨克斯坦等上合组织国家展开经济和能源合作地缘意义重大。

在新疆“7·5 事件”中，号召在中国驻外使馆门前抗议示威的，就是总部位于华盛顿的世界维吾尔大会（世维会）。

世维会有常设办公机构，开设了颇能吸引眼球的英文网站，和美国国会旗下的国家民主基金会关系密切。据国家民主基金会的报告，世维会每年从该基金会拿到 21.5 万美元，用于“研究人权问题和项目支持”。世维会的主席是热比娅，自诩为“出身洗衣工的百万富翁”，这个民族分裂分子还担任美国维吾尔协会的主席，这也是一个设在华盛顿的“人权”机构，同样由国家民主基金会出巨资扶持。[38]

国家民主基金会名义上是非政府、非营利的，却每年从美国国会领取国际活动经费，具体而言主要是从四个机构：一是民主党国际事务研究所，隶属奥巴马所在的民主党；二是共和党国际问题研究所，隶属共和党；三是国际劳工团结中心，隶属劳联－产联和美国国务院；四是国际私营企业中心，隶属美国商会。

那么，国家民主基金会是如何在新疆兴风作浪的呢？

根据世维会网站 2009 年 5 月 18 日内容显示，国家民主基金会煞费苦心地主办了一次人权大会，题为“东突厥斯坦：中共统治下的 60 年”，协办的还有一个名字古怪的非政府组织，名叫国家及民族的非代表组织。[39]

这个怪组织的创办人兼名誉主席是艾尔肯·阿尔普特金，他是流亡疆独分子，在美国新闻署的“自由欧洲电台”工作时创立了该组织，同时任那家电台维吾尔部的主任及民族部的主任助理。美国新闻署的宗旨是：“通过传播信息影响外国公众，以此促进美国国家利益……”为该署工作期间，阿尔普特金还在 1991 年创建了世维会并任主席，世维会网站称他是“达赖的密友”[40]。

这个怪组织成立于 1991 年，正值苏联解体，欧亚大陆诸多国家的政治经济一片混乱。从 2002 年起，奥地利人哈布斯堡大公担任该组织的总干事，自称“奥地利皇太子和匈牙利王子”，但从未得到两国的承认。

据称加入该组织的有 57 个不同的族群（总人数约 1.5 亿），各自有旗帜，但身份对外保密，组织总部设在荷兰海牙。该组织的原则之一就是“民族自决权”。

科索沃族于 1991 年入伙，是最早的成员之一，当时科索沃仍是南斯拉夫的一部分。此外，创始成员还有澳大利亚原住民以及加拿大北部布法罗河谷的甸尼族等。

其他成员也多涉及地缘政治上的敏感地区及族群，如克里米亚的鞑靼人、罗马尼亚的希腊族裔、俄罗斯境内的车臣共和国、缅甸的和平民主阵线，以及伊朗北部自称南阿塞拜疆和库尔德斯坦的大片地区。

2008 年 4 月，怪组织的网站公布了一则消息，称其与国家民主基金会共同为世维会举办了一次“领导能力培训班”。在德国柏林，50 多名来自世界各地的维吾尔族人、学者、政府代表和民间组织人士一起讨论了“国际法下的民族自决”问题。在这个闭门会议上，热比娅作了主旨发言，内容不得而知。[41]

新疆事件的台前幕后

乌鲁木齐的暴力事件发生在 2009 年 7 月 5 日。

关于事件起因，世维会网站是这样描述的：6 月 26 日，广东一家玩具厂发生暴力事件，汉族工人借口两名维吾尔族工人性侵汉族女工，施暴将这两人打死。7 月 1 日，世维会慕尼黑支部号召维吾尔人到世界各地的中国使领馆抗议。其实他们也承认，事件的真实性并未得到证实，当时知道的都来自捕风捉影的传言。

7 月 5 日，正好是周日，美国由于时差仍是 7 月 4 日——独立日。世维会在华盛顿声称，汉族士兵在乌鲁木齐荷枪实弹，见到维族人就抓。

而据新华社报道，乌鲁木齐发生大规模打砸抢烧，维吾尔族暴徒袭击街上的汉人、焚烧汽车、用棍棒石块破坏公共汽车，三天内有 140 多人死亡。目击者说："他们拎着刀、棍，拿着砖头、石块，在街上横冲直闯。"阿力姆·瑟托夫是华盛顿"美国维吾尔族协会"的秘书长，法新社援引他的话，称警察对示威人群"肆无忌惮地开枪"。

同一件事有两种报道。中国政府的报道和画面显示：维吾尔族暴徒袭击汉族居民，造成大量人员伤亡、财产受损；法国的官方报道却谴责中国警察"肆无忌惮地开枪"。需要注意的是，法新社是以热比娅的世维会作为消息来源，显然，法新社甘当美国地缘政治的马前卒。

过去几年，美国的对外政策反复无常，军事干预色彩愈发浓重，中国、俄罗斯、哈萨克斯坦、乌兹别克斯坦、吉尔吉斯斯坦、塔吉克斯坦在经济领域开始了日益密切的合作。由于北约和美国军事力量在该地区的肆意扩张，上合组织国防部长之间的磋商也不断深入。值得一提的是，伊朗、巴基斯坦、印度和蒙古成为上合组织的正式观察员。

6 月 16 日，上合组织在俄罗斯叶卡特琳堡召开峰会，伊朗总统内贾德以观察员国嘉宾身份出席。新疆"7·5 事件"就在之后不久爆发了，其中玄机不言自明。

欧亚能源要冲

新疆和平稳定对上合组织国家至关重要，中国油气管线中很重要的一部分经过新疆。通过与哈萨克斯坦的能源合作，中国可以减少对美国控制的石油来源的依赖。一旦中美两国关系恶化，美国完全可能掐断那些石油供应。

2009 年 4 月，哈萨克斯坦总统纳扎尔巴耶夫对华进行国事访问，讨论如何深化经济合作，尤其是在能源领域的合作。哈萨克斯坦石油储量巨大，天然气资源也令人看好。中国媒体对双方的会谈进行了大幅报道，其中一篇的标题是"中哈石油合作，前景一片光明"。

2009 年 7 月，阿塔苏－阿拉山口管线建成，天然气通过新疆源源不断地输送到中国内地。此外，中国的石油公司还参与了哈萨克斯坦的不少项目，包括赞纳佐尔斯基炼油厂、巴夫洛达电解炼油厂、莫伊纳克斯卡亚水电站。

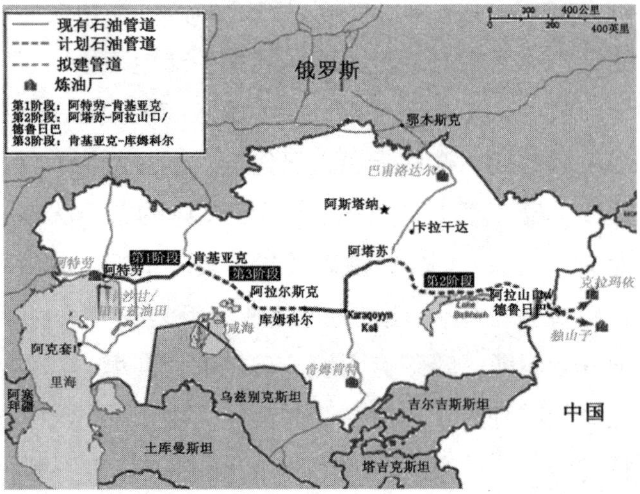

石油管道

哈萨克斯坦的卡沙干油田位于里海北岸，毗邻阿特劳市。美国能源信息署的数据表明，该油田是中东以外最大的陆上油田，储量居世界第五。中国建造了一条长约 1,000 公里的管线，从哈萨克斯坦西北部的阿塔苏，一直通到新疆的阿拉山口，将里海石油源源不断运往中国，中石油是中方的独家买者。这个项目由中石油和哈萨克斯坦石油运输公司合资，2007 年日原油运输量达 8.5 万桶。2008 年全球经济危机之后，哈萨克斯坦从中国得到了 100 亿美元贷款，其中的一半集中在石油和天然气领域。中石油还与哈萨克斯坦开展了其他重大能源合作，这些项目都将穿越新疆。

2007 年，中石油投资 20 多亿美元建设中亚天然气管道网。管线起于土库曼斯坦和乌兹别克斯坦边境的戈旦，穿越乌兹别克斯坦和哈萨克斯坦，到达新疆的霍尔果斯，长约 1,770 公里。中土两国业已签署了为期 30 年的天然气供给协议。中石油成立了两家机构，一家负责监督土库曼斯坦境内的项目，另一家开发中国境内的配套管线，该线路从新疆通往中国东南沿海，总投资约 70 亿美元。

2009 年新疆发生暴力事件时，中国和俄罗斯正在讨论大型天然气管

向中国输送能源的各条管线示意图

道项目，计划从东西伯利亚铺设管道到新疆。东西伯利亚已探明天然气储量约 3.8 兆立方米，如果该管线建成，位于伊尔库茨克的科维克塔天然气田会成为中国能源的重要来源。

阿塔苏－阿拉山口石油管线和中亚天然气管线已成为联系中亚各国和中国经济的战略“链条”。俄罗斯－中亚－中国携手并肩，形成了华盛顿最惧怕的欧亚大陆地缘凝聚力。新疆动荡实乃华盛顿梦寐以求，只有这样，才能削弱上合组织的向心力，才能破坏中国长期能源战略。

美国牵头的对华能源冷战已经开始，而且是在全球范围。中国对外能源依赖飞速增长，让美国有机可乘，“颜色革命”、“阿拉伯之春”、卡扎菲下台、巴沙尔告急、伊朗局势堪忧，这些都给中国的能源供应造成困难。

不过，破坏中国能源安全的石油战争，以及控制中国经济的货币战争，这只是华盛顿遏制中国崛起的两招而已。针对中国粮食安全的操纵，则危害更大，且鲜为人知。

[1] 合众国际新闻社（United Press International），“苏丹宣布在贫困的达尔富尔发现石油”，网址：http://sudanwatch.blogspot.de/2005/04/sudan-says-oil-discovered-in.html。
[2]F. 威廉·恩道尔，“中美在非洲的石油新冷战——达尔富尔？傻瓜，石油才是重点”，全球研究，2007 年 5 月 20 日，网址：http://www.globalresearch.ca/index.php?context=va&aid=5714。
[3] 同上。
[4] 同上。
[5]《苏丹论坛报》(*Sudan Tribune*)，“联合国官员热议联非特派团（UNAMID）行动”，2012 年 6 月 14 日，网址：http://www.sudantribune.com/spip.php?iframe&page=imprimable&id_article=42920。
[6] 同注 [2]。
[7] 同上。
[8] 同上。
[9] 阿里·可汗·赛丘（Aly－Khan Satchu），“南苏丹石油停产：绝妙谈判还是自杀？”，《基督教科学箴言报》(*Christian Science Monitor*)，2012 年 1 月 30 日，网址：http://www.csmonitor.com/World/Africa/Africa-Monitor/2012/0130/South-Sudan-s-oil-cutoff-brilliant-negotiating-or-suicide。
[10] 美国非洲司令部（AFRICOM），“美国非洲司令部情况说明书”，2010 年 9 月 2 日，网址：http://www.africom.mil/fetchBinary.asp?pdfID=20101109171627。
[11] 同上。
[12]F. 威廉·恩道尔，“北约利比亚战争意在遏制中国：美国非洲司令部和对中国能源安全的威胁”，2011 年 9 月 26 日，网址：http://libyaagainstsuperpowermedia.com/2011/09/26/natos-war-on-libya-is-directed-against-china-africom-and-the-threat-to-chinas-national-energy-security/。
[13] 新华社，“中石油乍得炼油一体化项目建成投产”，2011 年 7 月 1 日，网址：http://english.peopledaily.com.cn/90001/90776/90883/7426213.html；英国广播公司新闻网（BBC News），“乍得管道威胁邻近村庄”，2009 年 10 月 9 日，网址：http://news.bbc.co.uk/2/hi/8298525.stm。
[14] 同注 [12]。
[15]F. 威廉·恩道尔，“也门别有企图：反恐背后的战略性石油运输遏制”，全球研究，2010 年 1 月 5 日。
[16] 选自《恐怖主义监察》(*Terrorism Monitor*)，“也门总统指责伊拉克萨德尔派支持胡塞叛乱”，詹姆斯顿基金会（Jamestown Foundation），第 7 卷第 28 期，2009 年 9 月 17 日。
[17] 美国政府能源部能源信息管理局，“曼德海峡”（Bab el－Mandab），网址：http://www.eia.doe.gov/cabs/World_Oil_Transit_Chokepoints/Full.html。
[18]F. 威廉·恩道尔，“缅甸‘番红花革命’：抗议活动背后的地缘政治”，全球研究，2007 年 10 月 15 日。
[19] 同上。
[20] 同上。
[21] 同上。
[22]“前纳粹分子兼达赖导师哈勒 93 岁去世”，《印度时报》(*Times of India*)，2006 年 1 月 9 日，网址：http://timesofindia.indiatimes.com/articleshow/msid-1363946,prtpage-1.cms。
[23] 尼古拉·古德里克－克拉克（Nicholas Goodrick－Clarke），《黑日：雅利安人的崇拜，神秘的纳粹主义与认同政治》(*Black Sun: Aryan Cults, Esoteric Nazism and the Politics of Identity*)，纽约大学出版社（New York University Press），2001 年，第 177 页。
[24] 迈克尔·帕伦蒂（Michael Parenti），《慈悲的封建制度：西藏迷思》(*Friendly Feudalism: The Tibet Myth*)，2007 年 6 月，网址：www.michaelparenti.org/Tibet.html。
[25] 同上。

[26] 同上。
[27] 吉姆·曼恩（Jim Mann），“60 年代中情局资助西藏秘密流亡运动”，澳大利亚《时代报》（*The Age*），1998 年 9 月 16 日。
[28] 大卫·伊格内休斯（David Ignatius），“无知者无畏：公然政变的新世界”，《华盛顿邮报》（*The Washington Post*），1991 年 9 月 22 日。
[29] 威廉·布卢姆（William Blum），《美国民主基金会和“民主工程”》（*The NED and 'Project Democracy'*），2000 年 1 月，网址：www.friendsoftibet.org/databank/usdefence/usd5.html。
[30] 迈克尔·巴克尔（Michael Barker），《“民主帝国主义”：西藏、中国和美国民主基金会》（*'Democratic Imperialism': Tibet, China and the National Endowment for Democracy*），全球研究，2007 年 8 月 13 日，网址：www.globalresearch.ca。
[31] 拉尔夫·麦吉（Ralph McGehee），《拉尔夫·麦吉档案——肯尼迪住所、中情局在中国的行动，第三部分》（*Ralph McGehee' s Archive on JFK Place, CIA Operations in China*），1996 年 5 月 2 日，网址：www.acorn.net/jfkplace/03/RM/RM.china-for。
[32] 美国西藏委员会（US Tibet Committee），《中国和西藏你不可不知的五十件事》（*Fifteen things you should know about Tibet and China*），网址：http://ustibetcommittee.org/facts/facts.html。
[33] 科林·高尔德纳，“世界屋脊上的僧侣暴政，第二部分：奥运会前的骚乱”（Mönchischer Terror auf dem Dach der Welt Teil 2: Krawalle im Vorfeld der Olympischen Spiele）。
[34] 乔纳森·莫厄特（Jonathan Mowat），“新短剑组织在行动？”（The new Gladio in action?），《网络期刊》（*Online Journal*），2005 年 3 月 19 日，网址：http://onlinejournal.com/artman/publish/printer_308.shtml.www.engdahl.oilgeopolitics.net。
[35] 同上。
[36] 同上。
[37] 兹比格涅夫·布热津斯基，“欧亚地缘战略”（A Geostrategy for Eurasia），《外交事务》（*Foreign Affairs*），76：5,1997 年 9 月 /10 月。
[38]F. 威廉·恩道尔，“美国加强对中国的干预”，2009 年 7 月 12 日，网址：http://www.globalresearch.ca/index.php?context=va&aid=14327。
[39] 同上。
[40] 同上。
[41] 同上。

第三章
农业战争：想控制人，先抓粮食

中国食品消费在过去30年甚至更长时间里悄然发生了前所未有的巨变，城镇中的中国消费者越来越热衷于美国食品连锁店销售的新型现代食品，将其作为中国传统食品的美味替代品。如今，中国饮食中的营养成分被巧妙地破坏，已出现严重的营养危机。

用粮食做武器，是古已有之的战法。敌国人民难以忍受的饥寒之困，就是你的轻取之机。如今人类食品和动物饲料已经被武器化了。更有甚者，美国、英国的农工商巨头借助强大的政治金融力量，用几十年的时间全面创新了粮食武器的运用技法。一个针对中国人民的、有史以来最阴险的威胁已经成形。

始自 30 多年前，美国的快餐进入中国，来自异国的新口味被中国消费者追捧，逐渐上升为传统膳食之外的主要备选。不知不觉之中，美式快餐店已遍布中国的大街小巷，中国人民的膳食结构发生了前所未有的巨变。美国农业巨头借助肯德基、麦当劳、赛百味登上中国人的餐桌，而一个长期性威胁隐藏在新奇口味和大众营养构成渐变的背后：中国的国家安全。

起初的变化非常缓慢。但这仅仅是一开始时的情形。

快餐之害：食物中的坏营养

美式快餐是用工业化方式生产的食品。流行美式快餐的地方，糖尿病会变成流行病。中国年轻人近年来在食品消费上最大的变化，就是吃多了西方的垃圾食品，中国糖尿病患者的发病率也急剧地上升了，仅仅 20 年的时间，中国就变成了“糖尿病之都”。最近的一项研究发现，中国青年人的糖尿病患病率已四倍于美国，而美国青年的情况本来就够糟糕的了。

快餐消费30年来在美国也一直增长。中国的劳动人口体质衰退了，西方的工业化垃圾食品严重地危害了中国下一代人的健康和活力。中国的卫生系统将为此而背负沉重的压力。要扭转这个局面，需要中国的中央政府立即采取紧急行动。[1]

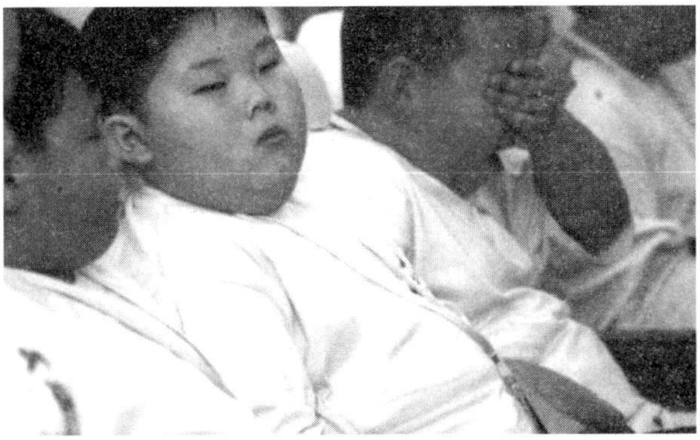
西方“垃圾食品”和高糖餐饮业进入中国后，在过去30年里，中国儿童肥胖数量激增

美国式快餐和工厂化食品中的一些成分，是否是导致肥胖症和糖尿病的源头？英国著名的医学杂志《柳叶刀》2004年就发表过文章[2]，报道明尼苏达大学公共卫生学院副教授马克·佩雷拉博士和波士顿儿童医院肥胖症研究组大卫·路德维格医学博士所做的一项3,000人15年追踪调查实验。他们发现，快餐、肥胖症和二型糖尿病之间存在“强关联”。实验组每人每周吃两次以上快餐，对照组每周只吃一次或者根本不吃。个人生活方式中看电视、体育活动、饮酒量、吸烟等其他因素都被分离开，以保证快餐消费量和肥胖症、II型糖尿病之间的“关联”与其他因素不相关。15年的跟踪观察发现，实验组的体重平均增加10磅左右，胰岛素抗性（译者注：指人体不能有效地使用胰岛素，这是导致II型糖尿病的原因）提高了两倍。[3]

这个首次、全面、长期的科学研究，给“快餐是否导致肥胖之争”一个肯定的回答。[4]

那么快餐会有害于大脑吗？《临床调查》杂志发表过华盛顿大学糖尿病肥胖症中心一份出色的科学研究报告：“多吃含高脂肪的快餐食品，可能会在大脑上留下疤痕。”[5]他们用典型的美式快餐类高脂肪食料饲喂大鼠和小鼠，仅一天，也就是说很短的时间里，动物的大脑视丘下部就出现了炎症，这是分泌荷尔蒙、控制饥渴感、困倦感、情绪和身体节奏的关键部位。[6] 这项报告指出：“核磁共振成像证据表明，人类肥胖症患者也表现出视丘下部神经胶质过多。”综合二者后我们认为，人类和动物实验中的肥胖症，都与大脑视丘部位的伤害有关联。[7]

越来越多的中国青年因对美式快餐成瘾而肥胖。肯德基、麦当劳全球连锁店，秘而不宣地把致人上瘾的化学成分加入鸡肉派和牛肉饼中。在物质形态上，快餐只是工业化的垃圾食品，在本质上却是新型鸦片。新鸦片战争的打手，不是停泊在广州城外的战舰，而是人们对美食的幻觉——更可怕的、比 1840 年的大英皇家海军军舰更严重的危险，因为这个对手没有外形。

垃圾食品如鸦片

是的，垃圾食品可以像海洛因一样让人成瘾。有科学实验可以证明。

位于佛罗里达的美国斯克里普斯（Scripps）研究所发现，典型垃圾餐中常用的玉米高果糖浆等糖类，可对大脑中枢区形成类似毒品效应的刺激和依赖而致人成瘾。在试验中给小鼠喂食垃圾食品会导致小鼠上瘾——控制愉悦感受的大脑区域逐渐麻木；小鼠吃得越来越多，即使要经受电击才能享受垃圾食品，它们仍趋之若鹜，情景令人惊秫！康奈尔大学威尔（Weill）医学院的路易斯·阿罗尼教授、前任美国肥胖症学会会长说，肥胖人的行为很接近可卡因成瘾者的行为模式，人类大脑对垃圾食品的响应和有毒瘾者寻找可卡因的模式几乎一模一样，也就是说，垃圾食品可让人上瘾。[8]

如果不能采取果断措施把垃圾食品的消费降下去，28 年后，美国人口将有一半患上肥胖症。

还有一种工业化食品常用的调料谷氨酸钠（MSG），其危险性被美国的食品和药物管理局（FDA）掩盖或忽略了。过量使用谷氨酸钠能导致痴呆。最近一份科学报告指出：“谷氨酸盐作为兴奋性神经传导素，对神经蜕变致病的过程起了重要作用。中枢神经系统的兴奋突触约有 70% 可被谷氨酸盐激发，而当传导受阻时就会发生神经退行性痴呆症。谷氨酸盐慢性释放的刺激性效应，能导致大脑皮层或皮下神经发生退行性病变，最终成为痴呆症。”[9]

人工甜味剂是另一种最常用的食品添加物，其中有孟山都公司的“中性甜”（NutraSweet）和“坎特雷”（Canderel），2009年以后改为阿米诺甜（AminoSweet），作为糖的替代品用于无糖可乐等。孟山都公司于2000年将甜味剂业务出售给日本“味之素”公司（Ajinomoto），今天该公司在全球市场的份额达40%，是全世界最大的甜味剂供应商。在中国有“味之素(中国)公司”、“川化味之素”（Chuanhua）、“河南味之素”等。[10]

推广阿斯巴甜代替蔗糖的理由是“低糖”，然而它同样会导致体重增加，副作用很多，如导致抽搐、眩晕、偏头痛、健忘、疲乏、抑郁、惊恐症等。[11]

麦当劳、肯德基在中国的扩张处处充满破坏性，性质如同1840年的鸦片战争——这就是一场新的鸦片战争！

以削弱中国的独立性和战斗精神为目标的华盛顿行动纲领中，垃圾食品不过是Q其中一部分。即使是在美国，为美国负责监管食品安全的机构——食品和药物管理局，对快餐中是否使用不可食用的添加物，同样不管也不问。美国政府最高层的严重腐败由此可见一斑。奥巴马政府的食品和药物管理局副局长麦克·R.泰勒，1981年起加盟孟山都公司，曾任孟山都公司的执行官，1994年－1996年任职美国农业部，负责食品安全和监督。他对四届美国总统放任转基因食品安全性监管政策起了至关重要的作用。

泰勒在进入奥巴马政府之前，曾服务于洛克菲勒基金会出资办的智囊团“未来的资源”，该机构鼓吹美国向非洲提供农业援助，趁机把用专利保护的转基因种子散布到非洲。[12]

进攻中国食品安全的第二条战线是转基因主粮。美国农业部与孟山都公司、四大农业巨头以及农用化学品巨头为此而联手行动，转基因主粮登上舞台。

“杀手”：转基因生物

转基因的生物工程是一大杀手，洛克菲勒基金会大手笔行动，其背后是一个大目标。无所不能的洛克菲勒基金会一手推动了转基因革命，靠的就是大把出钱。

它的第一个大项目不是小麦而是水稻——亚洲人民的主粮作物！美国和欧洲并不熟悉水稻，然而用分子生物学搞转基因的农作物育种这个大政方针，早在 1982 年就确定了，走一个“专家上书”程序，基金会就可名正言顺地出更多的钱进行研究。洛克菲勒基金会理事会批准水稻转基因项目的时间是 1984 年 12 月，正式启动的时间是 1985 年。水稻的命运在随后的 10 年－ 15 年被改变。

没有洛克菲勒基金会的金钱，就不会有全球性的基因革命。从 1985 年到 2005 年，洛克菲勒基金会直接出资 1 亿美元，在全世界宣传基因工程和它改造全球食品生产的宏伟计划，间接输送达数百万美元。转基因在其战略计划中占据何等地位，其重要性不言自明。[13]

他们的公开承诺是“殚精竭虑、坚持不懈地从事植物的基因工程”。虽然不能证明采用分子－计算机技术具有足够的合理性，测定水稻基因图谱的项目仍在 1984 年启动。在公开场合他们喋喋不休地宣传，为了应对将要到来的饥饿，必须做这么大的研究项目，世界人口还要增长几十亿，有那么多张嘴等着他们喂！而他们真正的目标是控制中国和亚洲的粮食。

输送研究资金需要个新说法，他们就搞了“国际水稻生物技术项目”(IPRB)，用钱去打开全世界所有高级实验室的大门，随后是宣传和推广转基因的 17 年，洛克菲勒基金会共出资 1.05 亿美元。从 1989 年开始更是追加专款开支做“培训与能力建设”，每年用 5,400 万美元的金钱力量，把水稻基因改造技术的最新成果最快地投入应用。

转基因战争的种子，是这样深思熟虑地播种下去的。[14]

转基因水稻新品种要出世，不能没有公关大手笔。洛克菲勒基金会在科学家和政界圈子里支持者很多。发达国家中有 46 家实验室很早就得到洛克菲勒基金会的资助。水稻基因图谱项目 1987 年度的开支为 500 多万美元，瑞士联邦苏黎世技术研究所和德国佛来堡大学应用生物科学中心都是受助方。

洛克菲勒基金会培育了自己的科学精英圈子，菲律宾国际水稻研究所（IRRI）五位居首的科学家，全是洛克菲勒资助培养的博士，负责研究的副所长曾说："没有洛克菲勒的钱，我们就不可能建造起今天的研究能力。"

洛克菲勒基金会的国际水稻生物技术项目集中优势力量开发了一个含维生素 A 的新品种——"金水稻"，据说是要造福发展中国家患 Va 缺乏症的营养不良的儿童。金水稻的宣传战极其成功，几乎在公众中建立起了一种信任感——干转基因的科学家们勤勤恳恳地工作，是为了解决世界饥荒和营养不良。[15]

所有的事情都可以是真的，唯有一个是假的：这是一场深思熟虑的欺骗。

洛克菲勒的基因革命以水稻为切入点，因为水稻是大部分亚洲国家食品安全的象征。全世界 90% 的水稻产于中国和印度，人民每日的主粮 80% 以上是稻米，水稻在西非、加勒比和拉丁美洲的热带地区也是主粮，大米是地球上 24 亿人民的主粮。驯化和培育水稻的历史长达一万两千年，适应千变万化的各地自然条件的耐旱抗虫品种被农民培育出来，从来无须"生物技术"插手。全世界 14 万个水稻品种表达了丰富得难以想象的生物多样性。

洛克菲勒基金会和美国政府早就盯上了亚洲水稻。远在转基因革命和国际水稻生物技术项目之前，上世纪 70 年代"绿色革命"的目标就是改造亚洲水稻。水稻品种的多样性在绿色革命中遭到横扫，亚洲的小农农业被纳入全球贸易体系。西方农业公司巨头为它们设计了信贷体系和销售模式，为它们建立了肥料、杀虫剂、农业机械的全球化市场。

真正的问题还不在于此。洛克菲勒基金会于 1962 年创办的菲律宾国际水稻所，趁亚洲绿色革命之机，以"保护品种"为名"收藏"水稻品种，把占总数 1/5 的、已知最重要的亚洲水稻品种都入了“库”。而更早于 1960 年由洛克菲勒基金会和福特基金会共同创建和维持的“国际农业研究咨询小组”（CGIAR），是收藏稻种的合法性大红伞，正是这家机构在伊拉克战前控制了伊拉克种子银行。洛克菲勒基金会以菲律宾为基地推行转基因革命，一点都不令人奇怪。[16]

我们要知道“国际农业研究咨询小组”的总部，就设在华盛顿特区的世界银行集团总部里。就这样，世界银行集团拿到了亚洲种子银行的钥匙。美国开发转基因水稻所用的种子资源中，有 3/4 都来自菲律宾国际水稻研究所的种子银行。美国有了种子资源，就有能力强制亚洲国家在进出口贸易中放弃对美国水稻进口的“不公平贸易壁垒”了。[17]

先正达、孟山都最终如愿把菲律宾国际水稻研究所变成自己的水稻种子库。“种子托管”只是借口，种子一旦到手、一旦进入生物技术巨头的实验室，就被改造了基因、加上专利保护，变成生物技术公司的知识产权。“与贸易有关的知识产权规定”（TRIPS）是一个名副其实的首创，1995 年 WTO 成立时首次出台，目的是让跨国公司给植物和其他生物加置专利，窃为己有。

1993 年联合国大会通过了《生物多样性公约》，原本是为了控制盗窃发展中国家种子资源的行为，不料华盛顿只对公约原文作了一点微小的修改，就把“国际农业研究咨询小组”攫取到的遗传资源置于公约的限制之外。菲律宾国际水稻研究所恰好属于那个“小组”，于是 50 万个品种、占全世界 40% 的特有农作物被强加了“豁免权”，生物技术巨头可以随心所欲地用来研究转基因植物专利，不会受到任何限制。

黄金水稻神话

根据联合国统计，发展中国家约有 1.4 亿儿童患有某种程度的维生素 A 缺乏症，其中 25 万至 50 万人会因此致盲（比例约 1/300），这的确是发展中国家新生儿死亡的原因之一。洛克菲勒基金会充分利用了这个“真问题”，1990 年开始以国际水稻生物技术项目的名义下手，制造出一个“维生素 A 黄金水稻”神话，黄金水稻被不失时机地做成一张推广基因技术的“情感牌”、一面招兵买马的旗帜、一把画线站队的标尺，尽管关于补充维生素 A 的一切承诺，都是险恶的谎言和蓄意欺骗。

水稻种子代表的是一种生命符号。转基因的水稻种子却是一个杀手，因为水稻是 24 亿人民的主粮。

破坏生育能力的转基因生物

转基因产品用作人类食品和动物饲料很危险，全世界已经有足够多的独立研究证明。最有说服力的是 2010 年俄罗斯科学家做的实验表明，转基因大豆伤害哺乳动物、令哺乳动物断子绝嗣。实验用的是繁殖力很强的坎贝尔仓鼠，对照用的纯种黄豆来自塞尔维亚，已经成为难寻的稀有之物，原因是转基因大豆商业化种植已经在全球普及：美国 97%，阿根廷 99%，巴西 50% 以上。

俄罗斯实验由两个机构联合进行：俄罗斯全国基因安全协会和生态与环境问题研究所，领衔研究者是阿列克谢·谢洛夫博士（Alexei Surov）。他们有令人震惊的发现。

仓鼠按每组一对分开饲养。第一组为对照组，喂以通常的鼠类动物饲料，第二组添加非转基因大豆，第三组添加转基因大豆，第四组用更高比例的转基因大豆。我们观察它们的行为、增重速度和繁殖。

起初一切正常。然而，第二代再次配对后出现了严重的情况。喂了转基因大豆的实验鼠生长速度很慢，性成熟推迟。当实验进行到第三代时，转基因大豆组仓鼠没有后代出生，表明它们没有繁殖能力了。[18]

第三代实验仓鼠甚至有毛发从口中生出的现象。这个令人惊愕的怪异现象在停止饲喂转基因食料后逐渐消失。[19]

难道这个实验结果还不够明确吗？西方主流媒体以 BBC、CNN 和纽约时报为首，刻意地无视科学实验提出的严重警告：三代绝嗣。这种怪象，难道不是地缘政治利益在幕后操纵转基因泛滥的佐证吗？

中国在转基因管理方面有很多空子让人钻。美国粮食巨头如嘉吉、

ADM、邦基等，已经操纵了中国的大豆进口。2011 年，中国进口转基因大豆 5,260 万吨，其中一半来自美国[20]（占美国大豆出口总量的 60%）；2012 年第一季度到港转基因大豆刷新纪录，达 1,250 万吨。进口转基因大豆已经超过中国大豆总用量的 60%，被中国人直接和间接消费了（通过饲养动物）。上述俄罗斯仓鼠转基因大豆实验，是否暗示中国人口三代之内可能不育？此事已经达到国民健康紧急风险事件水平，应该从国家安全的角度，提出紧急处理对策了。[21]

必须击破中国国内对转基因食品合法化的抵抗，才能把转基因变成中国人的基本食品。美国政府、美国农工商巨头将之视为当务之急。华盛顿用粮食作地缘政治的武器，技法早已炉火纯青。

大型战略必须有通盘谋划，把美国国内经济与国际政策脱钩就是一个大手笔。美国从 20 世纪 60 年代开始研究、70 年代以石油冲击小试牛刀，最高权力精英仔细算计过，为了全球霸权战略大计，必须以举国之力聚焦“战略产业”核心。美国国防军事工业是战略核心，波音、麦道、哈里伯顿和柏克德公司等当仁不让。放弃对通常的基本工业部门，如钢铁、汽车、电子、矿业的保护，转而聚焦于最新战略产业部门如生物技术，才是最符合美国国家利益的政策。

农作物出口对美国扩张全球霸权具有更大战略意义，因此超越常规工业部门跃升为战略优先。早在 20 年前，从 1992 年开始，生物技术产品——转基因农作物出口，就被设定为美国谷物和农业出口的战略核心、美国国家利益所在。1995 年完成改组的 WTO，正好用来推进美国农工商巨头利益的工具。[22]

然而，只要进口美国粮食的国家，还能用自己的种子生产粮食，那么它们就有能力最终摆脱对美国的依赖。从美国利益的角度看，唯一的解决方案就是垄断种子，用专利攫取种子品系的权属——转基因种子专利，就是它们最想要的、最大的国家利益。

污染中国食品链

1979 年后，中国向西方特别是美国开放，美国农工商巨头孟山都公司得以顺利进入。这个全球最强势的生物技术巨头，利用中国人缺少技术知识的弱点，公开贿赂地方官员，无所不用其极，向中国水稻主产区非法输送了转基因种子。目前，美国的转基因种子已经非法出现在中国许多地方。

2011 年 4 月，一位中国环保官员告诉《南方周末》记者，国务院的四部委联合调查发现："由于监管不周，在几个省发现了非法转基因种子。"欧盟"食品饲料快速警报"网站披露，2006 年至 2011 年，欧洲国家 115 次查获来自中国的大米食品含有转基因成分（译者注：最新信息，2012 年欧盟累计已查获中国出口米制品含非法 Bt63 转基因 20 次，与往年不同的是，中国已实施"出口检疫"制度。如此严查过筛仍不能杜绝出口产品的转基因"污染"，可见国内大米的转基因污染程度已无法乐观）。绿色和平生态组的中国农业专家方立峰指出，转基因种子早在 2005 年就开始扩散，2010 年曾在湖北、湖南、江苏数省的市场上被发现。[23]

美国打通了中国政府的重要关节，让中国自己把转基因技术（农业生物技术）奉为中国未来食品安全的唯一方案。中国各地有 100 多个生物实验室，从 1986 年以来一直在搞生物技术开发，试图通过把生物技术纳入中国的传统农业体系。"提高产量和质量"令人担忧。

截至 2001 年，世界上已经有 130 个以上农作物品种被开发成转基因品种，其中有声称能抗虫、抗病菌病毒、耐盐碱干旱、强化营养或者提高质量的品种，甚至有能产生口服疫苗和重组型药物的转基因植物。

中国 1998 年种植抗虫 Bt 棉面积达 120,000 公顷，1999 年 – 2000 年种植了 350,000 公顷，主打品种是孟山都公司的 Bt 棉品种（Bollgard）和中国农科院研发的 Bt 抗虫品种。[24]

转基因是一匹特洛伊木马，华盛顿的美国精英精心设计，只要中国允许它进入，20 年内中国的食品安全将被摧毁。放纵转基因产品，终将被证明是新中国自 1949 年成立以来犯下的最危险的错误。行文至此，不幸中的万幸，中国国内爆发了激烈的争论：推广任何一种转基因产品，是否为明智之举？辩论刚刚开始，而中国农业部早已正式批准了转基因棉花、甜椒、西红柿和木瓜种植，核准了转基因大豆和玉米进口，虽然只是用于“加工”。[25]

曾经有100多位研究者在2010年写信给全国人民代表大会代表，呼吁取消一种玉米、两种水稻的转基因安全证书。他们要求公开辩论，要求明确标注食品中含有转基因物质。他们指出，被批准的转基因水稻虽然是在中国的实验室里开发的，但是采用了美国孟山都公司持有专利的功能基因，一旦商业化应用，就要交专利费和使用费了。假如在几年内就允许在中国商业化种植转基因水稻，那么即使是中国公司出售“中国”的转基因水稻种子，美国生物技术巨头孟山都和联邦政府，仍然可以在很短的时间内掌控中国水稻的命脉。[26]

老布什和转基因

老布什1986年任美国副总统。他当过驻华大使，还当过中情局局长。有一天他召开白宫特别战略会议，受邀请而来的是农业和化学品公司总裁，其中有位于圣路易斯密苏里的孟山都公司。据当时在场的美国农业部官员克莱尔·霍普·卡明斯说，那次会议的议题是为给快要成型的转基因生物技术行业“去监管”。孟山都公司与政府长期有“染”，老布什主政中情局时，孟山都公司与中情局走得也很近。喷洒在越南战场的致命的落叶剂“橙剂”就是孟山都公司20世纪60年代的杰作。这个公司还有很多造假、掩盖和贿赂的历史记录。[27]

1988年老布什当选了美国总统。几年前闭门制定的规则和框架，终于可以公之于众了：给孟山都和生物技术公司正式解脱监管的束缚。于是副总统奎尔公开宣称：“生物技术产品需要被同等对待，我们不能让不必要的管理束缚住手脚。”

1992年5月26日，奎尔副总统宣布，布什政府对生物工程技术有一项政策改革：“它将加快和简化程序，让那些用生物技术开发出来的更优秀的农作物产品，更快地造福消费者、生产者和农民。”面对一群生物技术公司的执行官员和记者，他说："我们保证生物技术产品将受到和其他产品同样的对待，不让它们被不必要的监管绊住前进的脚步。"布什－奎尔政府就这样轻易地开启了潘多拉魔盒。[28]

美国对转基因产品至今没有制定过一个新的、专门的法规。很多议员、公民、科学家和卫生工作者都认为，制定专门法规迫在眉睫，因为转基因食品确实携带着未知风险和可能的健康危害。然而老布什政府同生物技术行业沆瀣一气，鹦鹉学舌一般说：转基因技术就是传统育种的延续。布什政府认定，无须专门机构监管这个非常敏感的新领域，只采取了一些走过场的措施，让美国农业部、环保署、食品和药物管理局和卫生部分别直接评估转基因产品的几种风险性。四个机构的责任被刻意地模糊化。孟山都等生物技术巨头的道路，被老布什总统亲自扫平。

部门分工的模糊性，直接导致了监管中的重叠和混乱，孟山都等转基因利益集团得以最大限度地钻空子、随意推出新产品。生物技术公司以外的世界忧心忡忡地观察全新的转基因产品，但是公众仍然期望，食品和药物管理局这样的机构，对涉及大众健康的事件还是会谨慎从事的。[29]

但是，美国政府无视科学家的反复警告：重组 DNA 技术和使用病毒的生物技术对人有危险，"无管理"模式很危险。布什－奎尔政府还是选择让生物技术界和私人科学实验室在转基因领域"自律"。

美国食品和药物管理局科学家，路易斯·普莱拜尔博士（Louis J. Pribyl），作为研究基因工程食品的 17 位科学家之一，他很清楚外源基因被插入植物时会产生非预期毒素。他向自己服务的机构 FDA 递交了措辞严厉的备忘录："所谓不会出现非预期效应，只是业界的无稽之谈，他们从来没有拿出过支持自己观点的数据。"[30]

其他政府科学家也认为，"有着充分的理由"对每一个新上市的转基因产品都由政府机构重新做检测，因为"有发生非预期的、偶然变化的可能，做一些传统的毒理学研究很必要"。

布什政府为什么会不理睬这么严重的警告呢？因为白宫和孟山都公司在做交易，这是一个地缘政治意义上的重大交易。无论是否有人识破也顾不得了，事关重大，箭已在弦上，哪能不发？

美国国际开发署（USAID）是美国国务院推进美国外交政策的机构，它曾经在自己的网站上公开宣称："……美国对外援助项目的主要的受益者永远是美国。将近 80% 的国际开发署项目、合同和援助资金直接进入美国企业。"[31]

把转基因推向全世界，也是美国国际开发署的一件公务，"把转基因融合到世界各地的食物体系中去"。美国国际开发署累计花费了 1 亿美元做活动，推广生物技术，在发展中国家做科普，培训公众对转基因的知晓度和接受意愿。美国国际开发署在自己的网站透露过信息，它给先正达、杜邦先锋和孟山都公司提供技术转让机会，孟山都等公司回报以金钱。[32]真是天衣无缝的合作。箭已离弦，箭正在飞！

用世界贸易组织瞄准中国

WTO 是与孟山都等生物技术巨头关系最紧密的大型国际机构。如果没有 WTO，今天大多数国家不一定会向生物技术公司的压力屈服，也不会让转基因种子轻易地入关进门。

1995 年 WTO 出现在瑞士的日内瓦。WTO 被设计成凌驾于国家主权和法律之上的国际机构。它不用向任何别的公共机构负责。它听命于价值万亿美元的国际农产品贸易利益链，为国际寡头的利益服务。它是一个国际警察，是自封的全球贸易的裁判，对于主权国家维护利益的屏障来说，它简直就是一把"攻城锤"。WTO 是一件新武器，或者是一具瞄准镜。

WTO 的前身是关税和贸易总协定（GATT）。这个"协定"没有强制性，没有惩罚力，违规就违规了。而 WTO 是有惩罚条款的，可以对违规成员国实施高额惩罚。1948 年谈判设立关贸总协定时，美国坚决反对把农产品列入国际贸易谈判，以免不得已被国际贸易规则打开美国农产品市场。在冷战中，农产品的贸易具有战略性质，让外国农产品进入美国，那是不能允许的。

二战以后每一次自由贸易的推动都来自美国。WTO 的设想也不例外。

乌拉圭回合谈判一反常规，农产品贸易变成首要议题。因为自从 1980 年以来，美国已经把农工商巨头扶植起来，发动全球农产品贸易的全面攻势，美国已经准备就绪。

美国在乌拉圭回合中提出的农业贸易的议案，是一个“嘉吉方案”。方案的起草人是嘉吉公司前执行官丹尼尔·阿姆斯图茨，被里根政府任命为驻 GATT 的特别代表。著名的阿姆斯图茨“四点方案”就出自他之手。[33]

嘉吉公司是一个年销售额 560 亿美元的农业巨头，业务遍及 66 个国家和地区。它为洛克菲勒家族在拉丁美洲的利益服务，曾在基辛格 1973 年对前苏联出售小麦的项目中充当先锋，在近乎抢劫的大笔交易中大赚其钱。这家公司对美国联邦政府和美国农业部的影响力是常人难以想象的。

阿姆斯图茨的“四点方案”咄咄逼人，它要一手控制全球谷物贸易。它规定 GATT 谈判必须只有利于美国农工商巨头和它们在全世界的商业利益；它禁止一切政府支持本国农业、不许提供农产品价格支持，禁止各国为保护本国农业生产设立进口限制，禁止一切政府控制农产品出口，哪怕在饥荒中也不许。阿姆斯图茨“四点方案”的真正目标，就是限制各国实施保卫食品安全的法律。[34]

嘉吉公司把贸易和利润凌驾于人类食品安全之上。他国的食品安全法律，就是美国农业巨头赚钱的障碍，妨碍它们出售工业化生产的劣质农产品，在美国也是一样。无限制地销售转基因工程的新产品，是农工商巨头们无法遏制的渴望，什么大众健康、国家食品安全，都挡不住它对金钱的无止境的追求。

阿姆斯图茨为推进农工商巨头在 WTO 的利益不遗余力，立下汗马功劳，2003 年被任命为布什政府农业部派驻伊拉克的特使，主政战后的伊拉克“复兴”。他用下一个“阿姆斯图茨方案”把伊拉克纳入美国的市场导向的出口型农业体系，顺便把转基因农作物种遍伊拉克全境。

“农产品贸易自由化”也是美国在乌拉圭回合谈判中打击欧盟的共同农业项目（CAP）的武器。还记得 1870 年大不列颠雄踞世界霸主地位时大力鼓吹的“自由贸易”吗？乌拉圭谈判、阿姆斯图茨四点方案，不就是历史的回声吗？100年前受保护并获益的，不都是英国的国际贸易公司和银行业吗？今日美国强求各国终止对农业出口的补贴，当然是美国的农业巨头会受益。

无所不能的嘉吉公司曾建立过一个“WTO消费者游说团”，里面没有一个消费者，只有那些农工商跨国公司巨头，包括嘉吉公司。入会的法人会员费高达65,000美元。嘉吉公司还成立过一个“美国贸易紧急事务委员会”，成功地说服了国会接受WTO匪夷所思的新农业议程。

为了推进粗暴且蛮不讲理的GATT农业条款，特别是推动阿姆斯图茨四点方案通过，还有过一个成立于1987年的国际游说团，叫做“国际食品与农业贸易政策委员会”（IPC），董事会成员里有嘉吉公司的高管，还有先正达公司（当时的名字还是Novartis）、雀巢公司、Kraft、孟山都公司、ADM、邦基公司、洛克菲勒的温洛克国际基金会、美国农业部、日本最大的贸易公司三井，等等。这个“国际食品与农业贸易政策委员会”是任何一个政治家都不敢忽视的存在，不论他在哪里。所以，这个委员会不管想干什么，结果当然总是非常成功。

为了使乌拉圭回合谈判中关于WTO的条款在美国国会获得通过，嘉吉公司伙同“国际食品与农业贸易政策委员会”，与克林顿政府的美国贸易代表米奇·康托尔（后出任商务部长）密切勾结。康托尔竟然在国会面前把WTO说成与GATT是一回事，从而达到了他们的目的。

中国千方百计想加入的WTO，就是由这样一群人，用这样的手段，设计、制定并通过其农业纲领的。让我们记住基辛格的名言：只要掌握了粮食就能控制对手。美国政府和农业巨头正是沿着这个思路，策划并制定了WTO的农业条款。1995年，WTO从GATT脱胎而出，对中国的食品主权发起进攻的基地建设完毕。按照WTO的规定，“农产品公平贸易”比中国立法保护本国健康和安全更重要。现在我们来看它一点也不会奇怪了。把中国的国家食品安全掐在手里，这可不仅是私营公司孟山都的目标，更是五角大楼和美国政府的最高级战略要务。所以他们才会这样精心地操作这场食品之战。

世界贸易组织农业协定

WTO 的农业协定，是请嘉吉、美国阿丹米（ADM）、杜邦、雀巢、联合利华（Unilever）、孟山都等农业巨头起草的。所以，WTO 的农业协定只会有利于农业巨头们的利益。

WTO 的架子搭好了。克林顿政府把生物技术与互联网并列为联邦政府全力支持的领域。转基因农作物的开发成为一项战略要务，正式得到美国联邦政府全力以赴的支持，在非正式情景中照样有政府支持。米奇·康托尔被任命为全权负责 WTO 谈判的首席代表。克林顿对他言听计从。2001 年康托尔功成名就离开联邦政府，被孟山都公司请去当董事会董事，以答谢他的汗马功劳。

孟山都、杜邦、陶氏化学公司等农业化学品巨头，现在都摇身一变，成了控制粮食作物品种的生物技术公司。在农工商巨头出世之前，农作物从未被看做有全球市场和统一的价格的纯粹商品。农作物一直都在地方性市场上有限地流通，是人类生存的基础，是国民经济安全的保证。现在农作物就要变成生物技术公司的财产了。

WTO 和美国农业巨头相互勾结，携手推进美国农业巨头定义的那种农业全球化。WTO 条款为它们打通了法律和政治的通道，像 100 年前洛克菲勒建立了他想要的那种全球石油市场一样，去建立一个全球食品商品的“市场”。

美国抛出的“阿姆斯图茨方案”变成了 WTO 的农业协定，以“AoA”之名著称。它要为农工商巨头创造出一个最高的合法性，开辟自由的、综合的国际市场，让它们去销售产品。AoA 一边在口头上喋喋不休地谈论什么“食品安全”，一边强行规定，食品安全只能在自由市场上获得。谁会从中获利呢？当然是嘉吉、邦基、ADM 了。[35]

1992 年，老布什政府不由分说地制定了一条规矩：转基因的农作物和常规品种农作物“在实质上等同”，不需要额外的政府监督。这条规定被写入了 WTO 规则，写在“植物疫病检疫协定”（SPS）条款中。“植物疫病检疫”是一个新奇的科学术语，它在这里只有一个意思，即转过基因的那些植物的不健康事件。

这个植物疫病检疫协定被鬼鬼祟祟地制定出来，它宣称，食品标准和检测虽然是为了保护人类和动物免于受害，但也可能被蓄意地用于构筑贸易壁垒，因此要用 WTO 的规定加以禁止。他们口中高唱保护植物和人类安全的高调，背后却在 WTO 条款中纳入相反的规定，说一套做一套，声东击西。WTO 的成员国议会里没有几个人会费心解读那个深奥的“植物疫病检疫控制”。他们只是听听农工商公司的游说，然后就盖章批准了。

“植物疫病检疫协定”中还有明确规定，禁止用基因改造生物作为人类食品和动物饲料叫做不公平贸易；要求标识转基因食品叫技术壁垒。在 WTO 框架下，“贸易”的地位高于人民对食物的知情权。至于是谁的贸易、谁的利益，那是不言而喻的。

终结者

转基因战略的纲领是一个隐蔽的战争纲领。孟山都和美国政府对于它们的最终目标始终三缄其口。中国政府也许还能够进行独立自主的调查，还能听取严肃的警告，因为下面所说的一切，确实是有根有据的。

如果中国向孟山都公司或者其他公司的转基因农作物和化学除草剂如农达敞开大门，经过风虫水媒传播，最终的结果还不仅仅是污染天然农作物。孟山都的种子一旦种下就是走上了自杀之途。

因为转基因技术里包括一个俗称终结者的“基因表达控制技术”（GURTs）。开发这项技术的公司名叫“三角洲松兰”。美国政府从头到尾支持并资助了这项研究，该项技术一旦商业化应用，将赋予技术拥有者控制别国全部种子的特权。美国政府从 1983 年起一直毫不声张地默默地行动。而那家不为人知的公司已被孟山都收购成为孟山都公司的一部分。[36]

美国专利局于 1998 年 3 月授予三角洲松兰公司“终结者技术”专利，编号为 No.5723765，正式名称是“植物基因表达控制”技术。该公司和美国政府共同持有专利，在证券交易认定（SEC）表格中有这样的陈述："专利拥有者为三角洲松兰公司与美国政府，政府代表为美国农业部长。"

按照规定，这项专利在全球都有效。再援引一段证券交易认定表格中的内容："本专利的适用范围为包括所有农作物的一切植物及种子，转基因类与常规类都适用，其技术为控制植物子代种子生育力而不伤及作物。"

三角洲松兰公司吹嘘："仅应用一次本技术即可杜绝农民非法种植专利种子的行为……偷种未经授权的专利种子将会得不偿失，因为种子不会发芽，种也无用。"它公开宣扬，它的专利技术就是要让农民购买一次孟山都先正达的转基因种子后，再也不能摆脱种子公司的束缚重获自由；它还说，它的专利展示了"全球转基因种子市场的光辉前景，直到现在还有农民留种再种的各种品种的农作物都要被取代了"[37]。

这家公司轻蔑地把农民千百年来自留种子的传统形容为"打包吃剩饭"，是不入流的落后行为。

三角洲松兰公司的首席科学家是蔡南海（Nam－Hai Chua）博士，62岁，同时兼任位于纽约的洛克菲勒大学植物分子生物学实验室主任。该实验室25年以来一直是洛克菲勒基金会转基因技术开发的中心，花了基金会1亿美元。Chua博士还担任孟山都公司的科学顾问、杜邦公司先锋国际种子公司顾问直到1995年。他是洛克菲勒基因革命的核心人物。

美国农业部、孟山都公司、杜邦公司、洛克菲勒基金会，全部到齐。三角洲松兰公司开发终结者技术，就是转基因生物技术整个计划的中心，这是毫无疑问的。

三角洲松兰公司在中国和其他国家开了分店：三角洲松兰阿根廷，三角洲松兰中国，新加坡的三角洲松兰中国PTE，三角洲松兰巴拉圭，三角洲松兰墨西哥，三角洲松兰澳大利亚，河北冀岱棉业技术公司（中国），CDM Mandiyu阿根廷，三角洲松兰Hellas希腊，D&M巴西Algodao，三角洲松兰印度，三角洲松兰毛里求斯有限公司。[38]

孟山都已经在2007年神不知鬼不觉地收购了三角洲松兰公司，向全世界扩散自杀的种子。万事俱备只欠东风，巨大的全球网络已经织成。

这一切充分说明了美国的政策是向中国等国家和地区出口、推广应用转基因的终结者技术。他们很清楚自己在干什么，他们是在发动一场最后的粮食战争，他们的战术是控制主粮如水稻的种子。在人类历史上，这是第一次全面的粮食战争。

无形的危险才是最险恶的。美国农业巨头手中的转基因种子，对于中国的威胁，比军事的威胁更严峻。

化学品之战

如果没有抗农达的转基因种子，就不会需要孟山都的除草剂农达。购买孟山都的转基因种子必须捆绑购买农达并签约——真是一个完美的陷阱。除草剂农达具有和转基因种子本身同等的危害——长期使用已经导致了杂草的抗性，变成人造魔鬼"超级草"，泛滥于北美的农田。在无数证据面前，孟山都会怎么办呢？竭尽全力掩盖真相。

农达的有效成分——草甘膦，能够螯合土壤中的肥力因子，导致土地不缺肥料却贫瘠化了，还能"显著削弱植物对病原体和病害的免疫能力、增加植物病害"。喷洒除草剂越多，植物的病原体越多，这是研究植物病理 50 年、研究草甘膦 20 年的美国退役资深植物病理学家唐·胡伯的发现。他还在孟山都的抗除草剂大豆中发现了一种前所未知的显微病原物，与病毒体积相当、能自我复制，它可能是导致农场动物高流产率和出现猝死综合征的原因。[39]

《科学美国人》杂志也发表过"令人震惊"的文章。法国卡昂大学的吉利斯－艾略克·塞拉利尼（Gilles－Eric Seralini）团队报告，农达中的一种辅助成分 POEA（乙氧基化－聚氧乙烯，polyethoxylated tallowamine）虽然通常条件下是惰性物质，却能伤害人类胚胎、胎盘和脐带组织，其毒性甚至超过除草剂的主成分草甘膦，他们发现脐带细胞对 POEA 特别敏感。以往的研究大都专注于草甘膦的安全性而忽略做配方用的助剂，然而当"惰性"的助剂结合于主成分后，会形成性质活跃的高毒性物质。即使把规定喷洒农田和草坪的浓度再稀释10万倍，仍然能毒害人类细胞。[40]

农达除草剂能够干扰激素分泌，因此它可能导致生殖异常、胚胎发育异常、出生体重降低，甚至造成流产。[41]

孟山都的宣传说，它的专利除草剂的主成分草甘膦毒性很低，只要按照规定的浓度使用就无害。然而即使是符合规定标准的残留水平，不论是在大豆、苜蓿、玉米，还是草坪上的残留，都足以导致细胞损伤。

POEA是一种类似洗涤剂的表面活性剂，可从动物脂肪中提取。1980年以后，POEA开始被用作除草剂的配方助剂，后来是被日本医生识别出来的。他们从因口服农达而死亡的病例中发现，致死原因竟然是POEA而不是草甘膦——原因是它具有强化渗透功能！

除草剂中的惰性助剂可以增强活性，它们渗透植物组织表面的保护膜或者细胞膜，提高除草剂的毒性。克罗地亚的一个研究小组不久前发现，含有莠去津（一种除草剂）的一种配方除草剂能破坏DNA、导致癌症，而单纯的莠去津本身并不造成这样的后果。

法国卡昂大学研究小组的最新发现，不是针对某一个转基因植物或者孟山都的农达除草剂的“个案”。他们认为，所有商业化的转基因技术，对人体和动物究竟有什么风险，一个都没有证明过，所以应该全体推迟——他们在呼应2009年美国环境医学协会的呼吁：

多项动物研究表明，转基因（GMO）食品有严重的健康风险，问题包括基因紊乱造成的不孕症、免疫系统异常、老化加速、胆固醇胰岛素细胞信号紊乱，干扰蛋白质合成，肝肾脾肠出现变异等。

转基因食品与健康退化之间的关系，表现出非偶然的关联和关联性、自洽性、特异性以及生物学指向和生物学意义上的可能性。转基因食品与疾病之间的关联强度被多项动物实验证实。

转基因食品与数种疾病的发病过程的特异关联也被确认了。多项动物实验出现免疫异常，如细胞物质异常引起的哮喘、过敏和炎症。动物实验中出现了肝脏异常，包括脂肪肝和碳水化合物代谢异常，甚至细胞改变，可能导致衰老。肾脏、胰腺、脾脏异常都有了报告。2008年的一项研究指出转基因玉米实验导致老鼠不孕，数代后实验鼠繁殖力下降，幼崽出生体重减小。[42]

一切转基因从本质上都是非自然的人工组合，会不停地突变，所以在本质上是不稳定的。

新烟碱新毒药

新烟碱杀虫剂是一种尼古丁衍生物，也是当下最新、最火爆的杀虫剂。它刚一露头就把蜜蜂杀得"人仰马翻"，还创造出一个新词汇：蜂群崩溃综合症（CCD）。美国政府食品和药物管理局照例为它大开绿灯，于是全球植保市场上升起了一颗新星。

只经过短短的时间，新烟碱产品已经是全球使用最多的杀虫剂了。[43]

新烟碱产品（imidacloprid）由德国拜耳公司和日本 Nihon Tokushu Noyaku 公司于 1991 年联合开发，现已应用于 89 个国家和地区、60 种以上农作物。1990 年有机磷杀虫剂还占全球 43% 的市场份额，菊酯类占 18%，氨基甲酸类占 16%。2005 年新烟碱杀虫剂已经占据 16% 的市场，年销售 19.41 亿美元，是所有产品中增长最快的。[44]

中国生产新烟碱的主要厂家，是位于山东的中石化－农业生物技术联合有限公司（"Sino－agri Union"），它从属于 CNAMPGC 并全资拥有山东联合农药工业公司和泰安联合生物化学技术公司。中石化农业联合公司是拥有生产新烟碱准许的中国公司中最大的也是最活跃的一家。它与日本农药工业协会，特别是日本最著名的新烟碱生产厂 Sumitomo and Shimadzu 合作。[45]

蜜蜂为人类种植的 70% 农作物授粉，这些植物生产了 90% 的人类食品。几乎全部水果和蔬菜要靠蜜蜂授粉：苹果、橘子、草莓、青葱、胡萝卜，等等。半个世纪以来蜜蜂数量一直在增加，最近在许多欧洲、美洲国家却突然显著地减少了。同时依赖蜜蜂授粉的农作物却种得越来越多了。问题被叫做"蜂群崩溃综合症"，也就是说原因多得数不清。严肃的科学研究已经发现，高居第一位的原因，是自从 2004 年以来投入使用的高毒性“系统型”杀虫剂——新烟碱。

新烟碱是“系统型”的，化学成分接近尼古丁。它的毒性作用于昆虫、蜜蜂、鸟类的中枢神经系统。已知新烟碱会影响人类胚胎的神经发育。[46]

假如欧盟、美国、中国等国家的政府不能成功地禁止某些正在使用中的化学杀虫剂，将要变成“昨日之花”的不仅仅是小蜜蜂。到了人类目瞪口呆地面对一个没有蜜蜂的世界时，如何延续生存这个全新的挑战？人类将如何回应？

自从2004年以来，美国25个州的蜂农反映，蜜蜂死亡超过100万群。然而故事只在美国以外的欧盟地区流传，特别是英国，因为那里的蜜蜂也整群地消失了。2009年冬天英国损失了1/5的蜂群；而自然淘汰率应该只有10%。政府有关机构的说法是“神秘事件”：蜂群崩溃综合症。[47]

其实新烟碱的危害性并不是秘密。美国环保署的一份信息表就对拜耳农药公司的新烟碱类农药Clothianidin提出过警告。根据自报的数据，Clothianidin喷洒在玉米、芥花上，对鸟类等应当仅导致最小急性毒性风险。但是评估表明，接触了用该药剂处理过的种子，如果药物进入肠道，对小型鸟类（如鸣禽）有慢性中毒风险，对哺乳动物有急、慢性中毒的风险。[48]

英国的“昆虫生命与土地协会”以独立机构身份承担了一项关于蜜蜂死因的严格而规范的科学研究。他们发现新烟碱难逃罪责。[49]他们称新烟碱为“系统关联型化学品”，其杀虫机制是先被植物内吸，再被昆虫采食，经慢性和长期神经系统毒害而致死昆虫。在英国，新烟碱类产品Chinook被广泛用于油菜（芥花），德国拜耳公司的UK720被用于花园和室内盆栽植物。他们的报告说，“新烟碱应该是使蜜蜂减少的重要原因，也可能是其他非靶标无脊椎生物减少的原因”。他们呼吁全面禁止含有新烟碱的杀虫剂。[50]

英国土壤学会会长彼得·麦尔切特对媒体说：“杀虫剂使授粉昆虫减少了，对农业是一个巨大的威胁。”英国对杀虫剂的安全监管稀松无效，在欧盟众所周知。昆虫生命学会的报告提出，杀虫剂对维持英国农业至关重要的授粉昆虫构成了威胁。[51]

2012 年 3 月，英国政府环保机构首席科学家罗伯特·沃特森爵士在英国媒体上宣布，政府正在重审允许新烟碱在英国合法使用的政策。“我们一定要仔细审查几个月前斯特灵大学的报告、法国和美国的新研究，我们必须逐条审查细节以判断英国的现行政策是否正确。我要求他们要非常细致地作重新审查。”[52]

美国环保署负责批准或禁止化学品应用，它在 2003 年无视本机构科学家的严重警告，授予新烟碱产品 Clothianidin 在美国喷洒玉米的应用许可。这是德国拜耳公司与日本 Takeda 公司共同持有专利的产品，商品名“庞秋”（Poncho），在美国 2004 年的应用规模一举达到 8,800 英亩，随后就发生了那个惊人的百万蜜蜂蜂群死亡事件，地点就在美国中西部的玉米带。[53]

美国环保署授予拜耳公司应用“庞秋”的商业准许是出于政治考虑。环保署自己的科学家提出过警告，“庞秋”对蜜蜂具有高度的采食毒性和接触毒性，在土壤和地下水中表现为高度流动性，非常可能经移动进入溪流、池塘和其他有野花的地方——也就是继续散布进而杀死更多的蜜蜂和非靶标昆虫，如蝴蝶和大黄蜂。环保署科学家对 Clothianidin 的长期环境效应和环境风险评估是：“该种农药在喷洒多日后仍然对蜜蜂有害，对蜜蜂的毒性是致命，对于蜜蜂幼虫是半致命，对蜂王的繁殖力的影响类似。”2005 年 9 月 28 日美国环保署的备忘录泄露了以上警告。[54]

DDT 已经被禁用，而新烟碱的毒性超过 DDT 数千倍。拜耳公司较早的一个烟碱类产品名为“高秋”（Gaucho）的农药 Imidacloprid，已知对蜜蜂的毒性比 DDT 高出 7,000 倍。[55]

2012 年 1 月，美国农业部发布过该部下属的蜜蜂研究实验室研究人员杰弗里·佩蒂斯提交的一份重要的报告，该报告发表于德国科学杂志——*Naturwissenschaften*——引起了轰动。经过详细的对比试验发现，整群蜜蜂接触半致死剂量的“高秋”农药后肠道出现了寄生虫症状。报告特别指出："目前所用的评估方法，已不能适应评估杀虫剂潜在的负面结果的要求。此事早已被提出，问题是复杂的和非预期的反应，昆虫只接触极低浓度的杀虫剂和很少量的病原体……我们认为应该设定新的杀虫剂检测标准，检测表中应包括更多的病原物质。最后我们相信，研究杀虫剂与病原体之间的微妙关系，例如在本实验中所观察到的那样，会有助于解开全球蜜蜂大量死亡之谜。"[56]

著名的荷兰毒理学家汉克·腾耐克博士（Henk Tennekes），对拜耳公司的新烟碱也持有不同于"低毒"的看法。他提出，喷洒过新烟碱的玉米地以外的蜜蜂，在整个生长季节都会接触到它："蜜蜂通过很多途径接触到新烟碱以及其他杀虫剂，在采蜜活跃期间一直如此。在春播后极高浓度的新烟碱农药存在于停放田间的空播种机中，因为玉米种子用农药包衣。我们在每一份土壤样品中都找到了新烟碱，连未播种的土壤中都有。"[57]

新烟碱威胁中国农产品供给安全的严重程度，很可能是被低估了。新烟碱的危害在全世界到处被刻意地忽视，它甚至可能比转基因和除草剂更险恶。它能有效杀害虫，也能杀灭整巢的蜜蜂和常见鸟类。四处喷洒新烟碱已经威胁到人类的大脑和其他器官。

美国的精英圈内人士深知，只要污染了中国的主食链，就能制服中国。破坏中国食物链的计划一直在缓慢推进，但是在近年中规模扩大、节奏也加快了。

在美妙而虚伪的许诺面前，中国应该警惕什么呢？

毒害人脑

最令人恐怖的是：新烟碱会像伤害蜜蜂和鸟类一样伤害人类。腾耐克博士指出一个问题：美国儿童心理和行为异常的发病率远超过我们的设想；每年 400 万新生儿中 5% － 10% 表现异常，包括神经发育紊乱、学习能力低下、阅读困难、智力障碍、注意力分散综合症，以及自闭症。他们在成年后依旧表现为成年人慢性神经衰退、帕金森症和痴呆症，发病率显著高于其他人。这表明幼年时接触过的毒性物质极有可能在日后激发疾病，原因可能是大脑的重要区域细胞数量减少，少到维持正常功能的限度以下。出生前以及幼年时期接触杀虫剂已被认为是一个重大健康风险因素，这也许能解释大脑组织结构异常和大脑健康的异常，以及成年后患神经系统疾病的风险。[58]

越来越多的证据表明，持续接触喷洒过新烟碱农药的植物，可能引起大脑的损伤，其中包括最近急剧增加的儿童自闭症。

长期接触尼古丁可对儿童的正常生长造成许多伤害。出生前间接接触尼古丁可造成注意力缺陷、多动型紊乱。可见新烟碱伤害了发育中的大脑。[59]

布莱恩·莫恩援引《科学》发表的相关论文，指出：

昆虫的大脑和神经系统是这些杀虫剂的目标。杀虫剂干扰蜜蜂的返巢行为能力，看起来就像“蜜蜂自闭症”。人和昆虫不一样？可是人类的神经细胞和昆虫具有基本相同的生物学结构。能够干扰昆虫神经电脉冲的化学物质，也能干扰人类的神经。人比昆虫大得多，接触到的农药量极少，所以对人体构不成危害吗？可是受孕后最初三个月的人类胚胎，并不比一只昆虫大多少，那可是大脑发育最重要的阶段。我们有一切理由相信，杀虫剂能让一个发育中的人类胚胎的大脑搭错神经。可是，胚胎没有到玉米地里被喷洒杀虫剂呀？且慢。最近的一项研究发现，每一位被检测者尿液中的农达浓度，都比饮水中所允许的安全浓度高出 5 倍－20 倍。[60]

在揭露新烟碱毒性和污染的过程中，美国政府和欧盟的行为很令人费解：他们至今不制定预防性措施、不对可疑的新烟碱污染采取行动，而是不慌不忙地坐等长期测试结果，他们要看科学的证据够不够多，再最终确定这东西是否像大家说的那么危险。

这才是新烟碱故事里最惊人的一幕。

新烟碱与拜耳

关于全球蜜蜂死亡的情况，联合国环境项目（UNEP）2011 年初发出了一份报告，拜耳公司的新烟碱产品“庞秋”和“高秋”都榜上有名。

联合国在报告中提到：系统型杀虫剂新烟碱，当用于种子包衣时会从根部渗透整个植株，直达花朵，可能对非靶标昆虫导致慢性中毒。很多研究表明，新烟碱产品 Imidacloprid、Clothianidin、Thiamethoxam 对猫、鱼类、啮齿类和鸟类甚至蚯蚓都有毒性。实验室数据表明，这种农药会破坏方向感、导致失忆和大脑代谢异常，直至死亡。[61]

不过，没有迹象表明拜耳农业公司会停止生产和销售它的新烟碱。相反，它模仿美国海军司令法拉古特在 MobileBay 海战中的进攻姿态推广新烟碱：“鱼雷滚蛋，全速前进！”

德国制药巨头拜耳公司深为自己的光荣历史而荣耀，却永远选择性忘记 1898 年——那年它把第一个作为止咳药物销售的合成化学品命名为“海洛因”，名称取自“英雄”一词。这里它有抬举本厂工人的用意在其中，因为公司检验新药时，直接用本厂工人做了人体实验。

“高秋”和“庞秋”是拜耳公司销售最火爆的除草剂产品，“仅在 2010 年，“高秋”销售额达 8.8 亿美元，“庞秋”销售额达 2.6 亿美元。“高秋”名列拜耳公司最佳产品之首，“庞秋”位列第 7。蹊跷的是，在 2011 年的年度报告中竟然只字不提“高秋”和“庞秋”的销售量。[62]

欧洲禁令

在美国以外，数个欧盟国家已经禁止使用新烟碱药物。他们不接受化学品公司提交的安全报告。

德国有一家政府下属的农作物研究所，收集了死亡蜜蜂样品做了研究，结论是新烟碱农药 Clothianidin 毒死了蜜蜂。拜耳公司却以某批次玉米种子有缺陷来狡辩。它甚至说是播种时农药包衣脱落、散布到周围地块，蜜蜂去那里采蜜才出了问题。该案辩护律师哈鲁·舒尔茨（Harro Schultze）指出：“我们怀疑拜耳公司提交的试验报告是虚假的，其中把杀虫剂残留物对目标作物的风险压低了。拜耳公司管理层应该被问责，因为这种风险 10 多年前就已被发现。”[63]

我们必须知道，在拜耳公司的母国德国，从 2009 年起官方就禁止了新烟碱农药的使用。法国、意大利政府也有类似规定。在意大利，政府发布禁令之后，蜜蜂的数量回升了。所以即使有化学品公司的强大压力，对禁令的支持反而大大增加。[64]

然而，面对一切证据和事实，欧盟委员会的反应却慢得出奇。布鲁塞尔对反腐调查仅仅作出微弱回应，启动调查的速度非常缓慢，欧盟反腐调查员 N. 戴尔芒杜（Nikiforos Diamandou）指出，欧盟委员会无视新烟碱类农药伤害蜜蜂的一切新证据，“它只是说应该审查一下那些提交上来的证据其物证是否有效”。这就是欧盟委员会的意见。[65] 反腐调查处要求欧盟委员会 6 月 30 日之前回复对调查的意见，以便该调查处起草报告。但是反腐调查处没有任何约束力，欧盟委员会回应说：“他们请欧洲食品安全局（EFSA）进行全面审查。”[66]

请欧洲食品安全局来守卫欧洲消费者食品安全、监管杀虫剂，等于开门揖盗。欧洲食品安全局同农业巨头拜耳农业公司、农业化学品跨国公司一直有暧昧的利益关联，他们只听大公司的话。[67]

拜耳农业是全球六大农业化学品及生物技术公司之一，与孟山都、陶氏化学、巴斯夫、先正达和杜邦公司并立。它们基本上把全球的农作物种子、杀虫剂和生物技术市场控制在自己手中。对全球农业的控制权如此高度的集中，为前所未有。跨国公司“能控制农业技术的发展方向，能够规定贸易条款和农业政策；把它们自己的技术强行规定为‘有科学依据’，是提高产量的解决方案，甚至能解决饥饿拯救地球，同时逃脱民主的监督和法规约束，并且把一个有竞争的市场颠覆掉”，这是显而易见的事实。[68]

全球科学家呼吁立即禁止新烟碱农药。哈佛大学环境健康系研究环境危害生物学的副教授 A. 陆（Alex Lu）呼吁，做一个非常简单的试验：“禁用一切新烟碱类农药 5 到 6 年，如果蜜蜂的数量恢复了，答案就找到了。”

然而，美国政府仍然继续向全球特别是中国大力推广这种有毒新农药，根本无视明确无误的科学证据——这么尖锐矛盾的行为，究竟表明了什么？美国政府如此卖力地推销出口高毒性化学品，只能认为其背后有一个阴险的目的，只能理解为这是一个地缘政治计划的组成部分：瞄准并打击中国农业，毁坏中国人民的食物链。

美国进攻的目标，是中国当前的稳定，但不限于此。中国获得石油供给、中国保持食品供给安全，日益成为攻击的目标。攻击是多方位的，而且是十分隐蔽的。另一个最隐蔽、最危险的攻击，是来自美国的制药巨头、威胁生命的疫苗。

打一场新的鸦片战争，现在不需要非法的海洛因了，它们有的是经过批准的、合法的“药品”。

---

[1] 安柏·摩尔（Amber Moore），“中国儿童糖尿病患者激增”，2012 年 7 月 6 日。

[2] 卡拉·夏里特（Carla Sharett），“研究显示快餐食品危害健康”，《柳叶刀》（*The Lancet*），2004 年 12 月 31 日。

[3] 同上。

[4] 同上。

[5] 安德妮娅·班尼特（Andrea Bennett），“快餐食品改变人类大脑？”，2012 年 1 月 20 日，网址：http://responsibility-project.libertymutual.com/blog/can-fast-food-change-your-brain-?src=keyword_s=msn_K=fast%20food_C=Responsibility_G=FastFoodChangeBrain_FastFood_M=p&K_CLICKID=5915257e-b22c-bd29-b2c4-00007cabc5a5#fbid=Napv2zlVRCP&src=keyword_s。

[6] 同上。

[7] 约书亚·P. 泰勒（Joshua P. Thaler）和易春霞（Chun－Xia Yi）等，“肥胖症与啮齿动物和人类的下丘脑损伤有关”，《临床研究杂志》（*Journal of Clinical Investigation*），第 122 卷第 1 期（2012 年 1 月 3 日），第 153 页－162 页，数字对象识别编号：10.1172/JCI59660，美国临床研究学会（American Society for Clinical Investigation）。

[8] 温迪·布伦迪奇（Wendy Brundige）和埃里克·诺尔（Eric Noll），“饮食冲动中的科学原理”，美国广播公司新闻网（ABC News），2009 年 11 月 14 日，网址：http://abcnews.go.com/GMA/Weekend/junk-food-addictive-illegal-drugs/story?id=9083548#.T_ceqPVov1U。

[9] 格雷姆·J. 希尔斯（Graeme J. Sills）博士，“谷氨酸（谷氨酸盐）：超级神经细胞杀手”，《当代癫痫学》（*Epilepsy Currents*），第 6 卷，第 1 期（1 月 /2 月），2006 年，第 6 页－7 页。

[10]“味之素集团历史”，该公司网站页面：http://www.ajinomoto.com/about/history/1990_1999.html。

[11] 人造甜味剂阿斯巴甜及其毒性信息中心（Aspartame and Nutrasweet Toxicity Info Center），“使用阿斯巴甜造成的毒性影响”，网址：http://www.holisticmed.com/aspartame/。

[12] 迈克尔·R. 泰勒（Michael R. Taylor），维基百科，网址：http://en.wikipedia.org/wiki/Michael_R._Taylor。

[13]F. 威廉·恩道尔，《粮食危机：运用粮食武器获取世界霸权》（*Seeds of Destruction: The Hidden Agenda of Genetic Manipulation*），全球研究，加拿大，2007 年，第 153 页。

[14] 同上，第 153 页。
[15] 同上，第 160 页－166 页。
[16] 同上。
[17] 同上。
[18] 玛丽娅·达姆尼茨卡娅（Maria Domnitskaya），“俄罗斯称转基因食品有害”，2010 年 4 月 16 日，网址：http://english.ruvr.ru/2010/04/16/6524765.html。
[19] 同上。
[20] 周思谕（Zhou Siyu），“自美进口大豆将减少”，《中国日报》，2012 年 7 月 6 日，网址：http://www.chinadaily.com.cn/bizchina/2012-06/07/content_15481765.htm 。
[21] 托尼·C. 德雷布斯（Tony C. Dreibus），“中国大豆进口量应需求激增 14%”，2012 年 2 月 21 日，网址：http://www.bloomberg.com/news/2012-02-21/china-soybean-imports-to-jump-by-14-on-demand-oil-world-says.html。
[22] 同注 [13]。
[23] 康文涛（Boris Cambreleng），“转基因稻在中国流行引发多方讨论”，法新社，2011 年 6 月 15 日。
[24] 陈章良（Zhang－Liang Chen）和瞿礼嘉（Li－Jia Qu），“中国农业生物技术现状：两种转基因稻获准进行旷野试验”，北京大学，中国北京，邮编：100871。
[25] 同注 [23]。
[26] 同上。
[27]F. 威廉·恩道尔，“水稻转基因危害：转基因农业的战略背景——‘实质等同性原则’骗局”，尚未发表的研究报告，2007 年 5 月 1 日。
[28] 同上。
[29] 同上。
[30] 同上。
[31] 格瑞恩（GRAIN），“美国国际开发署在非洲：‘为了美国公司’”，《种苗》（*Seedling*），2005 年 4 月 24 日，网址：http://www.grain.org/article/entries/493-usaid-in-africa-for-the-american-corporations。
[32] 同注 [2] 。
[33] 同上。
[34] 同上。
[35] 同上。
[36]F. 威廉·恩道尔，“孟山都公司买下‘终结者’种子公司”，全球研究，2006 年 8 月 27 日，网址：http://www.globalresearch.ca/index.php?context=va&aid=3082。
[37] 同上。
[38] 同上。
[39] 拉迪·阿纳达（Rady Ananda），“基因工程科学家警告新型危险病原体和孟山都抗农达有关”，全球研究，2011 年 2 月 21 日，网址：http://www.globalresearch.ca/index.php?context=va&aid=23303。
[40]F. 威廉·恩道尔，“孟山都除草剂对人类细胞有致命危害”，2009 年 6 月 26 日。
[41] 同上。
[42] 骨科医学博士艾米·迪恩（Amy Dean）和医学博士珍妮弗·阿姆斯特朗（Jennifer Armstrong），“转基因食品”，美国环境医学研究会（American Academy of Environmental Medicine），2009 年 5 月 8 日，网址：http://www.aaemonline.org/gmopost.html。
[43] 世界农化网（AgroPages.com），“透视新烟碱类杀虫剂”，网址：http://www.agropages.com/BuyersGuide/category/Neonicotinoid-Insecticide-Insight.html。
[44] 同上。
[45] 外贸部，“中国农药工业协会代表第二次访日”，2012 年 1 月 30 日，网址：http://en.sdupi.com/news_detail/

newsId=33b76313-4c5e-449f-b8e9-bfc01b33c753&comp_stats=comp-FrontNews_list01-1300788129234.html。
[46]F. 威廉 · 恩道尔，“关于鸟类、蜜蜂与拜耳公司的可怕事实”，2012 年 7 月 1 日，网址：http://www.veteranstoday.com/2012/07/01/214009/。
[47] 路易斯 · 格雷（Louise Gray），《养蜂人损失 1/5 蜂箱》，2009 年 8 月 24 日，《每日电讯报》，网址：http://www.telegraph.co.uk/earth/earthnews/6069218/Beekeepers-lose-one-fifth-of-hives.html。
[48] 匿名，“剧毒新烟碱类杀虫剂可尼丁危及蜜蜂和其他传粉动物”，2007 年 3 月 20 日，网址 http://www.theenvironmentalblog.org/2007/03/clothianidin-a-neonicotinoid-pesticide-highly-toxic-to-honeybees-and-other-pollinators/。
[49] 同上。
[50] 同上。
[51] 同上。
[52] 同上。
[53] 亨克 · 滕内克斯（Henk Tennekes），“我们和环境都是试验品”，2011 年 1 月 19 日，网址：http://www.boerenlandvogels.nl/en/content/they%E2%80%99ve-turned-environment-experiment-%E2%80%93-and-we-are-all-experimental-subjects。
[54] 同上。
[55] 同上。
[56] 杰弗里 ·S. 佩提斯（Jeffrey S. Pettis）等，“蜜蜂接触农药导致肠道病原体疾病增加”，《自然科学》(*Naturwissenschaften－The Science of Nature*)，2012 年 1 月 13 日，网址：http://www.springerlink.com/content/p1027164r403288u/fulltext.html。
[57] 亨克 · 滕内克斯，“整个玉米生长季其附近蜜蜂都会接触到新烟碱类杀虫剂”，2012 年 1 月 5 日，网址：http://www.farmlandbirds.net/en/taxonomy/term/3。
[58] 亨克 · 滕内克斯，“孕期接触杀虫剂可能会增加小孩后期神经性疾病发病率”，2012 年 3 月 20 日，网址：http://www.farmlandbirds.net/en/content/prenatal-exposures-pesticides-may-increase-risk-neurological-disease-later-life。
[59] 亨克 · 滕内克斯，“新烟碱杀虫剂可能对人体健康，尤其是大脑发育不利”，2012 年 3 月 20 日，网址：http://www.farmlandbirds.net/en/taxonomy/term/3。
[60] 布莱恩 · 芒什（Brian Moench），“孤独症和蜂群消亡有共同之处？”，2012 年 4 月 2 日，共同梦想网（Common Dreams），网址：http://www.commondreams.org/view/2012/04/02。
[61] 反拜耳危害联盟（Coalition against BAYER Dangers，德国），《反对股东会议：拜耳杀虫剂导致蜜蜂数量下降》，新闻稿，2012 年 4 月 11 日。
[62] 同上。
[63] 环境新闻服务网（ENS），“德国联盟起诉拜耳杀虫剂导致蜜蜂死亡”，2008 年 8 月 25 日，网址：http://www.ens-newswire.com/ens/aug2008/2008-08-25-01.asp。
[64] 罗伯塔 · 克鲁格（Roberta Cruger），“新烟碱类杀虫剂禁令颁布后蜜蜂数量上升”，2010 年 5 月 15 日，网址：http://www.treehugger.com/clean-technology/nicotine-bees-population-restored-with-neonicotinoids-ban.html。
[65] 亨克 · 滕内克斯，“欧盟回应杀虫剂致蜜蜂死亡疑问”，2012 年 4 月 24 日，网址：http://www.farmlandbirds.net/en/taxonomy/term/3。
[66] 同上。
[67] 奥利维尔 · 浩德曼（Olivier Hoedeman），“企业欧洲观测所：关于欧洲食品安全局管理委员会利益冲突的一封公开信”，布鲁塞尔，2011 年 3 月 4 日，网址：http://www.corporateeurope.org/sites/default/files/sites/default/files/files/openletter/EFSA%20management%20board%20conflicts%20of%20interest.pdf。
[68] 同注 [13]。

第四章
健康战争：新式鸦片

由西方精英控制的制药业，干的是夺人性命、致人伤残、削弱大众健康的勾当。他们从不说“人口”而只说“群羊”。美国、英国、瑞士和日本疫苗及化学药物生产体系为二战后建立，信奉洛克菲勒家族的优生学纲领，几无例外。未来对保卫中国人民健康负有责任的中国有关机构，对此高度战略性的战争形态，决不可不察、决不可掉以轻心。

中情局、药品和社会控制

中国引进西医学、引进西方的疫苗和药物，其实是引进了一种威胁。药物和疫苗早就神不知鬼不觉地武器化了，而今日中国或许还没有真正觉察到：用药物控制全部人口，过去完全不可能，今天是完全可能的。

中国当局如果继续允许盎格鲁－撒克逊或者欧洲的制药公司出售产品，甚至允许在中国生产药品、出售给中国人民使用，这无疑是一个国家安全最高级别的危险，甚至比 1840 年鸦片战争更危险。

这样说是不是太过分？看看事实吧。削减人口的思想，早在 1961 年就提出了。二战后第一任联合国教科文组织总干事朱利安·赫胥黎的兄弟艾尔多斯·赫胥黎（Aldous Huxley），在一本名为《勇敢的新世界》的书中大肆鼓吹优生学，他为西方精英出谋划策，控制本国、别国和全世界。艾尔多斯·赫胥黎是这样设想的：

“当时间推移到下一代时，我们将能通过一种药物的方法，使人民乐于受奴役、不因为独裁统治而悲伤，他们处身于集中营而不再会感觉痛苦。整个社会纳入其中后，人们反而会因为完全失去了自由而愉悦，因为他们的反抗心早已被宣传或洗脑引导至他处，洗脑的效果再以药物强化，这将是一场终极革命。”[1]

艾尔多斯·赫胥黎不是信口开河的写手。他服务于中情局杜勒斯局长手下的一个秘密工作小组，为艾森豪威尔总统的冷战战略特别顾问奈尔逊·洛克菲勒效命[2]，工作资金的来源是福特基金会。绝密项目的名称是“思想控制特别计划”（MK－Ultra）。流行于20世纪60年代的迷幻药“摇头丸”（LSD）就是他们研制的。所谓“下一代”，是指60年代的美国青年，结果导致了美国嬉皮士革命。那仅仅是社会控制的一次实验。汉弗莱·奥斯芒德医生（Humphrey Osmond）、提摩西·赖锐（Timothy Leary）、作家肯·凯西（Ken Kesey）等人都在这个项目中。好几家大型医药公司参与了中情局的这项秘密实验。[3]

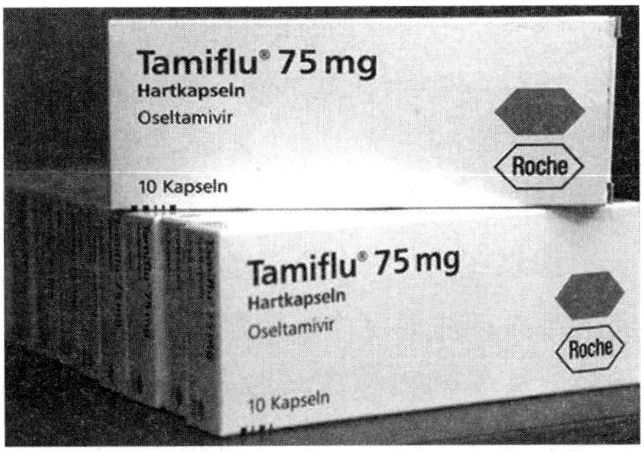

达菲（Tamiflu）药品未经检测就上市销售，且号称能缓解并不存在的“猪流感”。美国国防部长唐·拉姆斯菲尔德（Don Rumsfeld）是该制药厂的大股东

中情局用药物控制大众思想和身体的技术，无声无息地转变成常用“抗抑郁”药物，许多用在所谓的运动机能亢奋的多动症儿童身上：什么“注意力分散式紊乱”（ADD）、“注意力分散多动症”（ADHD）等，病名多达几百种。在这些儿童身上常用的药物有：安非他明 (Adderall)；盐酸右哌甲酯缓释胶囊 (Focalin)；右旋苯丙胺 (Dexedrine,Dextrostat)；赖氨酸安非他命 (Vyvanse)；哌甲酯，俗称利他林 (Ritalin,Concerta,Metadate,Daytrana) 等。[4]

用来控制人民的这些药物有许多名字和伪装。注射疫苗更是控制人民的手段。用弱毒疫苗免疫防病的设想，来自爱德华·詹纳（Edward Jenner，1796年－1839年）发现的牛痘，但它的全部科学基础却是值得怀疑的。看起来是牛痘帮助人类战胜了18世纪肆虐百年的天花，但是医学研究者尤斯塔斯·穆霖（Eustace Mullin）指出：“事实上，那时天花的发病已经减少，天花在那一个世纪末就会消失，当然因素是很多的。”英国普遍注射牛痘疫苗后却爆发了一场天花流行，致死22,081人。在注射牛痘疫苗的年代里，英国的天花疫情愈演愈烈，比疫苗推出前还要严重。根据记录，1872 年患天花病而死亡的人数达 44,480 人。虽然发明种牛痘是英国对现代医学的一大贡献，拒绝注射疫苗曾经会被抓起来送监狱，但英国还是在强行注射多年后于 1948 年废止了种牛痘。[5]

穆霖还指出一点，“发生于 1918 年的大流感，产生的唯一原因是所有的军人都注射了牛痘疫苗。一战是第一次参战军人必须注射疫苗的一场战争。波士顿邮报曾经报道，一个月内因疫苗注射就致死 47 名军人。战地医院住满了注射疫苗导致的病员，而不是战地伤员。这场‘西班牙大流感’共致死 2,000 万人，骇人听闻，而病名却是为了掩盖疫情源头蓄意编造出来的。医学史家最终很不情愿地下了这个结论”[6]。

美国制药业的利益以百亿千亿计，它们建立了一个完善的全球生产和销售系统为它们服务。美国药企进入中国的许可证，就是这个全球体系发放的。几个月、几年之后的某一天，当盎格鲁－撒克逊精英们认为中国太强大、太有影响力时，针对中国用疫苗搞一场大规模流行病，不是很难想象的事。看看印度的例子就能推想出中国的情形。

印度最近发生了一场不属于脊髓灰质炎 [小儿麻痹症（VAPP）]，但是病情更严重的“脊髓灰质炎性急性弛缓性麻痹”（NPAFP），疫情也是在强制注射疫苗后爆发的。在印度医学伦理杂志（*IJME*）上有一篇论文说：“‘脊髓灰质炎性急性弛缓性麻痹’在临床上与小儿麻痹症无法区分，但是‘医学与科学伦理办公室’认为，前者的严重性为后者两倍，然而在印度推行疫苗注射之前，这种疾病尚未列入疾病清单。”[7]

印度在 2011 年宣布消灭了小儿麻痹症，当年推广疫苗，发病人数达 47,500 之多。根据印度的国家脊髓灰质炎监督项目报告，“脊髓灰质炎性急性弛缓性麻痹”的发病人数，在全印度各地都随着疫苗注射的普及程度而呈比例上升。这充分说明了什么？疫苗才是这种严重疾病的真正来源。[8]

注射疫苗直接导致的小儿麻痹症，与自然致病的脊髓灰质炎的症状相似或相同，其发病率也是随着疫苗注射的普及程度而上升。直接由疫苗导致的小儿麻痹症或者“非脊髓灰质炎性急性弛缓性麻痹”，病情都比自然罹患的脊髓灰质炎更重，而且还有疫苗带来的其他副作用。印度普及小儿麻痹症疫苗的注射，直接造成了更严重的新流行病。特别是“非脊髓灰质炎性急性弛缓性麻痹”发病率因疫苗普及注射而增加 12 倍，有些地方甚至报告增加了 35 倍。[9]

印度这次脊髓灰质炎疫苗事件的源头，是比尔和梅琳达·盖茨基金会。[10]盖茨亲口承认过，他支持疫苗的目的是减少人口。今天盖茨基金会瞄准非洲，去推广一种号称保护青春前期的 11 岁－12 岁女孩的新型疫苗，预防的疾病是宫颈癌，病原体被他们称为乳突淋巴瘤病毒（HPV），宫颈癌疫苗叫“噶尔达丝”（Gardasil），由英国葛兰素史克公司负责生产，美国公司“卉妍康－默沙东”（Cervarix and Merck）负责经销。制药公司在美国、英国也推广注射这种疫苗，甚至不打算告知孩子家长。注射预防宫颈癌的疫苗造成过无数严重后果甚至死亡事件，已有媒体报道过。[11]

像盖茨一样“好”

一个由顶级精英组成的“好人俱乐部”，2009 年 5 月在生物学诺贝尔奖得主、洛克菲勒基金会主席保罗·内斯爵士家中成立。嘉宾由前大通曼哈顿银行总裁、家族掌门人大卫·洛克菲勒亲自邀请，他们是：比尔·盖茨、乔治·索罗斯、瓦伦·巴菲特以及泰德·特纳等。这次富豪秘密聚会的中心议题是：更快地推行全球人口削减计划。盖茨、巴菲特和特纳都为全球人口削减计划项目掏过大钱。盖茨基金会两年前刚接受了巴菲特的大笔金钱。盖茨特别支持向非洲推广转基因种子的项目，他们的说法是“在非洲实行第二次绿色革命”。富豪们在非洲推进的项目都用人道主义做掩护，好像他们真的要为贫穷人口提供健康服务，然而疫苗和其他药物却是用来绝育的，注射他们的疫苗可能导致育龄妇女不孕。[12]

这简直匪夷所思，令人无法相信：盎格鲁－撒克逊精英集团真的会这样做？真的会大规模减少亚洲人口，特别是中印两个大国的人口？

是的。而且，有他们自己的言辞做证明。

微软公司创建者、全球首富比尔·盖茨曾经说，以他基金会的财力，就可以“在非洲应对疾病，解决食物短缺、减轻贫困”。

在加利福尼亚长滩召开的“2010 加州远程视频大会”（TED），到场嘉宾会费为 6,000 美元一位，只有受邀才能与会。盖茨在那里发表了一个演讲，标题为“创新到零”，意思是到 2050 年，全球碳排放量将要削减到“零”。“零排放”作为科学问题是一个伪话题，但是在演讲中，盖茨泄露了他一向藏而不露的真正纲领：削减有色人种的人口。演讲进行到四分半钟时他说：“人口问题首当其冲。今天全球人口 68 亿，还会继续增长到约 90 亿，要是能把新式疫苗、卫生保健、生殖健康服务这些事做得特别好，我们就能减少 10% 到 15% 的人口。”[13]

注意：目标是减少人口 10% － 15%，手段是新式疫苗、卫生保健和生殖健康服务！

比尔和梅琳达·盖茨基金会是全球最大的私人基金会，也是全球第一生物技术公司孟山都的大股东。盖茨基金会一边不遗余力地推进非洲全境的疫苗项目，一边支持科菲·安南的非洲绿色革命计划，让生物技术巨头孟山都在非洲长驱直入，去攫取非洲无与伦比的农业财富。

美国的农业公司巨头和盖茨基金会有共同的目标：推行优生学纲领，即种族灭绝。

中情局“抗艾”之战

克林顿执政期间，美国和世界银行在非洲打的那场“抗艾”之战最令人发指，用武器化的医药控制人口的设想，被他们在非洲付诸实施。战场所在，是那些一直令五角大楼垂涎三尺，令私营公司梦魂萦绕的拥有战略资源的国家；最关键的问题只有一点，决不能让中国得到那里的资源，对别的潜在对手也一样。

著名的艾滋病事件批评者 P.H. 迪斯贝格博士（P.H. Duesberg）说过：“在艾滋病这件事情上，最离奇的事莫过于它怪异的定义——某人体内必须存在人体免疫缺陷病毒（HIV）抗体，并同时患有 1 种或多种符合艾滋病界定的疾病，如结核病，他才能算艾滋病人；如果只是患有其中同样的

1 种或多种艾滋病界定的疾病，但 HIV 抗体检测是阴性，那么他就不算艾滋病患者，而只是结核病人。艾滋病和 HIV 之间的关联，并不是一种有科学依据的事实，是一个根据定义才呈现的定义副产品。”[14]

设计 HIV 检验方法的罗伯特·盖洛博士（Robert Gallo）因此大赚了几百万美元，虽然他没有充分的科学根据，却也能获得专利。

“抗艾”之战于 2000 年 4 月打响。世界银行总裁、前华尔街银行家 J.D．沃尔芬森（James D. Wolfensohn）在美国华盛顿市宣布，他掌管的世界银行将全力投入这场在贫困国家中打响的抗击艾滋病之战，不论花多少钱也要打。这仗究竟怎么打呢？唯一的武器弹药，是葛兰素史克公司生产的药物“叠氮胸苷”(AZT)，由美国食品药品监督管理局批准用于艾滋病患者。药品昂贵而且毒副作用很高。目标国家都是世界银行的主要受援国：非洲、印度、中国、加勒比沿岸国家等，据估计，艾滋病患者有 3400 万－5000 万之多，就是体内携带“人体免疫缺损病毒”的那些人。联合国统计表明，患者 70% － 80% 居住在撒哈拉以南地区，就是中国今日投资的地区，即中国开展积极外交的那些国家。[15]

医药专家罗伯特·霍伦（Robert Herron）写道，2000 年 4 月 30 日，克林顿总统宣布艾滋病流行对美国安全构成了巨大威胁。他的依据是一份中情局报告：全球传染性疾病威胁以及对美国的影响。[16] 报告认为艾滋病疫情将使世界上许多国家政局动荡，因此需要大力采取干预行动。[17]

当年这份报告以最快的速度被解密并向公众公开。在国家安全的借口下，总统可以有所作为。他派国家安全事务委员会和中情局去监督、指导美国政府在全球的反艾滋病行动，却不派美国卫生部或者疾控中心。[18]

罗伯特·霍伦指出，依照克林顿的要求，国家安全事务委员会这个从未参与疾病防控行动的机构，负责协调美国政府的反艾滋病之战。2000 年 4 月 30 日，克林顿把反艾滋病活动预算增加了一倍，达到每年 2.54 亿美元，大部分用于购买“抗艾”药物，从美国和英国的制药公司购买后运送到不发达国家去……三天后，美国国家情报委员会的大卫·戈登在华盛顿特区举行的媒体发布会上，把可怕的病情渲染得更加恐怖：“亚太地区也可能会像发生瘟疫那样出现横扫一切角落的疫情，比撒哈拉沙漠以南的非洲更糟糕，因此采取紧急行动是必要的。”[19]

包括美国政府资助的研究在内的无数研究机构指出，HIV 并不能导致艾滋病产生。事实上，HIV 相对来讲是无害的。前哈佛大学生物化学教授、分子生物学家查理斯·托马斯博士（Charles Thomas）认为：“所谓 HIV 造成艾滋病这种理论是一个巨大的欺骗，是对西方世界青年男女最不道德的欺骗。”[20]

克林顿政府发动的这场“抗艾”之战，不是为了救助非洲的病人，也不是为了救助任何地方的病人。无数的著名科学家包括诺贝尔奖得主，曾经公开反对 HIV 导致艾滋病的理论。例如，1993 年诺贝尔化学奖得主、生物化学家凯利·姆里斯（Kary Mullis）说：“如果真的有 HIV 导致艾滋病的证据，那么就会有相应的科学文件，哪怕是孤证也行，多证据更好，必须表明至少存在一个较高的可能性。可是这样的文字证据根本就没有。”

分子生物学和病毒学家荣休教授、麦克斯－普朗克生物化学研究所（Max－Planck－Institutes for Biochemy）的海因兹·路德维格·桑戈尔博士（Heinz Ludwig Sänge）说：“迄今为止根本就没有任何一个科学证据表明 HIV 存在。逆转录病毒（译者注：人类免疫缺陷病毒为原型复合逆转录病毒）从来没有用经典病毒学方式分离出来过、从来没有提纯过（致 Süddeutsche Zeitung 的信，2000 年）。”

耶鲁大学数学教授谢尔盖·朗说：“我不认为 HIV 和任何一种疾病之间的关系能被确认。很多次我看到人们把 HIV 与艾滋病之间完全不匹配的关联当做科学，科学机构的头面人物粗心大意甚至完全不负责任地对媒体散布关于艾滋病的错误信息。”[21]

20 世纪 90 年代初，一批科学家成立了一个“重新评估 HIV/ 艾滋病假设工作小组”，其中不乏拥有最高医学学位者。12 位起草人发表了一封刊登在《科学》上的公开信，信中说：

“我们要求由独立研究者对疾控中心的艾滋病记录进行审查。我们要特别指出，如果坚持艾滋病的定义，那么所谓 HIV 会引起艾滋病这种因果关联就成了一种牵强附会。从 1985 年以来，一直是把病症和抗体同时出现才叫做艾滋病，而把 HIV 病毒和抗体都不存在叫‘非艾滋病’。应该请独立的专业工作团体如精算师协会来提名，组成独立工作委员会，对下列疑问进行调查：具有艾滋病范畴中的疾病（如 T 细胞减少）症状却找不到 HIV 病毒的病例，出现的频率究竟有多高？除非我们能够不依赖于 HIV 病毒而给艾滋病下定义，否则所谓的 HIV 病毒与艾滋病之间的关联之说，不过是无意义的同意反复。我们要求请独立学者来调查‘艾滋病检测法’的合理性，尤其是在非洲和南亚做那些检测的时候，至少要保证他们可靠地记录抗体是否存在，至于找到具有活性可繁殖的病毒这种事，现在还根本谈不上。”[22]

这封公开信有 2,600 多人签名，它就是“重新评估 HIV/ 艾滋病假设工作小组”的成员名单。[23]

为了杀灭没有太多害处的 HIV，美国政府、世界银行等机构，花费了数十亿美元的资金，购买、配送有危险的抗 HIV 病毒药物，给世界各地被认为携带 HIV 病毒的 3,600 万人，最多可能达到 5,000 万人服用。可是，葛兰素史克公司生产的叠氮胸苷，从来没有治好过一个染上“艾滋病”的患者，连他们自己都不敢吹嘘挽救过多少生命。[24]

艾滋病人一旦服用“抗艾”药物，他离死亡就不远了。死于艾滋病的人多达 2,200 万，实际上他们中的大多数是死于抗 HIV 药的毒副作用。无数的研究表明，艾滋病病人的免疫缺陷，是服用化学药物的后果，连可卡因、嗅盐（亚硝酸盐）和海洛因等致幻型药物都能伤害人类免疫系统，连酗酒、杀虫剂污染、滥用抗生素、工业污染和环境毒素，都能导致同样的免疫系统伤害，更不用说葛兰素史克公司生产的抗 HIV 药物。非洲的艾滋病患者其实是长期营养不良的受害者，反复感染、长期不断的压力和缺少睡眠是引起非洲艾滋病的主因。[25]

比海洛因更毒

处方止痛药物甚至比非法毒品如海洛因毒害更大。据报告，在美国有1,200多万人服用处方止痛药，他们不是为了止痛而仅仅是为了服用药物引起的“快感”。[26] 2008年，美国死于处方止痛药的人数，分别超过可卡因、海洛因毒品合计致死人数，甚至远远超过交通事故死亡人数。

事实上，几乎每一位美国“枪击案杀手”都长期服药，包括2012年7月科罗拉多州的“蝙蝠人枪手”杰姆斯·霍尔姆斯（James Holmes）。据报告，该男子服用的重量级药物，能让人“精神状态改变”，激发“不寻常的思想与行为”。[27]

美国政府的食品药品监督管理局（FDA），英国政府的疫苗和免疫联合委员会（JCVI），都应该负责鉴别产品的安全性和批准生产，而它们却把无数药品的真正危险性隐瞒下来。在美国，食品药品监督管理局了解到哮喘药物每年致死4,000名哮喘病人之后，仍然拒绝下令停用那些药物。[28] 在英国，L. 汤姆耶诺维克博士（Lucija Tomljenovic）2012年3月发表的一份报告，披露了以下惊人的事实：

英国疫苗和免疫联合委员会不断地对儿童家长扣压关键信息，不交代严重的副作用和接种疫苗的禁忌证，对医务工作者也这样做，仅仅是为了追求全覆盖疫苗接种率，实现所谓的群体免疫效果，其实这只是一个没有科学基础的说法。在疫苗和免疫联合委员会和卫生部推行的疫苗政策下，许多儿童在父母不知情的情况下接受了注射，而疫苗和免疫联合委员会却完全了解风险和副作用。疫苗和免疫联合委员会和卫生部剥夺了个人对疫苗的知情同意权，它们既违反了国际医学伦理准则（赫尔辛基宣言），也违反了行医的准则。

汤姆耶诺维克研究了1983年到2010年的英国卫生部及疫苗和免疫联合委员会的会议记录后，写了45页报告，得出8条结论：

1. 该机构对调查发现的疫苗接种后果不采取措施、不修订疫苗接种规定，在问题面前或者不作为，或者删除不利于安全结论的数据，或者更加大力对公众和上级宣扬接种疫苗很安全；

2. 为了提高接种率而缩小接种疫苗的禁忌证范围，却不去解决显而易见的不安全问题；

3. 疫苗生产厂家多次违背官方政策要求修改数据表；

4. 为了推广疫苗而采信不适当的研究方法、同时排斥独立研究；

5. 毫无根据地吹嘘疫苗的益处，压制对安全性的关注；

6. 在正式批准前把效果不明、安全堪忧的疫苗抢先设为儿童常规免疫项目；

7. 压制对疫苗安全性的研究；

8. 刻意利用家长的信任和多数人不具备足够专业知识的状态，推广尚无科学证明的免疫项目，部分儿童因此而长期暴露在神经系统受损的风险中，特别重要的是，这一切违反了该机构自身奉行的行为准则。[29]

盎格鲁－撒克逊的精英总是以“羊群”这个字眼来指称人民大众。二战以来，疫苗和制药业已经在整体上转变成控制“羊群”健康状况的手段，参与其中者包括美国、英国、瑞士和日本。几十年来，这个致人伤病死亡或致人残疾的医药体系获得极大的发展——为中国人民未来的健康担负重任的有关责任人，是否仔细地审视过这个系统？是否能够把握这场医药战争的最高级战略呢？

谁执掌世界卫生组织

在美国五角大楼编导的三个子虚乌有的流行病大恐慌闹剧的脚本中，WHO 回回都处身于风暴中心，次次都扮演关键角色：1997 年香港禽流感、2003 年“非典”、2009 年猪流感（甲流）。[30]

世界卫生组织总部位于环境优雅的日内瓦，然而它是推进华盛顿和伦敦的医药战争计划的核心机构。世卫组织的领导层在以往数年中，事实上充当了被驯服的为美国军事战略和政策服务的工具。

现在 WHO 的全球疫苗和健康政策，都是那几家药业巨头说了算的，连最重大的规则都得听药业巨头的，凡事只要不合他们的意愿就得改。根据一位不愿具名的 WHO 文员所说，2009 年猪流感事件从 4 月 20 日起被各大媒体大肆渲染，恰恰在此前几周，WHO竟然如有预知一般，把2005年制定的发布大流感警报的条件做了重大修订，两个月之后的2009年6月，世界卫生组织发布“大流感”最高级警报，刚好把最新的规定用上。[31]

2009年新规定最可疑之处，就是不再需要“患病者数量巨大”这个必要条件来判断“大流感”是否发生了。而修订之前的规定是这样说的：“大流感指由新流感病毒引起的、大众尚无抵抗力的流行传染病，且在全球多地同时发生，患者和因病致死者数量巨大。”[32]

2009年6月，WHO发布了自成立以来的首次全球大流感警报，虽然报告的患病和死亡人数微乎其微：直接死于猪流感病毒的人数，在74个国家和地区里报告了144例。甚至连猪流感病毒到底是什么东西还一直是个疑点。

WHO把大流感的警报级别从5级提升至6级，这是最高的级别，6级警报已将到顶。全世界随之陷入了惊恐。在巨大压力之下各国政府不得不改口和世卫组织的说法接轨，制药公司马上就把疫苗开发出来了。2009年6月8日，美国疾控中心主任托马斯·弗烈顿（Thomas Frieden）宣布，美国要采用“积极进攻”的姿态回应大流感病毒，于是，几十亿美元砸向未经实验测试的疫苗。奥巴马总统为药业巨头免除了可能产生的责任，因为新疫苗来不及做检测就注射了[33]，WHO在关于控制大流感疫情的规定中说过，在6级警报之上，未经检测的药物和疫苗可以直接投入使用。

所谓的甲流和WHO发布的全球6级大流感警报，是一出不折不扣的闹剧。WHO煞有介事、小题大做，而世界各地报告的病情却如此温和，所谓来势汹汹的全球大流行猪流感，其症状和普通感冒相似，甚至难以区别。WHO先给自己松套，再上舞台演出，把一场普通的、温和的流行感冒，轻轻松松地演成了一出大戏。

猪流感闹剧的导演，是世卫组织那个号称“圣人”（SAGE）的腐败透顶的科学专家顾问委员会。大卫·萨里斯伯里（David Salisbury），从2005

年以来一直担任这个委员会的主席，有报道说此人于20世纪80年代支持给儿童大规模注射三联疫苗（即麻疹、腮腺炎和风疹的联合疫苗MMR，葛兰素史克公司产品），很快就因注射疫苗导致克罗恩氏病（节段性回肠炎，Crohn病）爆发，该疫苗从日本市场上被撤回。但这种事情是不会影响他担任WHO专家咨询委员会主席的。[34]

一位独立英国调查员艾伦·葛尔丁（Alan Golding）获得有关信息后说："加拿大1986年推广了一种新三联疫苗（麻疹、腮腺炎和风疹联合疫苗）替代老三联疫苗，其中包含一种腮腺炎病毒：Urabe AM－9号。当这种新疫苗被介绍到英国时引起了担忧，有当年6月26日不列颠儿科联合工作组、疫苗和免疫联合协会（JCVI）联络组的会议记录为证。很快就有大量新病例证实，那种担忧是有根据的。接受了疫苗注射的儿童开始罹患一种无菌性脑膜炎，病例报告与日俱增，最终于1988年所有受到Urabe病毒污染的三联疫苗从加拿大撤回。幸亏在英国颁发准许之前，此事就发生了。" [35]

素史克－法国公司，即后来的素史克－比彻姆公司、现在的葛兰素史克公司，当年负责在英国生产这种疫苗。它的疫苗被Urabe污染了，产品投入应用肯定会发生安全事故，所以为申请英国的许可证，这家公司很犹豫，它知道问题可能很严重，一旦出事会造成法律纠纷，它就要承担"损失"，怎么办？这家公司竟然去要求英国政府为之承担法律成本！有萨里斯伯里这样的人当英国政府卫生顾问，又有来自英国卫生部的压力，借口是把"便宜"的三联疫苗推向市场，英国政府居然同意放行。[36]

向全球推广未经安全测试的猪流感（H1N1）疫苗者，又是这位萨里斯伯里，疫苗的生产者，还是那同一个厂家——葛兰素史克公司。猪流感恐慌过去后，欧洲委员会、欧洲人权法庭前卫生部负责人沃尔夫冈·沃达尔格教授（Wolfgang Wodarg）在一次听证会上指出，在所谓的猪流感事件发生数周之前，制药业巨头操纵WHO修改了对大流感警报的规定，然后宣布了荒唐的猪流感大流行最高级警报。[37]

规则被篡改了，大流行病最高级警报闹剧过去了，制药业巨头又赚钱了，一出荒唐戏演完了，但是被篡改得极其宽松的大流感警报的定义，今天仍然藏在 WHO 的合法政策条文中。中国政府卫生部门是否明了这一切呢？世界卫生组织 WHO，只是一个被国际制药巨头们玩弄于股掌之间的傀儡——中国应该知道。

五角大楼总导演

现代制药业，实质上是一架大规模杀伤和致残人类的机器，和墨西哥、哥伦比亚、阿富汗、科索沃的毒枭所从事的行当是一样的，唯有过之而无不及。受五角大楼掌控的超级毒贩卡特尔组织——就是美国的私营制药业。

甲流不是已经过去了吗？疫苗却还在继续生产！美国国防部研究开发机构（DARPA）于 2012 年 7 月发布过一项新闻，宣称只用 1 个月时间就用转基因技术生产了 1,000 万支以上甲流－猪流感疫苗！[38] 最惊人的是这件事情既无人质疑，也无人关注——美国国防部为什么要花纳税人的钱，生产这么多甲流疫苗？为什么要应用不靠谱的转基因技术？如果将来某一天，美国总统或者 WHO 根据掺了很多水的大流感警报规定，再次启动大流感警报，然后把五角大楼的转基因疫苗拿出来，那么数以亿计的无辜的中国人，就要变成五角大楼的实验鼠了。

早在 20 世纪 70 年代之初，尼克松总统的国家安全事务助理基辛格曾受命起草了《美国国家安全备忘录 200 号》，那时候美国就想在广大第三世界国家大量减少人口，以便让美国永远保持超级大国的领先地位。

在制药业武器化的背后，是那个无所不能的洛克菲勒集团。早在 1939 年，他们在二战中控制石油、控制世界经济的计划获得成功，进军农工商企业时，这个集团就成了毒品的托拉斯联盟。早期的洛克菲勒药品和化学品公司有：帝国化学工业公司（ICI），施贵宝公司（Squibb and Sons），百时美（Bristol Meyers），怀特霍尔实验室（Whitehall laboratories），宝洁公司（Procter and Gamble），罗氏（Roche），赫斯特（Hoechst）以及拜耳公司（Bayer and Co.）。20 世纪 70 年代的洛克菲勒帝国与家族控股的大通曼哈顿银行（当时的行长是大卫·洛克菲勒）联手，掌控了全美制药业半数以上，形成全球最大的制药业联合体。现在这些精英手中的合法制药业，是仅次于兵器工业、居第二位的大产业，财富的拥有者全是霸权圈子中的精英。[39]

制药业能让洛克菲勒家族赚这么多的钱、西方医学又以药为基础，二者之间的关联绝不是偶然事件。洛克菲勒基金会从1920年起就彻底改组了全美的医学院，他们要的是药物和外科手术，而不是被实践证明疗效很好的自然疗法。[40]

全球最大的18家制药企业在1987年排序如下：

1. 默克 / 默沙东公司（美国，洛克菲勒掌控）Merck (U.S.)

2. 葛兰素控股（现在叫葛兰素史克，英国，罗斯柴尔德掌控）Glaxo Holdings (United Kingdom)

3. 霍夫曼罗氏（瑞士）Hoffman LaRoche (Switzerland)

4. 史密斯克莱恩贝克曼公司（美国，现在是葛兰素史克）Smith Kline Beckman (U.S.)

5. 汽巴－嘉基公司（瑞士）Ciba－Geigy (Switzerland)

6. 辉瑞（美国，洛克菲勒集团掌控）Pfizer (U.S.)

7. 德国赫斯特公司（德国，洛克菲勒和罗斯柴尔德掌控）Hoechst A. G. (Germany)

8. 美国家用产品公司 American Home Products (U.S.)

9. 礼来制药公司（美国，洛克菲勒家族）Eli Lilly (U.S.)

10. 普强公司（美国）Upjohn (U.S.)

11. 施贵宝制药公司（美国，洛克菲勒参股）Squibb (U.S.)

12. 强生公司（美国，洛克菲勒家族掌控）Johnson & Johnson (U.S.)

13. 山德士公司（瑞士）Sandoz (Switzerland)

14. 百时美施贵宝公司（美国，洛克菲勒家族）Bristol Myers (U.S.)

15. 比彻姆集团（英国，现属于葛兰素史克）Beecham Group (United Kingdom)

16. 拜耳公司（德国，洛克菲勒持股）Bayer A. G. (Germany)

17. 辛泰克斯公司（美国）Syntex (U.S.)

18. 华纳－兰伯特公司（美国）Warner Lambert (U.S.)

从以上排名可以看出，美国的药品生产和销售显然具有压倒性优势。[41]美国第一大制药集团——默克公司，通过大通银行与洛克菲勒集团联手。第二大制药企业葛兰素史克公司，和伦敦罗斯柴尔德家族银行利益集团相关联。大多数制药业巨头不是同洛克菲勒联手，就是和罗斯柴尔德家族勾结；全球最大的四家石油公司，埃克森美孚（ExxonMobil），雪弗龙公司（Chevron），英国石油公司（BP）以及壳牌公司（Shell），也属于这同一个英国－美利坚集团。

经历了一浪高过一浪的并购潮，全球制药业的关系网却以不变应万变。当今全世界最大的制药厂是美国的辉瑞，其次是强生、霍夫曼罗氏（瑞士）、诺华（瑞士）、葛兰素史克（英国）、山德士－安内特公司（法国）、阿斯利康（美国、瑞典）、艾伯特实验室（美国）、默克公司（美国）、百时美施贵宝（美国）、武田药品工业株式会社（日本）、利来公司（美国）、拜耳（德国）、安进公司（美国）、基因技术公司（美国）、百特国际（美国）。[42]

全球制药卡特尔也像石油巨头和粮食巨头一样，一贯被英美的精英大家族严密控制，它们也同样一直都是优生学的信奉者。中国和印度目前都不在盎格鲁－撒克逊精英的直接掌管之下，所以压缩这里的人口，在他们那里是顺理成章的事情。

---

[1] 艾尔多斯·赫胥黎（Aldous Huxley），“致泰威集团（Tavistock Group）的演讲”，加州医学院（California Medical School），1961 年，网址：http://modernhistoryproject.org/mhp?Article=Quotes。

[2] 伯顿·赫什（Burton Hersh），《老男孩——美国精英与中情局起源》（*The Old Boys – The American Elite & The Origins of the CIA*），第 41 页。

[3]“泰威计划”，“在反主流文化革命背景下巨变和反主流文化：赫胥黎、伊莎兰和人类潜能运动”，网址：http://tavistockagenda.iwarp.com/whats_new_43.html。
[4]A.D.A.M. 医学百科，“注意力缺失多动障碍（ADHD）；注意力缺失症（ADD）；儿童多动症”；2012 年 3 月 25 日，网址：http://www.ncbi.nlm.nih.gov/pubmedhealth/PMH0002518/。
[5] 尤斯塔斯 · 穆林斯（Eustace Mullins），“注射式谋杀：针对美国的医疗阴谋”，国家医学研究委员会（National Council for Medical Research），斯汤顿（Staunton），弗吉尼亚州，网址：http://www.bibliotecapleyades.net/archivos_pdf/murderinjection.pdf。
[6] 同上。
[7] 伊桑 ·A. 赫夫（Ethan A. Huff），“研究显示印度脊髓灰质炎疫苗推广运动已导致致命瘫痪病例增加 12 倍”，2012 年 4 月 17 日，网址：http://www.naturalnews.com/035588_polio_vaccine_India_paralysis.html#ixzz2202hUuzM。
[8] 同上。
[9] 同上。
[10] 同上。
[11] 金吉 · 泰勒（Ginger Taylor），“加德西疫苗受害者在共和党辩论中举行新闻发布会”，2011 年 10 月 17 日，网址：http://www.naturalnews.com/033899_gardasil_injury_victims.html。
[12]F. 威廉 · 恩道尔，“秘密慈善俱乐部在纽约召开首次会议”，2009 年 6 月 2 日，网址：www.engdahl.oilgeopolitics.net。
[13]F. 威廉 · 恩道尔，“比尔 · 盖茨在视频讲话中谈论疫苗致命问题”，2010 年 2 月 25 日，网址：www.engdahl.oilgeopolitics.net。
[14] P.H. 迪斯贝格（P.H. Duesberg），《创造艾滋病毒》（*Inventing the AIDS Virus*），华盛顿特区，莱格尼里出版社（Regnery Publishing），1996。
[15] 罗伯特 · 霍伦（Robert Herron），“美国全球抗艾滋病运动为何归国家安全委员会和中情局管？”，2001 年 10 月，网址：http://www.virusmyth.com/aids/hiv/rhaids.htm。
[16] 约翰 ·C. 甘农（John C. Gannon）等，“全球传染病威胁及其对美国的影响”，NIE 99－17D，2000 年 1 月，网址：http://www.fas.org/irp/threat/nie99-17d.htm。
[17] 同注 [15]。
[18] 同上。
[19] 同上。
[20] 摘自“反思艾滋病”，网址：http://www.virusmyth.com/aids/controversy.htm。
[21] 同上。
[22] S. 克利姆斯基（S. Krimsky），“生物技术法规”，《科学》，1995 年 2 月 17 日，数字对象识别编号：10.1126/science.7863335。
[23] 同注 [20]。
[24]D.T. 赵（D.T. Chiu）和 P.H. 迪斯贝格，“达抗病毒治疗浓度的叠氮胸苷（AZT）对人类和动物培养细胞的毒性”，《遗传学报》（Genetica）1995；95: 103 － 109。
[25]P.H. 迪斯贝格和 D. 雷斯尼克（D. Rasnick），“艾滋病带来的困境：药源性疾病源于过客病毒”，《遗传学报》1998；104: 85 － 132。
[26] 安东尼 · 格其阿迪（Anthony Gucciardi），“最新情况：蝙蝠侠枪击案杀手杰姆斯 · 霍尔姆斯对止痛药重度成瘾”，2012 年 7 月 23 日，网址：http://naturalsociety.com/batman-shooter-james-holmes-on-pharmaceutical-drugs/#ixzz21UW2S6g2。
[27] 同上。
[28] 安东尼 · 格其阿迪，“哮喘药有致命风险，食品及药物管理局坐视不理”，2011 年 11 月 17 日，网址：http://naturalsociety.com/asthma-drugs-kill-more-than-asthma-fda-ignores-risk/#ixzz21ohAvjxb。

[29] 同上。
[30] 疫苗行动网（The Vaccine Initiative），2010 年 10 月 4 日，网址：http://www.vaccineinitiative.org/?p=206。
[31]F. 威廉·恩道尔，"世卫组织玩火：猪流感继续蔓延"，全球研究，2009 年 6 月 5 日，网址：http://www.globalresearch.ca/index.php?context=va&aid=13856。
[32] 切尔西·席林（Chelsea Schilling），"联合国为提高 H1N1 警告重新定义'流行病'，世卫组织悄然修改'猪流感'术语"，2009 年 11 月 12 日，《世界网络日报》(*World Net Daily*)，网址：http://www.wnd.com/2009/11/115719/。
[33] 同上。
[34]F. 威廉·恩道尔，"猪流感疫苗制造商今获法定豁免权"，全球研究，2009 年 7 月 19 日，网址：http://www.globalresearch.ca/index.php?context=va&aid=14487。
[35] 同上。
[36] 同上。
[37]《每日邮报》(*Daily Mail*)，"制药公司助推猪流感警告以收回数十亿研究资金"，邮报在线(MailOnline)，2010 年 1 月 27 日，网址：http://www.dailymail.co.uk/news/article-1246370/Drug-firms-drove-swine-flu-pandemic-warning-recoup-billions-spent-research.html#。
[38] 马克·罗克韦尔（Mark Rockwell），"美国国防部高级研究计划局宣布 H1NI 流感疫苗月产量达千万"，2012 年 7 月 27 日，《政府安全新闻》(*Government Security News*)，网址：http://www.gsnmagazine.com/aboutgsn/history。
[39] 伊万·弗雷泽（Ivan Fraser）和马克·比斯顿（Mark Beeston），"制药勾当"，网址：http://educate-yourself.org/nwo/brotherhoodpart9.shtml。
[40] 同上。
[41] 同上。
[42] 维基百科，"制药公司名单"，网址：http://en.wikipedia.org/wiki/List_of_pharmaceutical_companies。

第五章
军事战争：奥巴马的南海“中国轴”

中国充满活力的经济增长和追求国家主权利益的决心，把中国的存在变成了五角大楼的眼中钉。中国作为敌人形象，已经取代了 2001 年“9·11”事件后布什一切尼政府重拳打击的中东伊斯兰。五角大楼 对全球权力的追求导致了美国的反华军事新态势，“重返亚洲”和弹道导弹防御体系，与所谓的中国威胁毫无关联。五角大楼把对中国的军事态势升级为进攻型，只是因为中国强大了，以全球经济和地缘政治格局中独立的一极出现在世界上了。

弹道导弹大战略

据纽约华尔街时报 2012 年 8 月 24 日报道，扩充在亚太地区布防的导弹防御体系，是奥巴马政府“重返亚洲”新政策的一部分。[1]

五角大楼的官方说法，是用弹道导弹防御体系保护日本、韩国等盟友以防御朝鲜的导弹进攻。这恰是欲盖弥彰，媒体早就无数次报道过华盛顿政府在日韩澳耗巨资建立庞大的导弹防御系统。美国重返亚洲的目标不是朝鲜而是中国，弹道导弹防御的对象也非朝鲜，而是中国这个唯一拥有真正的核武器和远程发射能力的国家。华盛顿的“重返亚洲”，实为重新瞄准中国。五角大楼的新战略，就是全面控制中国的未来发展。

美国跑这么远到亚洲来部署弹道导弹防御体系，出手的时机最重要也最难把握。无巧不成书，就在日本政府把蓄谋已久的钓鱼岛争端挑动起来的时候，美国重返亚洲了。在钓鱼岛周围海底，也许真的埋藏着巨大的天然气田。[2]

弹道导弹在亚洲

美国白宫于 2012 年 9 月宣布和日本达成一项重大协议：最先进的导弹防御雷达、雷神公司制造的巨型预警雷达——“X－波段”将部署在日本南部一个无名岛屿上。[3]“该雷达安装了相控阵火力控制传感系统，能精确识别，有效拦截导弹”，专为打击“流氓国家”而用。日本防卫大臣

中国弹道导弹系统，图为东风 21D 导弹

森本敏确认，东京和华盛顿“就导弹防御事务举行过多次会晤，包括如何布防美国的 X－波段雷达系统”。[4] 在日本青森市，一部 X－波段雷达早已于 2006 年建立，当地居民曾大力反对，他们的担忧是，雷达所在地容易成为潜在敌人的攻击目标。[5]

美国的弹道导弹防御系统亚洲部署范围除了日本以外，还有印度，五角大楼早已公开宣布，它帮助印度改进了导弹防御体系。印度希望美国帮助建立一个“多层次导弹防御网络”。在公开场合，印度政府总拿巴基斯坦作理由，其真正的目标其实还是中国。印度 2012 年早些时候试射了“烈火－5”型中程弹道导弹，印度媒体公开说，该武器系统最重要的性能就是有能力打击中国的每一个角落。[6]

美国国会研究机构的导弹防御专家斯蒂文·希尔德莱斯指出，美国此举将在亚洲建成区域性导弹防御体系，日韩等的地区性力量将纳入其中，名义上是遏制朝鲜，“实际上我们考虑得更长远，我们盯住的是大象，也就是中国。”《华尔街时报》也说，X－波段雷达覆盖，就是更深地“窥探”中国和朝鲜。[7]

来自不具名的美国国防部官员报告中说，第三台 X－波段雷达将安装在菲律宾，这样五角大楼就可以精确跟踪从朝鲜或者中国某地发射的导弹。[8]

谁敢先动手

在亚洲部署弹道导弹防御系统，是布什和奥巴马政府对俄国设置环形包围战略的下一步。上一步是设在波兰、捷克和土耳其领土上，瞄准的是

美国导弹防御的对象并非朝鲜，而是中国

俄国的洲际弹道导弹武器库。美国军方许多资深的有识之士都警告过，对一个拥有核武器的潜在对手部署弹道导弹防御体系是军事战略上的不理智和疯狂，不论是针对俄国、中国、朝鲜还是伊朗，都一样。

在冷战时代，华约和北约双方都握有毁灭对方的核打击力量，由此反而造成了一个军事战略家所说的“核僵局”：不打则已，打则同归于尽。尽管很疯狂也真的很恐怖，僵局却是一个均衡的局面，比起后来美国所追求的单边核威慑来说，还可算一种稳定。由于双方势均力敌，谁都有能力用自己手中的核武器把对手化为青烟或者同归于尽，结果核战争反而变成了一件“不可想象之事”。

而现在，美国在欧洲设立弹道导弹防御系统盯住俄国，在亚洲则盯住中国，一下子把核战争变成了“可以想象之事”。这回可是真的疯了。

首先建立防御核导弹打击之“盾”的这一方，实际上等于抢到了发动第一波核攻击的主动权。里根时代担任美国空军导弹防御项目主管的鲍曼上校，称导弹防御能力为“第一波核攻击的直通按钮”。[9] 建立弹道导弹防御系统、抢到第一波核打击的主动权，对于军方是一种难以抗拒的诱惑。在没有它之前，只要想一想，核战争一旦打起来，双方国土可能都会变成一片放射性焦炭，核打击这种事就无人敢想了。现在有了“弹道导弹防御体系”，形势彻底改变！在一个名实不符的名称下面，这个被叫做防御体系的东西，实际上是完全彻底的攻击性手段。

美国军方从未放慢过征服世界的脚步。证据很多，如 1995 年－1996 年在美国空军参谋长领导下完成的“研究未来”课题成果四卷报告书，《美国空军 2050 年》——详述了为美国提供全球作战空间支持体系的几百项尖端技术和空天武器系统，使美国在未来稳居空中以及太空军事力量的主导地位。为了实施全方位主导霸权，五角大楼最早瞄准了外空间。

其中有一种令人胆寒的武器：太空“激光炮”。它可攻击地面或者空中飞行目标，导致驾驶舱罩融化或碎裂，引燃控制系统电缆，爆破燃料箱，烧融传感器集成电路或天线，引爆随身武器和弹药，破坏地面通讯及电网，同一时间打击多个地面战略目标，如水坝、工厂、国防设施与军火库，几分之一秒内完成攻击行动。

《美国空军2050年》报告中，还提到一种从太空向地面发射的小型“飞镝”，穿透力极强，可摧毁800米深处的地下掩体目标。

报告发布后受到了内部警告，宣称不代表美国国防部，甚至不代表空军的观点，五角大楼却把该报告列为最高级别文件。《美国空军2050年》发布的时间远在美国部署欧洲的弹道导弹防御系统17年前，现在连亚洲也被美国安放了那个武器系统了。

美国空军退休上校，美国政府早期反导弹防御秘密项目的负责人罗伯特·鲍曼博士（Robert Bowman）曾经说过这样的话：

“他们重复了我们20世纪70年代至80年代初期的研究结果，区别在于，我们当时想还有足够的理由维持美国不进入太空的国家政策，他们鼓动‘秃鹰’打破条约的束缚，追求更全面的绝对军事优势。布什给第一个激光作战项目增加预算到4倍，他给空天部门新预算的账户根本没有上限。现在他又把五角大楼重组了去干‘星球大战’”。

在里根和老布什时代，这叫战略防御行动小组（SDID）；在克林顿时代叫弹道导弹防御小组（BMDO）；到小布什这儿叫导弹防御项目处（MDA）。他允许我们不受监管也不被审计，过去只有暗中做的那些事和最高机密项目才有这么大的自由。如果国会不能马上做点什么，这个谁也管不着的新机构就能躲在公众视线以外，绕开国会对武器的审查随意花钱，然后神不知鬼不觉，我们就到外太空了。理论上我们可以毫无先兆地摧毁地面的任何目标，太空勇士是要统治全世界的。可是，这个全新的超级武器能为美国人带来安全吗？其实很难说。[10]

华盛顿把日本、韩国和澳大利亚纳入了亚洲弹道导弹防御体系项目。菲律宾也曾被提过名。中国官方英文报纸《环球时报》(*Global Times*)指出,"在拥有核武器的国家中,中国拥有的数量最少,并且中国是唯一承诺不首先使用核武器的国家。因此在亚洲部署核防御体系的行动,对中国是很无礼的。"

中国的政策是这样表述的:"如果日本,韩国和澳大利亚加入这个体系,亚洲将会出现恶性军备竞赛,这不是中国所愿意看到的。未来这个地区将发生更多的冲突和紧张局势,中国必须尽最大努力防止,同时也要做最坏的打算。"[11]

钓鱼岛争端

2012年是中国军事国防前线的多事之秋,美国施压日本忙。自二战结束以来,日本的一切军事挑衅行动,无一不是在美国压力之下进行的。

2012年9月初,日本政府高调宣布,将购买几座无人居住但有主权争议的海岛,即被中国称为钓鱼岛的群岛。在中国明朝时期此区域即为中国所拥有并设海防,朝廷派遣官员加以管辖的。[12]

日本若如愿,将拥有群岛周边的海底资源。

中国国家海洋局海洋发展战略研究所副所长张海文说:"窃岛后,日本可能进而要求200海里的专属经济区,并以钓鱼岛为基础与中国分划东海大陆架,企图进一步攫取相应油气资源。"[13]

此外,在地缘政治上,钓鱼岛具有巨大的战略和军事价值。它位于中国台湾和冲绳之间,处于西太平洋第一岛链一线,是从外海进入中国的跳板。"如果日本控制了该海域,无异于扼住了中国向太平洋纵深地区进出的咽喉。"张海文说。[14]

2012年9月10日,中国外交部对日本购岛发表正式抗议。

中华人民共和国外交部声明

2012年9月10日,日本政府不顾中方一再严正交涉,宣布"购买"

钓鱼岛及其附属的南小岛和北小岛，实施所谓“国有化”。这是对中国领土主权的严重侵犯，是对13亿中国人民感情的严重伤害，是对历史事实和国际法理的严重践踏。中国政府和人民对此表示坚决反对和强烈抗议。

钓鱼岛及其附属岛屿自古以来就是中国的神圣领土，有史为凭、有法为据。钓鱼岛等岛屿是中国人最早发现、命名和利用的，中国渔民历来在这些岛屿及其附近海域从事生产活动。早在明朝，钓鱼岛等岛屿就已经纳入中国海防管辖范围，是中国台湾的附属岛屿。钓鱼岛从来就不是什么“无主地”，中国是钓鱼岛等岛屿无可争辩的主人。

1895年，日本在甲午战争末期，趁清政府败局已定，非法窃取钓鱼岛及其附属岛屿。随后，日本强迫清政府签订不平等的《马关条约》，割让“台湾全岛及所有附属各岛屿”。第二次世界大战结束后，根据《开罗宣言》和《波茨坦公告》，中国收回日本侵占的台湾、澎湖列岛等领土，钓鱼岛及其附属岛屿在国际法上业已回归中国。历史不容翻案。日本在钓鱼岛问题上的立场，是对世界反法西斯战争胜利成果的公然否定，是对战后国际秩序的严重挑战。

1951年，日本同美国等国家签订片面的“旧金山和约”，将琉球群岛（即现在的冲绳）交由美国管理。1953年，美国琉球民政府擅自扩大管辖范围，将中国领土钓鱼岛及其附属岛屿裹挟其中。1971年，日、美两国在“归还冲绳协定”中又擅自把钓鱼岛等岛屿列入“归还区域”。中国政府对日、美这种私相授受中国领土的做法从一开始就坚决反对，不予承认。日本政府所谓钓鱼岛是日本的固有领土，日中之间不存在需要解决的领土争端，完全是罔顾史实和法理，是完全站不住脚的。

1972年中日邦交正常化和1978年缔结和平友好条约谈判过程中，两国老一辈领导人着眼大局，就“钓鱼岛问题放一放，留待以后解决”达成重要谅解和共识。中日邦交正常化的大门由此开启，中日关系才有了40年的巨大发展，东亚地区才有了40年的稳定与安宁。如果日本当局对两国当年的共识矢口否认，一笔勾销，那么钓鱼岛局势还如何能保持稳定？中日关系今后还如何能顺利发展？日本还如何能取信于邻国和世人？

近年来，日本政府在钓鱼岛问题上不断挑起事端，特别是今年以来姑息纵容右翼势力掀起“购岛”风波，以为自己出面“购岛”铺路搭桥。人们有理由认为，日方在钓鱼岛问题上的所作所为绝不是偶然的，它所反映出来的政治趋向是很值得警惕的。我们不禁要问，日本到底要向何处去？日本未来走向能让人放心吗？

中国政府始终重视发展中日关系。中日两国和两国人民只能友好相处，不能彼此作对。推进中日战略互惠关系符合两国和两国人民的根本利益，有利于维护本地区和平、稳定与发展大局。但是中日关系的健康稳定发展需要日方同中方相向而行、共同努力。日本政府的“购岛”行为是同维护中日关系大局背道而驰的。

中国政府严正声明，日本政府的所谓“购岛”完全是非法的、无效的，丝毫改变不了日本侵占中国领土的历史事实，丝毫改变不了中国对钓鱼岛及其附属岛屿的领土主权。中华民族任人欺凌的时代已经一去不复返了。中国政府不会坐视领土主权受到侵犯。中方强烈敦促日方立即停止一切损害中国领土主权的行为，不折不扣地回到双方达成的共识和谅解上来，回到谈判解决争议的轨道上来。如果日方一意孤行，由此造成的一切严重后果只能由日方承担。[15]

“珍珠链”战略

前苏联解体20多年后，冷战在名义上早已结束，然而美国国会、美国总统不仅不削减军费，反而把更多的钱投入新的武器系统，并且在东西两面同时出击：在西面将北约东扩至前华沙条约国家，朝俄国步步紧逼；在东面则借道阿富汗战争等军事行动深入亚洲腹地，逼近中国。美国一直在扩充遍布全球的永久性军事基地。

看军费预算，美国2011年军费净支出7,390亿美元，不包括与防务有关的国土安全部、能源部、财政部等部门的巨额支出，如果把这些都计算在内，美国军费总支出超过10,000亿美元，这个数字超过绝大多数国家的GDP总量，也超过军费支出排名第2到第43位的42个国家的军费支出总和。

美国的军费开支超过一切对手稳居全球第一，占据压倒性优势而毫无悬念，没有一丝一毫受军事威胁之虞，但是美国永远不会满足。英国在19世纪建造皇家海军舰队时，曾以最大的两个敌手的军力之和作为战略出发点；今天美国把俄中两国海军舰队总和的5倍军力作为美国海军的建设目标，否则美国的防务战略就看见了“末日”。[16]

俄罗斯是中国在上海合作组织（SCO）中最强大的盟友，两国军费之和约为1,420亿美元；全球除美国外，军费开支最高的国家是英国、法国、日本、俄国、沙特阿拉伯、德国、印度和巴西等。2011年美国一国的军费支出就相当于全世界171个国家和地区的政府总支出的46%，差不多一半。[17]

满口维护和平、“推进民主”使命，实际上动员如此巨量资源持续地追求对全球天空、领土、海洋、太空、外太空以致虚拟空间的全方位主导控制权，[18]唯一可能的解释，就是美国五角大楼要继续运用其军事力量维持对全球的霸权。

中国充满活力的经济增长和追求国家主权利益的决心，把自己的存在变成了五角大楼的眼中钉。五角大楼对全球权力的追求导致了美国反华的军事新态势，“重返亚洲”和弹道导弹防御体系，与所谓的中国威胁毫无关联。因为中国强大起来并以全球经济和地缘政治格局中独立的一极出现在世界上了，所以五角大楼就把针对中国的军事态势升级为进攻型。

奥巴马的“眼中钉”

美国忽视了东亚20年。2011年奥巴马政府宣布美国将要调整战略重返亚洲，美国的对外政策的军事和政治重心将要投放到亚太地区，特别是东南亚地区；说来说去所有这些全都是针对中国。

2011年底，美军在伊拉克和阿富汗的失败已成定局，奥巴马政府把军事威胁和美国军事防备重新做了调整。美国总统借访问澳大利亚之机，公开宣布了“奥巴马主义”。[19]

奥巴马对澳大利亚人说，有核国家大部分在亚洲，全世界近半数人口也在亚洲，在很大程度上决定未来的世界是冲突还是合作也是亚洲……身为总统，我已经做了一个战略决定——美国也是太平洋国家，美国要为本区域的现状和未来承担更重要、更长期的职责。我已经给我的国家安全团队下达了指令，我们在亚太地区的存在和使命，有至高无上意义的……我们未雨绸缪，我们将动用一切必要的资源，以保持在这里的强大的军事存在。我们将保持独特的军力投送能力，我们将平息对和平的威胁……我们的长期利益要求我们在这里长期存在下去。

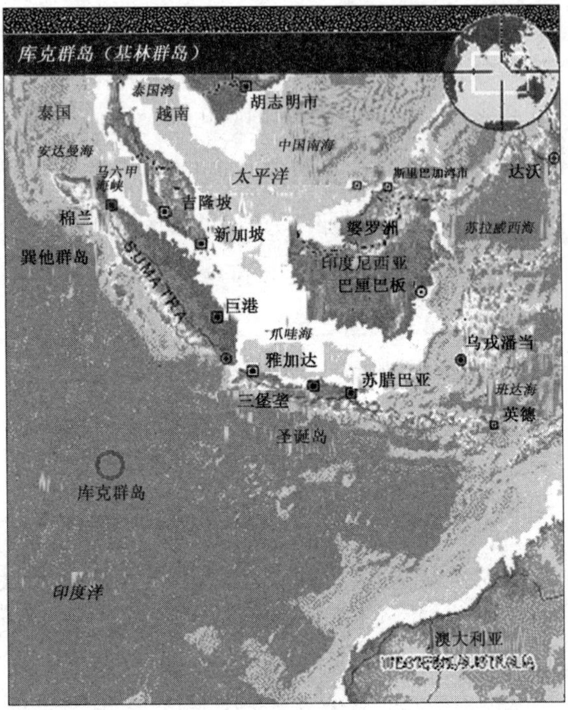

美国去库克群岛巡航和在澳大利亚的军事行动都是针对中国的

“美国也是太平洋大国。我们来了就是要常驻于此的。美国是不善空谈的，横跨亚太的美国防卫态势已经走向现代化。军力布防的范围将覆盖更广——在日本和朝鲜半岛上继续保持强大的军事存在，同时强化在东南亚地区的存在。我们的态势将更灵活——军队将做到进退自如……协助盟友和伙伴建立起防卫能力，进行更多的训练和演习，这样我们的存在将更容易持续……我坚信我们能够携手回应武器扩散和海上安全等方面的共同挑战，其中包括在中国南海的合作。”[20]

奥巴马访问澳大利亚的中心任务，就是去宣布美国将在澳大利亚北部的达尔文港派驻海军陆战队精锐部队至少 2,500 人。此外有一系列重大相关协议，如“大黄蜂”远距离侦察机巡航澳大利亚库克岛（位于印度洋深处）的事宜等。

瞄准中国

2012 年 7 月在华盛顿的北约成员国会议上，英国防务大臣菲利普·哈蒙德把话说得很清楚，美国防务中心向亚洲转移了，目标是中国。哈蒙德说：“亚太地区的战略重要性提升了，中国作为全球性大国正在崛起，要求所有的国家特别是美国调整战略姿态，欧洲北约国家完全不需要顾虑美国战略向亚太地区倾斜。北约应该欢迎美国代表各盟友承担新的战略挑战的意愿。”[21]

五角大楼的军力布防如同以往的许多军事行动一样用意深刻，根本不是派出区区 2,500 名士兵那么简单。

五角大楼 2011 年 8 月发布了当年关于中国军力的年度报告，说中国已经填补了技术上的空白。负责东亚事务的国防部助理副部长（译者注：Deputy Assistant Secretary of Defence，意译，查不出确切的译法）迈克尔·希弗（Michael Schiffer）说，中国对军事投资的速度与范围“使我们相信，中国已经有能力追求一种可以动摇区域性军事平衡稳定性的力量，这将会提高误解和误判的可能性，还可能导致区域性紧张局势与不安。”[22]

他还提到中国改装了前苏联时代的航母，开发了歼－20 隐身战斗机。在提及中国的太空项目和计算机技术时他指出：“中国正在搞多维度项目开发、改进技术能力，以便一旦发生危机或对抗，如对手运用太空基地的武器，中国也能够减轻其打击或者制约其使用”。[23]

“海空一体战”

透露在美国媒体上的五角大楼在未来战争中击败中国的战略，叫“海空一体战”。美国的隐形轰炸机和潜艇须高度配合，把中国腹地布防的远距离侦察雷达和精确制导导弹系统击毁。第一波打击要实现“致盲”，随后对中国本土大规模空袭，进行海上作战。实现五角大楼的战略，关键是军力部署，这事早就静悄悄地进行了。日本、中国台湾、菲律宾、越南、横跨南海和印度洋，到处都有美国海军和空军存在。部署在澳大利亚的兵力和海军的目标，公开的说法是保护马六甲海峡及南海的“海上通行安全”，实际的目标是控制南海入口和印度洋战略通道。

美国“海空一体战”的目标，是保护美国军队承受住来自中国的第一波打击，使之保持回击能力，然后反手把中国沿海防御入侵海军舰只而部署的整个雷达系统和导弹系统打掉。[24]

除了派海军陆战队兵员驻扎澳洲北部港口之外，美国还将在科克斯斯岛部署“大黄蜂”远距离侦察机。这样，美军空军战斗机将可在澳大利亚的空军基地起降，美国舰船及潜艇将以澳洲西海岸的珀斯港为基地，越来越多地出现在印度洋上。[25]

“海空一体战”的设想出自安德鲁·马歇尔，马歇尔为五角大楼设计战争战略 40 年，先后有两任国防部部长是他的高徒：迪克·切尼和唐纳德·拉姆斯菲尔德。[26]

马歇尔从 20 世纪 80 年代以来一直推崇前苏联总参谋部长尼古拉·奥加科夫元帅的“军事革命”。军事革命最恰当的定义是马歇尔自己的定

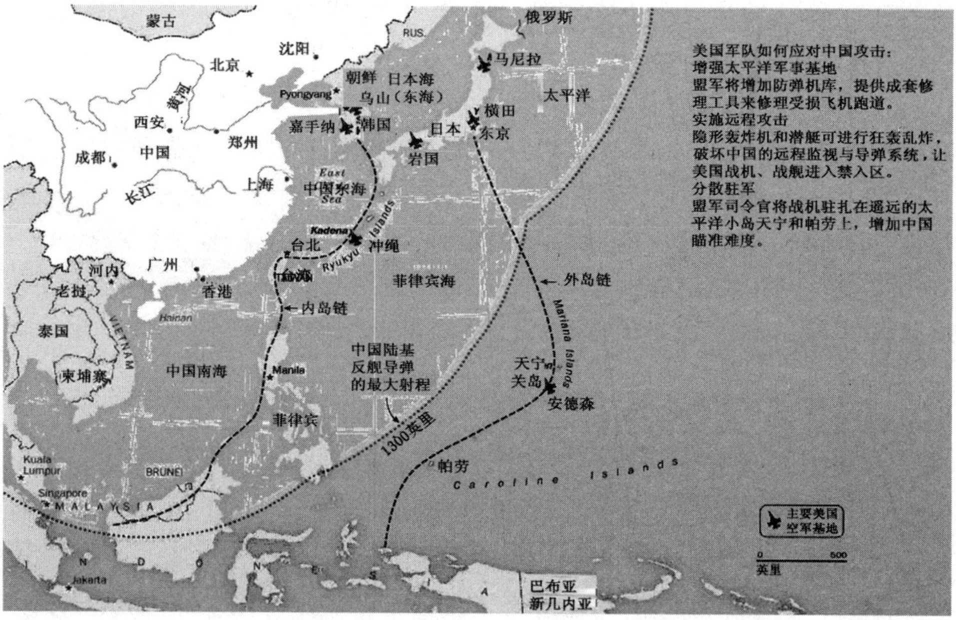

美国对中国的“海空一体战”

义：“军事革命就是战争性质的改变，即应用新军事技术所带来的军事原则的根本性改变，军事行动在实施和组织上的特点和行为，从根本上被改变了。”[27]

马歇尔本人曾是兰德公司的核专家，被基辛格挑选到他自己负责的总统国家安全事务委员会工作，后由基辛格和国防部长施莱辛格二人举荐、尼克松总统1973年任命，马歇尔主掌了国防部的“净评估办公室”。这是一个绝密的国防部智库，随后到任的总统一再对马歇尔委以重任，其仕途之辉煌仅仅屈居埃德加·胡佛一人之下。在拉姆斯菲尔德的五角大楼中，安德鲁·马歇尔是唯一一个自1949年起即以核专家身份全程参与冷战战略的规划者，他正式进入国防部的时间是1973年。[28]

正是这个马歇尔，说服了两任美国国防部长唐纳德·拉姆斯菲尔德和罗伯特·盖茨，把以俄罗斯为目标的弹道导弹防御体系成功部署到波兰、捷克共和国和土耳其。来自俄罗斯的核威胁可能性被降低到最低。在日本部署弹道导弹防御体系，目标是针对来自中国的可能性的核威胁。

五角大楼的“珍珠链”战略

“珍珠链”一说出现于2005年。马歇尔把美国情报机构提交给国会的一份年度报告中对中国问题的描述，简明扼要地归纳为“珍珠链”。那份报告提出，中国是正在浮出的一种“危险”：

中国有条不紊的军事现代化正日益加速，对美国在太平洋的安全和利益已经构成了威胁。中国在东亚和南亚海域咄咄逼人的领土诉求，对邻国包括位于中国周边的美国盟友和伙伴构成日益严重的威胁。最近的以及预计中的事件有：北京有了机动弹道导弹，加强了空军和海军力量以获得大区域行动的能力，因此中国已经能在整个区域采取进攻型军事打击行动……

中国希望拥有进行多方位海上行动的军事力量，包括防卫东部海疆和确保海上运输通道安全的能力，因为中国目前必须通过海上运输线获得维持经济发展所必需的资源。但是正如美国前国防部长拉姆斯菲尔德对中国军事问题听众所警告的那样，“增强了导弹力量”“中国战略能力的提升”，困扰了邻国并且带来了许多问题，“特别是在其他国家和地区不能充分理解这种发展的情形下”。

中国在东海同日本有争议的地区坚持其领土主张、在南海有进入孟加拉湾的行动，使日本、印度和东南亚国家和地区对本区域的安全感到担忧。

该报告还对中国为保卫石油通道安全而采取的军事战略作了描述：

此外，日益依赖进口石油等能源维持经济发展是中国的弱点，中国急迫地需要确保新的能源来源，需要保证海上通道安全，中国的能源来源地有东亚、波斯湾和非洲。中国获得缅甸认可在大椰子树岛上开设了海上侦察设备和电子情报站，在孟加拉湾的小椰子树岛上建造了基地。一位亚洲防务分析家指出，中国正在帮助缅甸的几处海军基地安装现代化装备，借此扩张自身在该地区的力量。印度当局也说中国帮助他们建立雷达、后勤维护和燃料补给设施，目的是将来中国海军在该地区采取行动时有后勤支持。[29]

同年 1 月份，安德鲁·马歇尔以净评估办公室负责人的身份签发了一份提交国防部长拉姆斯菲尔德的内部秘密报告，题目是《亚洲的能源未来》。马歇尔报告全文因泄露到华盛顿的报刊上而广为人知。曾经提出“海空一体战”设想的马歇尔，在这里又创造了一个新词汇：“珍珠链”战略。[30]

该报告提出，在从中东到南海的广大区域里，中国正为保卫能源利益而建设亦守亦攻的战略伙伴关系，其路线沿着海洋运输通道伸展，可用于更多的安全保障目的——这就是所谓“珍珠链”战略。这是一个五角大楼术语，中国并没有这样讲过。

报告说，中国采用的“珍珠链”战略，既有基地建造也有外交推进。中国已经在巴基斯坦国土上距离波斯湾最近的东南端瓜德尔港新建了海军基地，安装了电子监听设备，可监控过往霍尔木兹海峡和阿拉伯海的舰船。[31]

马歇尔报告把这条海上通道“珍珠链”上的珍珠细数了一遍。

• **孟加拉国** 中国加强了同孟加拉政府的关系，在吉大港建成了一个集装箱码头。中国在孟加拉“要寻求的是更多海军和商业通道”。

• **缅甸** 中国与仰光的军事当局建立了密切的关系，使该国甚至担忧会变成马六甲海峡上的中国“卫星国”。中国所需石油的 80% 通过马六甲海峡运输。中国正在缅甸建造海军基地，在邻近马六甲海峡的孟加拉湾的岛屿上设立了电子信息收集设备。报告指出，中国向缅甸提供了“数以十亿计的军事援助，以支持一个事实上的军事盟友”。

• **柬埔寨** 2003 年 11 月中国签署了一个为柬埔寨提供训练和设备的军事协议，而柬埔寨正在帮助中国建筑一条从中国南方某地到海边的铁路。

• **南海** 中国在此区域的行动主要不是针对领土领海，而是“保护或者阻止货轮从南海通行”。中国在这里也增强了军事装备能力，以便能从本土和海南岛向这里投送空中或海上的作战力量。中国最近在永兴岛上整修了军用飞机跑道，在永兴岛周围钻探石油、进行海洋调查，以此突出永兴岛的存在。

• **泰国** 中国正在考虑出资 200 亿美元开凿克拉地峡运河，这样货轮就不必再绕道马六甲海峡。该运河项目将使中国得以建造位于泰国的港口和仓储等基础设施，中国在该地区的影响力将大增。

五角大楼对中国的长期发展忧虑不安。许多军事分析人员认为，中国的军力建设速度超过了早先的预期，中国将能够运用自己的力量投送军力，这样会侵蚀美国在该地区的安全。关于中国利用世界各地的商港来控制战略上的咽喉要塞这一点，美国军方南方司令部早在 20 世纪 90 年代后期就提出过警告。[32]

抓紧“珍珠链”

自从 2005 年“珍珠链”报告之后，五角大楼和美国政府一直在针对中国保卫能源安全的“珍珠链”采取行动。

第一个行动是缅甸僧侣的“藏红花革命”。2007 年，美国国务院和中情局支持的动乱发生在军事独裁的缅甸，立即吸引了全世界的目光，缅甸在世界经济体系中遭到孤立，缅甸与中国的合作项目——中缅石油管线工程直接受到威胁。

于是缅甸军政权被迫更加依赖中国，导致美国方面的经济制裁益愈严厉，终于超过了缅甸的忍受限度，缅甸总统吴登盛和军方匆忙决定采取重大行动推行自由化和开放，释放昂山素季，允许她的政党参加竞选事务，以换得美国国务卿希拉里所允诺的投资。[33]

第二个行动是市场化改革。美国在缅甸推行破坏力最强的“自由市场”改革，华盛顿精心挑选的一批企业来到缅甸，帮助缅甸进一步走向动乱。经济制裁并没有完结，只是被细化了，缅甸军方或国防部拥有的实体都是继续制裁的对象，美方不允许资本投资。凡“破坏改革、侵犯人权、制造种族冲突、卖军火给朝鲜”者，都将被制裁。属于缅甸国家所有或控制的企业以及“阻碍改革进程的集团”都得不到贷款。华盛顿运用“胡萝卜加大棒”政策轻车熟路，软硬兼施，只用一根不标价的胡萝卜就打开了缅甸市场，谁也不敢阻挡他们巧取豪夺。石油、天然气是缅甸的财富，是中国最需要的战略物资，现在由美国的公司和个人来投资，这就是美国干涉缅甸的真正目标。[34]

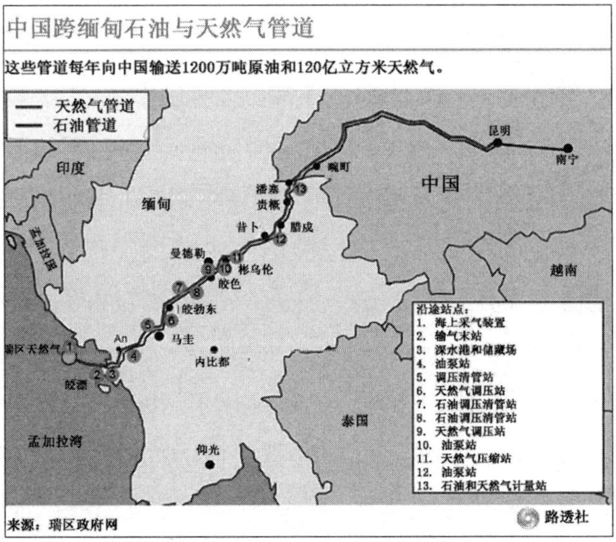

美国打开缅甸的行动针对的目标是中－缅陆上能源走廊

奥巴马总统为美国政府新增了一项新的权力，对威胁缅甸和平的个人可以搞“定点制裁”。美国国务院亲自掌握美国公司和个人投资缅甸国有石油、天然气公司的行动：投资人必须在 60 天以内通报美国国务院；投资规模 50 万美元以上填报美国国务院年表，其中必须登记工人权益细则、获得土地的途径以及支付给缅甸国家机构和缅甸国有企业 1 万美元以上的款项。

美国的非政府组织（NGO）和人权机构也趁机来到缅甸，其中有著名的自由之家、人权监督、亚洲民主研究所、开放社会基金会、人权医师组织、美国缅甸运动等。美国国务卿希拉里·克林顿 2012 年 4 月作了一个决定，允许 NGO 在缅甸境内开展活动，许多 NGO 同美国国务院的地缘政治运作有千丝万缕的关联。[35]

泰国是“珍珠链”上的又一个重要关节点。几年来泰国政局一直在激烈地动荡。血腥的冲突持续了好几个月，美国支持的亿万富豪、泰国前总理他信用金钱为自己的妹妹英拉铺路，让她当上了总理，之后美－泰关系马上就明显改善了。

美国与英拉的关系进展很顺利，直接契合了奥巴马的新战略轴心“中国威胁论”。2012 年 6 月，美国参谋长联席会议主席马丁·E. 登普西将军访问泰国、菲律宾和新加坡，回国后说：“我们渴望到那里和那些国家结盟，我们只有像走马灯一样出现在那里，才能把未来共同利益所必需的共同能力建立起来。”

这不就是五角大楼眼中“珍珠链”上最重要的一粒珠子吗？

五角大楼还不动声色地同泰国政府谈判重返越战后废弃的军事基地事宜。美国军方 20 世纪 60 年代在那里修了一条长 3,200 米的亚洲最长飞机跑道，越战中，这里曾是最重要的运输中继站和燃料补给点。美方还提出在曼谷 90 英里以外、位于 U－Tapao 的皇家泰国海军空军基地建立一个新的灾害收容所。

有五角大楼的精心安排，美国海军可以更频繁地访问泰国港口，侦察机可以飞经这里，以监督海上商业通道和军事行动。不久后，美国海军将要在新加坡部署最新式军舰——濒海战舰，定期往返航行于泰国和其他东南亚国家。美国海军还设想了从泰国出发的空中侦察联合行动计划。[36]

美－泰军方接触频繁。美国国防部副部长阿什顿·卡特（Ashton Carter）2012 年 7 月到访泰国，泰国政府也邀请了美国国防部长莱昂·帕内塔（Leon Panetta），不久前的 6 月，在新加坡的一次会议上他与泰国国防部长见过面。[37]

亚太地区的武器系统都来自美国海军。美国海军又计划在 2014 年将 P－8A 海神式导弹侦察和反潜飞机部署到太平洋，代替 P－3C 猎户星座侦察机。海军还准备将新的高空侦察机“大黄蜂”部署到这里。[38]

美－印防务“向东看”

小布什执政时期美国有过一个重大行动：把印度收编为军事同盟，对抗在亚洲崛起的中国。印度称之为“向东看”军事政策，更确切地说，那是“向中国看”。

2012 年 8 月，刚刚访问过新德里的美国国防部副部长阿什顿·卡特发表评论说：“印度在我们对亚太的再平衡中是一个关键。我们确信，它也是 21 世纪更大范围的安全和繁荣的关键。我们两国各自都拥有辽阔的领土和巨大的影响，因此美－印关系是全球性关系。”[39]

“我们的安全利益包括海上安全，也就是整个印度洋的安全，包括阿富汗，印度对阿富汗的经济发展和保安力量已经付出了很大努力，还包括涉及更大范围的区域性事项，也就是有共同的长期利益的一切方面。我带领高级技术和政策专家代表团去印度访问是帕内塔部长指派的。”[40]

印度洋

五角大楼的“珍珠链”战略，是一条环绕中国的绞索，一旦有冲突出现，这条绞索就会抽紧，中国获得能源和原材料的海上通道就被彻底掐断，其中能决定中国命运的最重要的资源，就是来自波斯湾和非洲的石油。

五角大楼前顾问罗伯特·D. 卡普兰说过，印度洋正在变成全球战略中心的重心，谁控制了这里，谁就能控制包括中国在内的欧亚大陆。印度洋

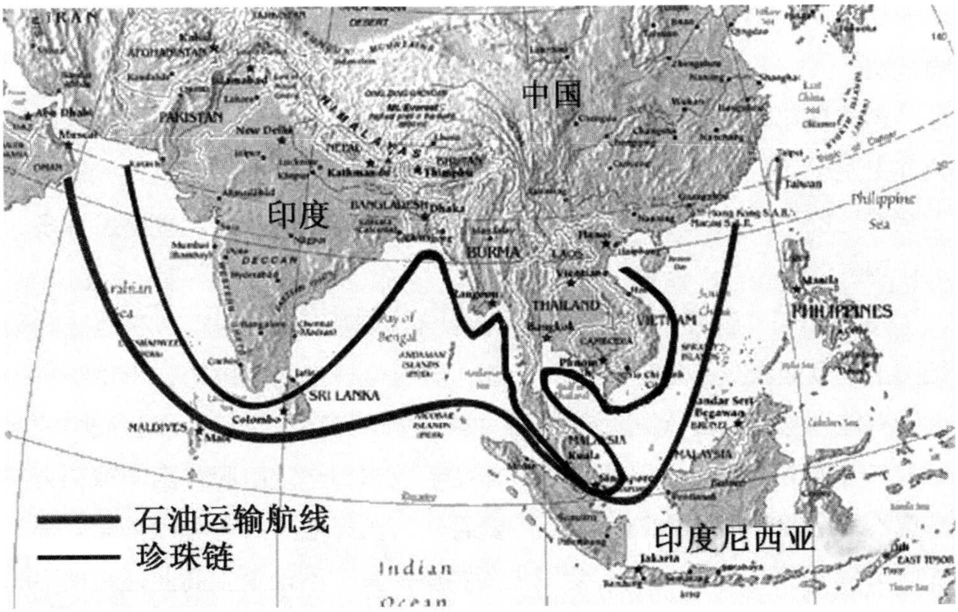

五角大楼针对中国油轮航线的“珍珠链”

是能源的海上战略通道，中东与中国的贸易往来、去往远东的货轮都必经此地。用更大的战略角度看，此地还是一个经济轴心，横贯这个包括发展中的中国、非洲和拉丁美洲的“南－南”世界。

中－非贸易自从1997年以来到目前已扩大了20倍，中国－巴西的贸易仅10年就扩大14倍。这种经济活力如果不加以控制而任其延续，10年之内欧盟的经济规模将被侵蚀，正在衰落中的北美经济将更是相形见绌。这是华盛顿和华尔街精英不惜一切代价也要遏制的势头。

“珍珠链”形如一弯倒置天穹，起自索马里，终于印尼，横跨波斯湾国家和中亚，整整环绕印度洋一圈，毫无悬念地被视为世界新战略中心的重心。[41]

美国不会允许世界上任何一个经济区域作为对手挑战美国的霸权。奥巴马的前顾问、始终追随基辛格的兹比格涅夫·布热津斯基，在他1976年写的书《大棋局：美国的首要地位及其地缘战略》中，这样总结过：

当前的头等大事，就是不能允许在欧亚大陆上出现美国的挑战者，不允许它主导欧亚并挑战美国。本书的目的就是提出一项综合的欧亚地缘战略。[42]

若能赢得欧亚大陆，将是美国最大的地缘政治胜利……然而现在欧亚大陆上出现了一个不属于欧亚的、杰出的大国……美国很清楚地知道，它的全球地位直接取决于在欧亚大陆上的主导权能维持多久、能够发挥多大的作用。[43]

美国如何“管理”欧亚大陆，因此而具有了战略性质。在地缘政治版图上，欧亚大陆是地球上第一大陆，更是全球形势的轴心。不论哪一个大国有能力主导欧亚大陆，它将同时掌控全球经济三个最活跃区域中的两个：三分天下有其二。只要欧亚大陆在手，非洲必定臣服，西半球和大洋洲莫不环绕此一中心大陆，对此只要看一眼世界地图即可心领神会。全球人口 75% 居住在欧亚大陆，全球主要物质财富，不论是工商业还是地下的石油矿藏也在这里有广泛分布。欧亚大陆提供了全球 GDP 额度的 60% 和 3/4 的能源。[44]

让我们把印度洋想象为一顶倒置的皇冠，从波斯湾到中亚的地理位置就是一道倒悬的“伊斯兰拱门”。正是在这里，中国的崛起和亚洲其他小国 20 年的经济成功，对美国在印度洋的地位提出了自冷战以来的第一次挑战。特别是最近几年中，美国经济急剧下降、中国经济难以遏制地上升，五角大楼不得不重新思考它自己在印度洋的战略存在。奥巴马重返亚洲，关键就是重新控制印度洋上的海运通道和南海海域。

美国重建了在日本冲绳的军事基地，以便于美军部署针对中国的军力。2010 年，美国国防部在冲绳配置兵力 35,000 人，文职人员 5,500 人，美国第七舰队以横须贺港为基地港，第三海军陆战队远征队驻军冲绳。130 架美国空军战斗机停放在三泽空军基地和嘉手纳空军基地。

日本军方 2011 年以来，以对抗日益增强的中国威胁为借口，鼓动政府领导向美国请求购买 F－22 式猛禽战斗机，虽然这样做违反目前的美国法律。

韩国正在深化和美国军方的战略联盟，它声称这是由于朝鲜搞军事现代化，此言论受到中国和朝鲜的谴责。目前在韩国驻扎的美军兵力达45,000 人。[45]

在美国发动的反恐战争的掩盖下，美国同菲律宾和印尼军方也签署了重要的军事协议。

1971 年美国迁走了属于英属毛里求斯的迪戈加西亚岛上的居民，把该岛扩建成大型军事基地，这是美国控制印度洋的战略要地，在伊拉克和阿富汗战争中的作战任务都是在这个基地执行的。

中国有两个软肋。一个是波斯湾的霍尔木兹海峡，另一个是靠近新加坡的马六甲海峡。中国需要的石油，20% 通过霍尔木兹海峡航道运输，80% 通过马六甲海峡航道运输，集装箱货船也走同样的海路。

为了防止中国成长为自己在经济上的竞争对手，美国发动了 2010 年的“阿拉伯之春”。突尼斯、利比亚、埃及等地的渴望自由和民主的人民大众被美国利用，稀里糊涂地当了炮灰。美国需要整个阿拉伯世界动荡不定，因为从北非的利比亚、叙利亚到中东的伊朗都有石油资源可图。[46]

以色列事务战略分析家穆罕默德·哈桑（Mohamed Hassan）认为，美国寻求的真正结果，是控制这些国家，阻止它们的能源被中国得到。这就是发动伊朗和阿富汗战争的真实目的。然而，美国为了建立听命于自己的政权而把那些国家投入动乱，却眼睁睁地看着“蛋糕上的奶油”落到中国手里：这两个国家都去和中国做生意！中国中规中矩地买下石油开采合同，不需要花亿万美金打不义之战，就染指了伊朗的黑金！失算的显然是发动战争的美国。

虽然美国的帝国主义战略处处失败，美国还是有办法不让这些国家恢复安定，让那些国家继续维持动荡局面，不让中国得利。这就意味着，美国在伊拉克和阿富汗的战争必须继续打下去，战火必将烧向伊朗、也门和索马里。[47]

南海

在南海这里，五角大楼 2012 年的一系列战争行动，把“珍珠链”穿好了，绞索的绳套准备完毕，中国命之所系的能源通道都在这里，只要美国愿意，随时可以切断。

南海本身就有巨大的油气开发前景。据中国政府国土资源部估计，南海可能蕴藏 170 亿桶石油（对比科威特，130 亿桶）。南沙和西沙群岛海域最乐观的远景储量估计（还不是探明储量）可能高达 1,050 亿桶，整个中国南海海域也许可达 2,130 亿桶。[48]

如此之巨的资源储藏前景，是中国求之不得的能源安全保障。几年来，华盛顿利用越南破坏中国利益，阻挡中国在那里勘探石油。自从越南实行经济自由化以来，美国对越南施加了具有决定性影响的政策。美国与越南自 2011 年始进行“和平”联合军事演习。于是，越南国民大会于 2012 年 7 月通过了一项法律，宣布把西沙和南沙群岛纳入越南版图。

至于菲律宾和越南，凡是谁在中国南海问题上起了争端，华盛顿一概给予支持，怂恿这些小国处理外交事务不走外交途径。[49]

美国采用多管齐下的战略战术，不失时机地节节推进。2010 年，美国和英国的石油巨头都参与了开发南海的石油工程竞标，雪佛龙和英国石油公司联手驻地在美国的阿达尔科石油公司一起强化了它们在南海的存在。于是华盛顿又找到了一个充分的理由，它也可以到这里来“保卫我们的石油利益”了。[50]

2012 年 4 月，一艘菲律宾军舰（Gregorio del Pilar）在中菲双方都声称主权的斯卡伯勒海滩（Scarborough Shoal）同两艘中国海监船对抗。菲律宾海军试图以非法捕捞菲律宾国家保护的鱼类为理由抓捕中国渔民，中国的海监船保护了中国渔民。2012 年 4 月 12 日，美国－菲律宾年度军事演习在巴拉旺岛举行，5 月 7 日中国外交部副部长傅莹召见菲律宾驻华大使馆临时代办蔡福炯，提出严正交涉。

从韩国、菲律宾到越南，五角大楼和美国国务院在中国南海领土主权问题上恣意煽风点火，暗中加紧实现美国在该地区的军事存在，即所谓防卫越南、日本、韩国、菲律宾的利益。“珍珠链”绞索，正在中国周边不声不响地抽紧。

华盛顿一边千方百计地阻挡中国通向海外传统能源的通道，一边诱使中国向四面八方出击，软硬兼施迫使中国在一个公然偏袒美国的 WTO 警察手下打贸易战。中国可能会由此滑入一个全面经济战争的局面。

---

[1] 布莱恩·斯佩格利（Brian Spegele）等，“美国导弹防御计划引起中国恐慌”，《华尔街日报》，2012 年 8 月 24 日，网址：http://online.wsj.com/article/SB10000872396390444082904577609054116070694.html。

[2] 山内高田（Kazunori Takada），“日本公司关闭在华工厂，美国呼吁在岛屿争端上保持冷静”，路透社，2012 年 9 月 17 日，网址：http://www.reuters.com/article/2012/09/17/uk-china-japan-idUSLNE88G01A20120917。

[3]《今日俄罗斯》，“美国导弹防御体系东移”，《今日俄罗斯》（*Russia Today*），2012 年 8 月 24 日，网址：http://rt.com/news/us-missile-defense-asia-432/；又见托姆·申科（Thom Shanker）和伊恩·约翰逊（Ian Johnson），“中国谴责美日导弹防御合作”，《纽约时报》，2012 年 9 月 17 日，网址：http://www.nytimes.com/2012/09/18/world/asia/u-s-and-japan-agree-on-missile-defense-system.html?pagewanted=all。

[4] 布莱恩·斯佩格利（Brian Spegele）等，“美国导弹防御计划引起中国恐慌”，《华尔街日报》，2012 年 8 月 24 日，网址：http://online.wsj.com/article/SB10000872396390444082904577609054116070694.html。

[5] 同上。

[6] 特里佛·莫斯（Trefor Moss），“亚洲新一轮武器竞赛：导弹和导弹防御”，2012 年 8 月 27 日，网址：http://thediplomat.com/flashpoints-blog/2012/08/27/asias-new-arms-race-missiles-missile-defenses/。

[7] 同注 [3]。

[8] 同注 [4]。

[9]F. 威廉·恩道尔，《霸权背后：美国全方位主导战略》（*Full Spectrum Dominance: Totalitarian Democracy in the New World Order*），恩道尔出版社，威斯巴登，2009，第 162 页。

[10] 同上，第 161 页。

[11]《环球时报》，“美国导弹防御体系引发亚洲军备竞赛”，北京，《环球时报》，2012 年 3 月 29 日，网址：http://www.globaltimes.cn/NEWS/tabid/99/ID/702623/US-missile-shield-fosters-Asian-arms-race.aspx。

[12] 陈玉明、徐松、毛一竹，“三问日本‘购买’钓鱼岛居心何在？”，人民网（People's Daily Online），2012 年 9 月 18 日，网址：http://english.peopledaily.com.cn/102774/7951398.html。

[13] 同上。

[14] 同上。

[15] 中华人民共和国外交部声明，2012 年 9 月 10 日，北京。

[16] 温斯洛·惠勒（Winslow Wheeler），“军事失衡：美国军费开支为何全球第一”，2012 年 3 月 16 日，网址：http://www.iiss.org/publications/military-balance/the-military-balance-2012/press-statement/figure-comparative-defence-statistics/。

[17] 同上。

[18]F. 威廉·恩道尔，《霸权背后：美国全方位主导战略》，2010 年，恩道尔出版社，威斯巴登。

[19] 巴拉克·奥巴马总统，“奥巴马总统对澳大利亚国会的讲话”，2011 年 11 月 17 日，网址：http://www.whitehouse.gov/the-press-office/2011/11/17/remarks-president-obama-australian-parliament。

[20] 同上。

[21] 奥托·克莱舍（Otto Kreisher），“英国国防部长呼吁北约：在美国对付中国时北约应将重心放在欧洲”，2012 年 7 月 22 日，网址：http://defense.aol.com/2012/07/19/uk-defense-chief-to-nato-pull-your-weight-in-europe-while-us-ha/?icid=related4。
[22] 英国广播公司，“五角大楼称中国军事正逐步缩小主要差距”，2011 年 8 月 25 日，网址：http://www.bbc.co.uk/news/world-asia-pacific-14661027。
[23] 同上。
[24] 格雷格·杰夫（Greg Jaffe），“美国未来战争模式引发五角大楼和中国关系紧张”，《华盛顿邮报》，2012 年 8 月 2 日，网址：http://www.turkishweekly.net/news/139681/us-model-for-a-future-war-fans-tensions-with-china-and-inside-pentagon.html。
[25] 马特·西格尔（Matt Siegel），“美国海军陆战队按协议进驻澳大利亚——中国战略后花园”，《纽约时报》，2012 年 4 月 4 日，网址：http://www.nytimes.com/2012/04/05/world/asia/us-marines-arrive-darwin-australia.html。
[26] 同注 [24]。
[27]F. 威廉·恩道尔，《霸权背后：美国全方位主导战略》，威斯巴登，2009，恩道尔出版社，第 190 页。
[28] 同上。
[29] 中美经济安全与审查委员会（US－China Economic Security and Review Commission），“2005 年中美经济安全与审查委员会会议报告”，美国政府印刷局（US Government Printing Office），华盛顿特区，2005 年 11 月，网址：http://www.uscc.gov/annual_report/2005/annual_report_full_05.pdf，第 115 页、第 118 页。
[30] 同上，第 120 页。
[31]《华盛顿时报》，“中国打造战略性海洋航线”，2005 年 1 月 17 日，网址：http://www.washingtontimes.com/news/2005/jan/17/20050117-115550-1929r/?page=all#pagebreak。
[32] 同上。
[33]《华尔街日报》，“缅甸开放：政府初步解禁，诚意有待考验”，《华尔街日报》，2011 年 11 月 22 日，网址：http://online.wsj.com/article/SB10001424052970204443404577049964259425018.html。
[34] 自由亚洲电台（Radio Free Asia），“美国将投资缅甸石油”，2011 年 11 月 7 日，网址：http://www.rfa.org/english/news/burma/sanctions-07112012185817.html。
[35] 肖恩·坦登（Shaun Tandon），“美国减轻缅甸非政府组织限制”，法新社，2012 年 4 月 17 日，网址：http://www.google.com/hostednews/afp/article/ALeqM5jmwmJ3e0yIjyD-7N52GAFISnweAA?docId=CNG.a8c1c3e2edf92a30cc1b3c9bd5ed11c1.131。
[36] 克雷格·惠特洛克（Craig Whitlock），“美国瞄向东南亚军事基地”，《华盛顿邮报》，2012 年 6 月 23 日，网址：http://www.washingtonpost.com/world/national-security/us-seeks-return-to-se-asian-bases/2012/06/22/gJQAKP83vV_story.html。
[37] 同上。
[38] 同上。
[39]Zeenews 新闻网，“美印关系着眼全球：五角大楼”，2012 年 8 月 2 日，网址：http://zeenews.india.com/news/world/us-india-ties-are-global-in-scope-pentagon_791212.html。
[40] 同上。
[41] 格雷戈勒·拉利奥（Gregoire Lalieu）和迈克尔·科伦（Michael Collon），“印度洋主宰全球命运？”，2010 年 11 月 3 日，网址：http://www.michelcollon.info/Is-the-fate-of-the-world-being.html?lang=fr。
[42] 兹比格涅夫·布热津斯基（Zbigniew Brzezinski），《大棋局：美国的首要地位及其地缘战略》，1997 年，基本书局，第 14 页。
[43] 同上，第 30 页。
[44] 同上，第 31 页。

[45] 斯尔捷有限公司（Cas Group），“中国南海危机背景”，网址：http://casgroup.fiu.edu/pages/docs/3907/1326143354_South_China_Sea_Guide.pdf。
[46] 同注 [41]。
[47] 同上。
[48] 全球安全网（GlobalSecurity.org），“中国南海的石油与天然气”，网址：http://www.globalsecurity.org/military/world/war/spratly-oil.htm。
[49] 法新社，“美国与越南展开军事合作”，2011 年 8 月 1 日，网址：http://www.defensenews.com/article/20110801/DEFSECT03/108010307/U-S-Vietnam-Start-Military-Relationship。
[50] 萨克斯证券研究公司（Zacks Equity Research），“石油巨头瞄准中国南海”，2010 年 6 月 24 日，网址：www.zacks.com/stock/news/36056/Oil+Majors+Eye+South。

第六章
经济战争：贸易战争与世贸组织

从国家安全角度来看，问题在于中国在其经济快速发展中极度依赖外资，尤其是美资。可以说，中国在过去33年里实现的经济奇迹是由他国创造的，中国从这一奇迹中，只分了一小杯羹而已，而大部分利润流入了发达国家，尤其是流入美国的跨国公司的囊中。当然，外资公司对中国的国内生产总值贡献不少，但多数产品仅仅是在中国制造，中国并未参与其设计、创造或发明。

20 世纪 70 年代初，大卫·洛克菲勒周围的美国金融精英们与亨利·基辛格一同悄然策划了理查德·尼克松的访华计划，为美国企业进入中国开启了大门，将中国变成所谓的“世界工厂”。充足的劳动力是中国最具价值的资产。多年来，中国一直巧妙地发挥这一优势，逐步发展成为仅次于美国的全球第二大经济体。然而，风险无处不在。

从国家安全角度来看，问题在于中国在其经济快速发展中极度依赖外资，尤其是美资。可以说，中国在过去 33 年里实现的经济奇迹是由他国创造的，中国从这一奇迹中，只分了一小杯羹而已，而大部分利润流入了发达国家，尤其是流入美国的跨国公司的囊中。当然，外资公司对中国的国内生产总值贡献不少，但多数产品仅仅是在中国制造，中国并未参与其设计、创造或发明。

2008 年中国与整个欧盟的双边贸易额达到约 3,300 亿美元，欧盟一举超过美国成为中国第一大贸易伙伴，日本位居第三。这三方与中国每年的贸易总额达到约 1 万亿美元，由此可见中国在贸易上对少数国家的高度依赖，同时这些国家在军事上又都依附于美国或北约。如果算上印度、韩国、中国香港和澳大利亚，中国对外贸易额中约 75% 都集中于这些为数不多的国家或地区。为从军事、经济上孤立中国，并破坏中国用于保护其贸易通道的“珍珠链战略”，华盛顿政府对中国采取了“枢纽”战术，重点从澳大利亚、印度和日本着手。[1]

沃尔玛与杰克逊·史蒂芬斯

沃尔玛，来自美国阿肯色州的连锁零售业巨头，极好地印证了中国在贸易和就业方面对美国大公司的依赖。过去10年间，沃尔玛一直大宗购买中国制造的产品，俨然是中国的国家贸易伙伴，且多年来一直是美国最大的中国消费品单一进口商，贸易量超过德国、俄罗斯等国家和地区。[2]

美国沃尔玛是中国产品的最大采购商之一

山姆·沃尔顿，这家阿肯色州零售业巨头的创始人与那些掌管华尔街的美国权势家族关系密切。在沃尔玛的快速发展中，沃尔顿一直选择杰克逊·史蒂芬斯（Jackson Stephens）创建的史蒂芬斯公司（Stephens Inc.）为其提供金融服务，这是一家来自小石城的投资银行。[3]

史蒂芬斯公司（Stephens Inc.）是30家大型跨国公司的最大机构股东之一。这些跨国公司包括总部设在阿肯色州的全球最大鸡肉工厂——泰森食品公司（Tyson Food）和沃尔玛。

杰克逊·史蒂芬斯的职业生涯和财富积累显然得益于“贵人”相助。他与吉米·卡特（美国第39届总统）曾是美国海军学院的同学，他后来利用这层关系帮了伯特·兰斯（Bert Lance）一个大忙。伯特·兰斯是卡特总统政府行政管理和预算局局长，和卡特总统是乔治亚同乡。乔治亚州国民银行（National Bank of Georgia）是伯特·兰斯的老东家，当时他深陷银行丑闻，是史蒂芬斯出手将其从异常尴尬的金融危机中解救出来。史蒂芬斯帮兰斯脱困的方法耐人寻味。他将兰斯介绍给一名巴基斯坦商人阿迦·哈桑·阿贝迪（Agha Hasan Abedi），国际商业信贷银行（BCCI）创始人。这是一家在卢森堡注册、总部位于伦敦的银行，1990年被判协助哥伦比亚可卡因集团（Columbian Cocaine Cartels）在迈阿密洗钱罪名成立。[4]

1992 年 10 月，美国参议院外交委员会发布了一份长达 800 页的国际商业信贷银行破产报告，称其东窗事发的丑闻是"有史以来最严重的有组织犯罪，牵涉约 72 个国家和地区"，是"一场席卷全球的大规模国际性金融犯罪"，并指出该组织"曾有组织、有计划地贿赂世界领袖和政界人士"。

参议院报告总结指出，对国际商业信贷银行的指控证据确凿，其犯罪行为包括：涉案金额高达数十亿美元的欺诈案；在欧洲、非洲、亚洲和美洲的洗钱行为；在上述各洲贿赂地方官员；支持恐怖主义、进行非法武器交易和核技术出让；组织卖淫；偷逃和帮助偷逃所得税、走私和非法移民；非法收购银行和房地产；虚设官员和消费者以掩饰金融犯罪。

杰克逊·史蒂芬斯与阿迦·哈桑·阿贝迪在生意场上交情不浅。就杰克逊·史蒂芬斯与国际商业信贷银行的关系问题，俄亥俄州首席检察官在 1993 年的一份报告中指出："国际商业信贷银行，这家巴基斯坦金融家阿迦·哈桑·阿贝迪旗下的外资银行在收购和接管位于华盛顿的美国第一银行时据说存在证券违法操作，史蒂芬斯涉嫌参与其中。"1991 年，史蒂芬斯联合国际商业信贷银行投资者莫查塔·瑞亚迪（Mochtar Riady，又名李文正）从清算人手中收购了国际商业信贷银行之前设于香港的分部。

事实上，除阿贝迪外，史蒂芬斯集团（Stephens Group）还与另一个备受瞩目的亚洲金融集团过从甚密，这就是莫查塔·瑞亚迪及其儿子詹姆斯·瑞亚迪（James Riady）引领的瑞亚迪家族。瑞亚迪父子是印尼华裔商人，拥有印度尼西亚力宝银行（Lippo Bank），身家过亿。尽管在亚洲坐拥数十亿资产，瑞亚迪家族还是于 20 世纪 70 年代偏偏选择了移居阿肯色州。史蒂芬斯和瑞亚迪成为商业伙伴之后不久，便联手购买了一家香港银行，随后史蒂芬斯还邀请瑞亚迪投资阿肯色州小石城的沃尔森银行（Worthen Bank）。阿肯色州前州长比尔·克林顿也曾接受过杰克逊·史蒂芬斯的政治献金及不少帮助。[5]

2003 年 5 月 28 日，《华尔街日报》的一篇报道揭露年轻律师希拉里·克林顿即时任阿肯色州州长比尔·克林顿的妻子，其于 1977 年进入史蒂芬斯公司旗下专属法律事务所“小石城罗斯法律事务所”（Rose Law Firm）。1978 年，比尔·克林顿当选阿肯色州州长后不久，其年轻的妻子希拉里·克林顿就被任命为史蒂芬斯集团专属法律事务所“小石城罗斯法律事务所”的合伙人。《华尔街日报》还指出，1987 年“投资巨头史蒂芬斯公司的高管们，包括克林顿的挚友大卫·爱德华（David Edwards）出手拯救处境艰难的哈肯能源公司（Harken Energy），这是一家德克萨斯州的石油公司，乔治·W. 布什是其董事之一。之后的 3 年里，爱德华先生引荐了国际商业信贷银行的相关投资者和顾问参与哈肯交易，其中阿卜杜拉·巴赫什（Abdullah Bakhsh）购买了由史蒂芬斯控股的沃尔森银行价值 1000 万美元的股份”。[6] 作为沃尔玛的金融服务商，史蒂芬斯集团此举旨在为自己编织政治关系网。

沃尔玛在中国

邓小平开放了中国，允许外资进入，减少对外企的限制，鼓励中国企业家与西方商人建立合资企业，并宣布将与香港一江之隔的小渔村深圳划为“经济特区”，特区内的外企在运营的最初几年无须纳税。随后在整个中国南方，政府开始修建道路、港口和其他基础设施。1994 年，人民币对美元汇率从约 1：5 贬值至 1：8，进一步推动了中国经济的飞速发展。

中国突然成为亚洲最有吸引力的工厂聚集地，吸引了大量外资。数百万民工如潮水般涌入工业中心。精明的中国香港和中国台湾企业家们纷纷到中国内地开设新厂，雇佣内地工人。

深圳经济蓬勃发展，以每年 20% 的速度增长，成为中国的“奇迹之城”。在短短 20 年里，深圳从一个小渔村一跃成为拥有 700 万人口的城市，高楼林立，工厂与现代化的电子总部绵延数公里。沃尔玛也在深圳建立了其全球采购中心。

20 世纪 90 年代初期，大卫·格拉斯（David Glass）接替山姆·沃尔顿出任沃尔玛首席执行官。他建议员工学习普通话，并要求沃尔玛高管们要具有国际性思维，否则就不适合在沃尔玛工作。“低廉的工资是‘制造业’从中国台湾转向中国内地的唯一原因。”一名早期沃尔玛中国香港采购商表示。[7]

中国加入新设立的世界贸易组织（WTO）后，沃尔玛和其他美国、欧盟等跨国公司大幅增加了在华的生产投资。

诱引中国入世

比尔·克林顿在2000年助推中国加入世贸组织，他表示让中国入世，对美国极其有利。此举确实让其阿肯色州老友山姆·沃尔顿获得暴利，成为亿万富翁。

“我们什么都不用做。”克林顿在评论中国加入世贸组织时表示：“他们需要降低关税，他们开放通讯投资市场，允许美国制造的汽车以更低关税标准在中国销售，允许我们自建经销网，允许我们销售零件，我们再也不用转让技术或与中国建立合资制造企业了。这对于美国经济效益而言是无本万利的好生意。”[8]

美国企图借助其长期霸权战略，在今后继续控制经济上越来越西化的中国，其关键是确保中国“遵守游戏规则”，为此，美国力诱中国加入世贸组织，因为世贸组织在编写世界贸易“规则”时总是以美国马首是瞻。1995年，世贸组织于日内瓦正式成立，中国则在2001年12月正式加入。

加入所谓的“‘富国’俱乐部”（指WTO）代价高昂。中国需要削减7000多项关税，并放宽配额，消除其他贸易壁垒，同时世贸组织支持进口大豆和其他产品，这会让中国农民难以谋生。表面上，中国加入世贸组织后可以获得美国和欧盟大公司的巨额资本投资，似乎是“赢家”，但事实上，是否真的如此？

加入世贸组织后，中国不得不遵守那些为华盛顿和布鲁塞尔利益集团服务的“规则”。

世贸组织的总部设在瑞士日内瓦，一个名义上中立、风光绮丽、宁静祥和的地方，然而骨子里，世贸组织却远非一个中立、平和的组织。它更像是一名警察，一位全球自由贸易执法员，其主要宗旨之一是强制推行每年价值上万亿美元的全球农业贸易，以期提升美国私营农业公司的利益。为此，世贸组织被设计成一个“超国家机构”，可以凌驾于所有国家法律之上，且无须对组织外的任何公共机构负责。[9]

对于违反既定贸易规则的行为，早期的《关税与贸易总协定》并无强制性制裁或惩罚措施，但新成立的世贸组织引入了惩罚机制，可以对违反其规则的成员国处以巨额罚款或施加其他制裁。这个于 1995 年正式成立的组织像是一种可以冲破各类国家保护性贸易壁垒的新型武器，能推动许多商品迅速扩散，比如即将商品化的转基因作物。在美国主导的全球化进程中，世贸组织就是一个“破壁锤”，让美国企业和经济独家受益。

世贸组织以及战后所有主要自由贸易倡议的构想均来自华盛顿。1986 年 9 月，在乌拉圭埃斯特角城（Punte del Este）开始的《关税与贸易总协定》乌拉圭回合贸易自由化谈判提出了建立世贸组织的想法，正式协议于 1994 年 4 月在摩洛哥马拉喀什（Marrakesh）签署。自 1948 年以及《关税与贸易总协定》签订以来，华盛顿政府就一直强烈反对将农业纳入世界贸易谈判，担心国际公约会造成外国食品打入美国市场，影响美国农业的竞争力。20 世纪 50 年代以来，在冷战地缘政治方针的引导下，农业出口一直是美国的国家战略重点。与之前所有《关税与贸易总协定》贸易回合谈判不同的是，乌拉圭回合谈判将农业贸易作为重点，并设定了一个新类别——“知识产权”（IPR）。

在农业贸易这一中国主要弱项方面，世贸组织相关规定的起草人都是那些企图借此长期获利的美国粮食联盟成员，主要包括嘉吉公司、阿丹米公司和孟山都公司等。[10] 四国集团（QUAD）——美国、加拿大、日本和欧盟共同主宰着世贸组织农业贸易规定。他们闭门密谋，为所有 134 个成员国制定政策。在四国集团内部，美国农业巨头——嘉吉公司、阿丹米公司和邦基集团（Bunge）——主导了主要政策。事实上，世贸组织的政策确实是由共识决定的，但这种共识指的是私营农业公司的共识。

世贸组织《农业协定》由嘉吉公司、阿丹米公司、杜邦公司、雀巢公司、联合利华、孟山都公司和美国与欧盟的农业公司联盟等共同编制，其宗旨非常明确：摧毁和消除保护国家免受农业巨头强大定价权影响的法律和机制。[11]

借世贸组织遏制中国

按照华盛顿政府和华尔街的计划，一旦中国加入世贸组织，就难以逃出由华盛顿政府确立的全球贸易体系的控制。当中国不可避免地开始发展大规模出口制造业时，世贸组织会受命对其加以束缚，让其在经济上依赖于美国确立的全球体系，成为它的附庸。

截至 2011 年，华盛顿政府一直利用世贸组织不断向中国贸易和经济施压，且强度不断升级。若中国甘当美国财富 500 强跨国公司的廉价劳动力外包场，任由利润流入肯德基、耐克或别克等跨国公司的母公司，则世贸组织就会保持中立，而一旦中国想要发展本土技术巨头，并将专利授予能与美国相抗衡的自主发明，华盛顿政府就会通过世贸组织来干涉并惩罚中国。这是一场复杂的新型贸易战，其本质与 19 世纪 40 年代荷兰和英国东印度公司发起的鸦片战争并无二致。

2010 年初，世贸组织总干事帕斯卡尔·拉米（Pascal Lamy）召开新闻发布会称中美之间从汽车到化学品的各类贸易摩擦将加剧。[12] 目前中美已陷入系列贸易战，涉及钢铁、家禽、专利和电影等。

谷歌因"审查和安全因素"退出中国大陆也是华盛顿政府用以恶化两国关系的策略。

2010 年，美国国务卿希拉里·克林顿代表美国政府管起了闲事：希拉里出面要求中国政府就谷歌的干涉指控作出回应，宣称中国对谷歌实施了"政治性审查"。[13]

谷歌创始人谢尔盖·布林（Sergey Brin）告诉《纽约时报》，谷歌撤出中国大陆的原因是"我们反对的是极权主义势力"，暗指其过去在前苏联的生活经历。布林在苏联出生，六岁前同都是教授的父母在苏联过着体制下的特殊生活。

谷歌还有一项与美国政府密切相关的计划。中国指责谷歌可能在暗中监视中国人民，希拉里予以否认，但后来一名前美国情报官员公开的信息无疑给这样的辩护当头一棒。这名官员公开了给谷歌启动注资并担任谷歌联络人的中央情报局（CIA）人员的姓名。简而言之，中国政府有充分的理由来怀疑谷歌的在华行为。[14]

2011 年底，负责中国事务的美国贸易官员雷明（Claire Reade）向国会表示对知识产权等的限制和“干预政策”依然对在华美资公司不利。“中国欲通过基于贸易扭曲措施的行业政策来推动或保护其国企发展，这是中美贸易摩擦的根源。”更直白点讲就是，雷明借此抨击中国奉行国家经济发展的策略，而非华盛顿政府推行的旨在确立美国全球经济霸主地位的全球化进程。[15]

太阳能之争

中美贸易摩擦的主要争端之一体现在太阳能或光伏系统领域。中国太阳能、光伏系统制造技术实现重大突破，因而不论在效率还是价格方面，中国制造的太阳能和光伏系统较西方公司均具有巨大优势，尽管其中一家美国公司还与奥巴马总统私交甚密，却因不敌中国优质的太阳能系统而被迫破产。

2012 年 5 月，美国商务部作出对华太阳能电子产品反倾销初裁，打压中国三大太阳能电池板制造商。[16] 华盛顿政府笃定中国很难对美国实施贸易反击。

截至 2012 年 7 月，华盛顿政府一直联手欧盟抨击中国的太阳能出口。近 3 年来，由于中国自主研发的太阳能系统物美价廉，造成好几家大型美国或欧盟太阳能公司相继破产，中国由此拿下全球太阳能市场 60% 的份额。遭华盛顿政府打压的中国三大太阳能公司分别是尚德太阳能电力有限公司、英利绿色能源控股有限公司和天合光能公司，而他们的“罪行”却是运用高科技生产出了强大的中国自主产品。

《反仿冒贸易协定》：新贸易危机

2010 年 3 月，互联网上走漏的文件显示华盛顿政府先发制人的贸易战已达到前所未有的高度，主要制约对象正是中华人民共和国。《反仿冒贸易协定》（ACTA）是华盛顿政府在这场贸易战中的“利器”。

《反仿冒贸易协定》据称是用于确立国际知识产权执行标准的多国协定。华盛顿美国贸易代表署的协定发起人宣称其旨在确立国际性法律框架，以打击假冒品、学名药和互联网侵权行为，并将在现有体制（如世贸组织、世界知识产权组织或联合国）外新建一个管理机构。

事实上，多国政府、议会机构和其他组织的调查显示，《反仿冒贸易协定》旨在避开世贸组织和其他国际性仲裁机构，并捏造理由来查封中国、印度等发展中国家的商品，甚至无须确凿的仿冒证据，只需宣称有“合理理由”怀疑。

《反仿冒贸易协定》的磋商者行事诡秘，直到互联网将秘密协议曝出，华盛顿政府密谋世界贸易战“政变”的野心才昭然若揭。《反仿冒贸易协定》规定，只要六个缔约国批准其就可在全球生效。从国际法的角度来看，这是一个不折不扣的流氓条约。截至 2011 年 10 月，在华盛顿政府的安排下，该协定顺利得到其部分亲密贸易伙伴的批准，至此，除美国外，澳大利亚、加拿大、日本、摩洛哥、新西兰、新加坡和韩国签署了该协定。2012 年，墨西哥、欧盟和 22 个欧盟成员国也签署了协定，但墨西哥稍后退出，而欧洲议会则拒绝批准欧盟委员会的加入决定。

互联网曝光该协定细节后，仿佛捅了马蜂窝一般。《反仿冒贸易协定》原定于 2013 年生效，且只需六个缔约国批准就能生效，生效后，协定将适用于所有缔约国。这一协定的制定是美国工会、美国主导的医药产业和美国电影协会共同施压的结果。

后来揭露的文件显示，除上述美国企业的游说组织外，部分美国企业巨头也参加了《反仿冒贸易协定》的秘密起草工作，包括谷歌、易趣、英特尔、戴尔、新闻集团、索尼影业、时代华纳和弗莱森电讯。参与企业都收到这一秘密协定的样本，以便就限制性条文提出意见，各方对其内容都严格保密。在《反仿冒贸易协定》中，美国贸易代表署顾问团的成员还包括美中贸易全国委员会的美国代表、沃尔玛、花旗集团、波音公司、孟山都公司、陶氏化学公司、杜邦公司、美国药业巨头礼来制药（Eli Lilly）、雅培（Abbott Labs）、默克公司（Merck）、强生公司、通用汽车（已纳入美国政府破产管理）、思科系统公司、太阳微系统公司（Sun Microsystems）、国际商业机器公司（IBM）和美国半导体行业协会。

维基百科显示“反对方称该协定会对包括言论自由和隐私权在内的基本权利产生不利影响。无国界医生组织（Doctors Without Borders）批评其会影响药品进入发展中国家”。

由于磋商的秘密性，民间社团、发展中国家（包括中国和印度）和公众未能参加，此举被包括电子前沿基金会（Electronic Frontier Foundation）和娱乐消费者协会（Entertainment Consumers Association）在内的多方批评为“政策清洗”。[17]

欧盟及其多个成员国的签署导致欧洲议会指定的调查总长兼书记员卡德尔·阿里夫（Kader Arif）以辞职来抗议，同时欧洲也爆发了大规模抗议活动。2012 年，新任命的书记员，英国议员大卫·马丁（David Martin）建议反对该协定，称“这项国际协定的预期效益远远抵不上其对公民自由的潜在威胁”。2012 年 7 月 4 日，欧洲议会在全体大会上否决了该协定。[18]

尽管欧洲议会的大多数议员以压倒性优势否决了《反仿冒贸易协定》，但欧盟贸易专员卡洛·德古赫特（Karel De Gucht）仍表示即使本届欧洲议会否决该协定，欧盟委员会还是会力推其通过，比如在 2015 年将其提交给下届议会。[19] 由此可见，欧盟在推动《反仿冒贸易协定》通过方面压力巨大。同时，欧盟范围内爆发了大规模抗议《反仿冒贸易协定》的街头示威游行。

华盛顿政府对通过正常宪法批准途径来通过美国协定也表示出不屑。根据美国宪法，批准协定是美国国会而非总统办公室的职责。据报道，美国贸易代表署（USTR）表示将通过“纯粹行政协定”的形式来实施《反仿冒贸易协定》，然而这是一种完全绕过国会批准的违宪流程。[20]

部分美国公司曾收到秘密发送的《反仿冒贸易协定》样本以提供意见，但当公民组织要求奥巴马政府的美国贸易代表署提供公司名单时，却遭到拒绝，理由是这些文件属于“第12958号行政令中关系国家安全的信息”。[21] 为行使政府保密权，其引入美国“国家安全”一说，这不禁让人想到冷战，也说明《反仿冒贸易协定》及其背后的美国公司利益是美国政府经济战的利器。

2010年3月，一份遭泄密的磋商草案显示欧盟委员会提议《反仿冒贸易协定》对“鼓动、协助和教唆”包括“至少故意以商业性规模假冒商标、盗版或侵犯其他权利”在内的违规行为处以刑罚。[22] 草案用语模糊，可能会被美国等别有用心的激进政府用来捏造借口，发起针对如中国太阳能公司或其他公司的刑事诉讼。事实上，《反仿冒贸易协定》将导致政府更多插手通常由私营企业处理的知识产权和药品维权事宜。

没有任何国际组织受邀参加《反仿冒贸易协定》磋商，这让协定背后的真实意图更加可疑。《反仿冒贸易协定》最早由美国和日本于2006年提出，加拿大、欧盟（由欧洲委员会、欧盟主席国和欧盟成员国代表组成）与瑞士参加了初步协商，正式协商于2008年6月举行，澳大利亚、墨西哥、摩洛哥、新西兰、韩国以及新加坡参加。墨西哥参议院后来一致通过退出协定磋商。

《反仿冒贸易协定》：打击学名药

来自法国的欧洲议会议员卡德尔·阿里夫表示，“《反仿冒贸易协定》的问题在于，在集中力量全面打击知识产权侵权行为时，将学名药视作假冒药。这意味着专利持有人可采取预防措施要求停止向发展中国家输送学名药，并进行扣押甚至销毁。”他还补充说道：“学名药并非假冒药、伪造药，而只是原药专利过期或国家需要贯彻公共卫生政策而生产的通用名药。”

虽然屡屡遭到制药企业反对，但包括中国、印度和非洲国家在内的许多国家都曾因买不起昂贵的品牌药，而选择较便宜的学名药来治疗感染。

“一些国际协定，比如《与贸易有关的知识产权协定》（TRIPS）认为这是最不该发生的事。”阿里夫说道：“学名药对于买不起品牌药（比如抗艾滋病药）的发展中国家尤为重要。”阿里夫还认为，《反仿冒贸易协定》会限制中国[23]、印度等国家选择药品的自由。[24]

非政府组织“无国界医生”（Médecins Sans Frontières）在其推动“救命药与延寿药”开发与普及的“病者有其药运动”（Access Campaign）中表示反对《反仿冒贸易协定》。在名为“空白支票引发滥用：《反仿冒贸易协定》及其药品普及影响”的报告中，“无国界医生”组织认为，《反仿冒贸易协定》“会对药品普及带来毁灭性的后果”，“对药品质量和安全问题无动于衷”，“破坏保护公众健康的国际宣言”（指其规避多哈宣言）。迈克尔·居灵·尼尔森（Michael Gylling Nielsen），“无国界医生”丹麦部总干事向媒体表示“这说到底是一个生死问题”，在谈到该协定“可能产生的后果”时，他指出“成千上万的患者，比如艾滋病人，将得不到所需治疗”。

纳特·安德森（Nate Anderson）在接受 Ars Technic 网站采访时指出，《反仿冒贸易协定》为服务商收集和提供侵权嫌疑人资料设立了“合法保护伞”。同样，《反仿冒贸易协定》规定商业性盗版是一种犯罪行为，授权执法机构进行犯罪调查、逮捕嫌疑人并发送刑事传票或提起刑事诉讼，还允许在无正当理由的情况下对个人实施犯罪调查和侵扰式搜查。这种做法不利于无罪推定，是对非法搜查的纵容。[25]

由于《反仿冒贸易协定》是一个国际性协定，可以说是一种确立和实施法律变革的政策清洗行为。借助政策清洗，缔约国执行机构成员可以避开公共立法和司法监督、密谋推动法律规定的通过。一旦通过，非缔约国公司也必须遵守《反仿冒贸易协定》，否则就会失去保护伞。同样，通过贸易激励和类似措施来说服其他国家签署协定也是国际关系中的一种典型做法，但留给这类缔约国的协商余地不大。[26]

2010 年 6 月，来自六大洲的 90 多个学院、从业者和公共利益组织齐聚美国大学华盛顿法学院参加会议，相关结论在学院网站进行了公布。会议发现：“对外公开的《反仿冒贸易协定》条款会危及多项公共利益，包括协定磋商方明确否认的各项问题。”超过 75 位法律教授联名上书奥巴马总统，认为协定制定过程不透明，要求其下令进行修改。[27]

虽然现在对《反仿冒贸易协定》的讨论较少，但其并未被完全放弃。事实上，奥巴马政府已采纳《反仿冒贸易协定》的重要规定并将其秘密编入遏制中国的《泛太平洋战略经济伙伴关系协定》，以创建由美国主导的明令禁止中国加入的亚太自由贸易区。

华盛顿出新招：《泛太平洋战略经济伙伴关系协定》

美国贸易代表署认为《泛太平洋战略经济伙伴关系协定》是“具有远大抱负的新一代亚太贸易协定，可以凸显美国优势和价值”。2009 年 11 月，奥巴马总统在宣布该协定目的时表示其将“振兴美国经济、减少贸易和投资壁垒、增加出口并能有效解决其首要问题：创造更多就业机会”。此后，华盛顿美国贸易代表署一直对该协定的磋商和内容守口如瓶，与之前的《反仿冒贸易协定》如出一辙。奥巴马政府企图通过《泛太平洋战略经济伙伴关系协定》来遏制中国贸易，整合先前签订的亚洲和拉美双边、多边贸易协定，以降低关税和领导反华经济联盟。可以确定，此举对中国极其不利。

2012 年 5 月，约 30 名反对美国贸易代表署进行“偏见性秘密”磋商和知识产权相关规定草案的美国学者公开要求贸易代表署大使柯克（Kirk）支持民主意见，包括调整利益相关者参会比例，公布磋商草案供公众审查。

法律教授表示从泄密文件可以看出美国贸易代表署“正在推动多项可能改变美国成文法的标准”，且该计划“明显失衡——力推增加所有者权利，却并未从公众利益出发在美国与海外扩大针对所有者权利的限制和例外条款”。该团体还指出整个磋商过程将包括“消费者、图书馆、学生、健康倡导组织或患者组织或其他知识产权用户”在内的利益相关者排除在外，“其他受影响行业，比如学名药制造商或互联网服务提供商，几乎没有发言权”。[28]

然而，所泄露的资料表明美国贸易代表署正秘密将遭搁置的《反仿冒贸易协定》和其他贸易方案要点纳入《泛太平洋战略经济伙伴关系协定》，这点，连其国会都无人知晓。其次，奥巴马政府蓄意将中国排除在该协定之外，由此美国通过控制亚洲贸易遏制中国的险恶用心昭然若揭。但该协定能否在亚太地区有效遏制中国经济，还有待证明。

报告显示《泛太平洋战略经济伙伴关系协定》缔约国条款涉及“关税、过境服务、通讯、政府采购、竞争政策、合作和权限制定”以及投资和金融服务。表面上，《泛太平洋战略经济伙伴关系协定》仅在磋商国生效，这些国家是：澳大利亚、文莱、智利、马来西亚、新西兰、秘鲁、新加坡、美国和越南。墨西哥最近刚签署，加拿大和日本可能会紧随其后。事实上，中国或其他与缔约国往来的任何国家民众都会受到影响。[29]

如果将《泛太平洋战略经济伙伴关系协定》纳入五角大楼针对中国石油贸易路线和货币战争的“珍珠链”军事战略，可以看出美国正逐步围绕中国精心编织一张控制网，以遏制中国的一切独立、自主发展。美国领导下的“阿拉伯之春”（Arab Spring）动荡及其制造利比亚和伊朗混乱的不良居心，都是美国“屠龙”战略中的招数而已。中国已取代奥萨马·本·拉登（Osama Bin Laden）及冷战时期的“苏联共产主义”成为华盛顿政府的新“假想敌”。

然而，2012 年的中国及其人民面临严峻的新型战争，这是一场隐秘、难以识别的新型“环境战”——向中国农业系统如土壤播撒化学剂，以污染地下水、土壤、食物链，甚至人脑和人体。

---

[1] 中华人民共和国海关总署，《中国海关统计》，北京，2009 年。

[2] 山姆·霍恩布洛尔（Sam Hornblower），“沃尔玛与中国：共组合资企业”，网址：http://www.pbs.org/wgbh/pages/frontline/shows/walmart/secrets/wmchina.html。

[3] F. 威廉·恩道尔，《孟山都公司买下“终结者”种子公司》，全球研究，蒙特利尔，2006 年 8 月 27 日，网址：http://www.globalresearch.ca/index.php?context=va&aid=3082。

[4] 同上。

[5] 同上。
[6] 同上。
[7] 同上。
[8] 理查德·A. 麦考马克（Richard A.McCormack），“中国入世十年，克林顿总统没说准”，《制造与技术新闻》（*Manufacturing&Technology News*），2010 年 6 月 15 日，第 17 卷，第 10 篇，网址：http://www.manufacturingnews.com/news/10/0615/WTO.html。
[9] 蒂埃里·包迪特（Thierry Baudet），《国界的意义》（*The Significance of Borders*），博睿学术出版社（Brill），莱顿市，2012 年，第 127 页－138 页。
[10] F. 威廉·恩道尔，《粮食危机：运用粮食武器获取世界霸权》（*Seeds of Destruction: The Hidden Agenda of Genetic Manipulation*），全球研究，加拿大，2007 年，第 221 页－227 页。
[11] 同上。
[12] 布兰得利·S. 克兰坡（Bradley S. Clapper），“世贸组织总干事称中美贸易摩擦升级”，2010 年 1 月 21 日，网址：http://www.huffingtonpost.com/2010/01/22/wto-chief-us-china-trade_n_432620.html。
[13] 希拉里·R. 克林顿，“谷歌中国运营声明”，美国国务院，华盛顿特区，2010 年 1 月 12 日，网址：http://www.state.gov/secretary/rm/2010/01/135105.htm。
[14] 保罗·约瑟夫·沃森（Paul Joseph Watson），“前特工：中央情报局助谷歌斯蒂尔创业”——详细列举了各层关系以及谷歌的中情局联络员，监狱星球网（Prison Planet），2006 年 12 月 6 日，网址：http://www.prisonplanet.com/articles/december2006/061206seedmoney.htm。
[15] 威廉·马克基伦（William McQuillen），“美国称中国扭曲政策导致贸易摩擦”，彭博社（Bloomberg），2011 年 12 月 13 日，网址：http://www.bloomberg.com/news/2011-12-13/chinese-distorting-policies-causing-trade-friction-u-s-says.html。
[16]《环球时报》（*Global Times*），“中美太阳能贸易摩擦，中国予以还击”，2012 年 5 月 19 日，网址，http://www.globaltimes.cn/NEWS/tabid/99/ID/710249/Show-some-bite-in-US-solar-trade-frictions.aspx。
[17] 同上。
[18] 扎克·惠特克（Zack Whittaker），“《反仿冒贸易协定》的告别式？欧洲否决该反盗版协议”，CNET 网站，2012 年 7 月 4 日，网址：http://news.cnet.com/8301-13578_3-57466330-38/last-rites-for-acta-europe-rejects-antipiracy-treaty/。
[19] 同上。
[20] 埃丹·卡茨（Eddan Katz）和格温·辛兹（Gwen Hinze），“《反仿冒贸易协定》对知识经济的影响：美国贸易代表署在利用行政贸易协定确立知识产权贯彻标准中的责任”，《耶鲁国际法杂志》（*Yale Journal of International Law*），2009 年 11 月。
[21] 美国知识生态国际组织（KEI），“白宫表示《反仿冒贸易协定》属于国家机密；欧洲议会则要求更加透明化”，2009 年 3 月 12 日，网址：http://keionline.org/blogs/2009/03/12/acta-state-secret。
[22] 维基百科，《反仿冒贸易协定》（ACTA），网址：http://en.wikipedia.org/wiki/Anti-Counterfeiting_Trade_Agreement。
[23] 技术丑闻网（TechDirt），“中国为何没机会加入《反仿冒贸易协定》或《泛太平洋战略经济伙伴关系协定》（TPP）”，网址：http://www.techdirt.com/articles/20120308/09284118036/why-chances-china-joining-acta-tpp-are-practically-zero.shtml。
[24] Out－Law.com 网站，“《反仿冒贸易协定》使发展中国家受限，印度告诉世贸组织：秘密知识产权协定对其不利”，2010 年 6 月 15 日，网址：http://www.theregister.co.uk/2010/06/15/acta_wto/。
[25] 维基百科，上述维基网址。
[26] 同上。
[27] 同上。
[28] 肖恩·弗林（Sean Flynn），“法律教授要求《泛太平洋战略经济伙伴关系协定》透明化”，2012

年 5 月 9 日，infojustice.org 网站，《美国大学华盛顿法学院信息平等和知识产权方案》，网址：http://infojustice.org/archives/21137。

[29] 大卫·S. 莱文（David S. Levine），“我们对最重要的贸易协议一无所知：《泛太平洋战略经济伙伴关系协定》可能会彻底改变知识产权法，但细节仍秘而不宣。”2012 年 7 月 30 日，网址：http://www.slate.com/articles/technology/future_tense/2012/07/trans_pacific_partnership_agreement_tpp_could_radically_alter_intellectual_property_law.single.html。

第七章

环境战争：页岩气、除草剂和杀虫剂

目前这类新型环境战借助多种形式，身披各式合法外衣，包括利用新技术从中国大片的页岩地层大肆掠夺天然气；销售据称能在无损于植物的同时消除各类虫害的名为新烟碱杀虫剂的新型专利化学毒剂；销售据称能帮助提高作物产量的全球最“高效”的除草剂“农达”（Roundup）以及相关草甘膦化学制剂；等等。

第一部分　页岩气——环境帮手还是凶手?

2012 年初，中国部分石油公司开始加入美国引导的对页岩气进行开发的浪潮中，开始采用极具争议的方法来开采埋藏于页岩层的天然气。页岩是一种富含黏土的岩石，内含多种矿物质。

2012 年 6 月，中国石油巨头中石化开始在重庆钻取第一口页岩气井，共计划钻井九口，预计到年底可以生产 110亿－180 亿立方英尺（约 3 亿－5 亿立方米）天然气——略等于中国一天的天然气消耗量。中国希望到 2020 年页岩气能满足全国 6% 的能源需求。

页岩气开采技术由美国发明。中国石油公司邀请美英石油巨头共享开采技术，以满足日益增长的国内能源需求。2012 年 3 月，英荷皇家壳牌集团（Anglo－Dutch Royal Dutch Shell Company）在华与中国石油天然气集团公司（简称中石油）签署首份页岩气生产技术共享协议。埃克森美孚（ExxonMobil）、英国石油公司（BP）、雪佛龙（Chevron）以及法国道达尔（Total）都相继与中国的石油公司签署了页岩气合作协议。[1]

中国中央政府收到美国能源部能源信息管理局（EIA）的地质评估资料，该资料显示中国“可能”拥有全世界最大规模的“技术性可开采”资源，估计约 1,275 万亿立方英尺（约 36 万亿立方米）或占世界资源的 20%。若评估属实，这将远远超过 862 万亿立方英尺（约 24 万亿立方米）

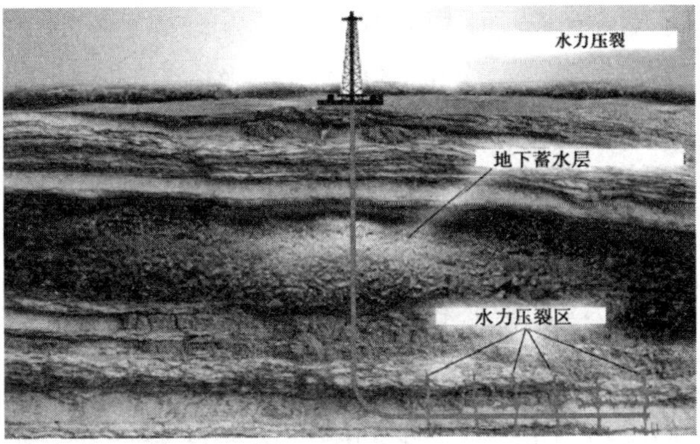

数百万加仑剧毒化学品在地下蓄水层下方发生爆炸，以提取天然气，但同时也污染了水源

的美国页岩气评估储量。美国能源信息管理局的研究表明，除重庆外，最具页岩气开采前景的当属新疆塔里木盆地。值得注意的是，近几年来，高度机密的美国情报工作中有一小部分已逐步通过美国能源部运作，提供虚假情报和进行情报侦察总是相伴相生。美国能源信息管理局是否故意抛出评估报告诱使中国仓促上阵开发页岩气，从而放弃寻求干净、安全的新能源来替代石油与天然气？[2] 如果是，那这就不是美国政府第一次通过篡改情报报告来实现政治目的了。

中国页岩气潜在储量丰富的消息自然引起了中国石油公司和中国中央政府的注意。众所周知，美国在过去六年里对宾夕法尼亚州、德克萨斯州、北达科他州和其他州的页岩气开采使美国天然气供应量显著增加、煤耗降低。

然而鲜为人知的是，页岩气开采在美国遭到了来自农民、居民和公共利益群体以及地方政府的强烈反对，且理由相当充分，页岩气开采耗水量大，还需要注入一些对人体有害的剧毒化学物，所注入的化学物质会渗入地下水，污染水源，因而极具争议。

此外，在开采时通常会对地下 1 公里至几公里深处的页岩采取爆破性“压裂”或水力致裂，这样的开采方式已经被证实在地震活跃区会引发地震。

所以美英石油利益集团将页岩气开采技术引入四川和新疆的行为极有可能是一场隐蔽的环境战，但这点也许连这些公司的大多数美国雇员都未能识破。目前已探明的最大储量的页岩气位于成都东南部的重庆，在中国两大河流长江和嘉陵江的交汇处，靠近三峡大坝，地理位置优越。

另外，重庆地区是亚洲最活跃的地震区之一。由于地质作用，四川省内群山林立，在同样的地质作用力影响下，重庆发生地震的风险极高。2008 年四川曾爆发特大地震，死亡人数高达 7 万，震中就在重庆西北方向 215 英里（约 350 公里）处。

英格兰曾发生多起小地震，舆论一直认为与页岩气开采的压裂技术有关，对压裂废水的地下处理也曾导致美国俄亥俄州和德克萨斯州出现地震震动。所以，在中国西南地区大规模开采页岩气的做法极其危险，但美国石油公司和机构却建议优先开采四川和新疆的页岩气，其动机耐人寻味。此外，就地层位置而言，四川和新疆的页岩层比美国深得多，四川页岩位于地下 1.2 英里－ 3.7 英里（2 公里－6 公里）处，同时地上的山岭地形也使开采难度和成本增加。[3]

不要忘记美国页岩气开采浪潮由前任美国副总统迪克·切尼（Dick Cheney）一手推波助澜，而现代页岩气大规模开采技术的发明方哈利伯顿公司（Halliburton）正是切尼成为乔治·W. 布什的副总统前的老东家。布什政府的能源政策由切尼负责，而切尼向来漠视生命，美国从伊拉克战争到页岩气开采中伤人无数，切尼均无动于衷。

中国页岩气顾问胡里奥·弗里德曼（Julio Friedmann）博士来自美国能源部加利福尼亚州劳伦斯·利弗莫尔国家实验室（Lawrence Livermore National Laboratory）。[4] 另外，美国石油业高管曾公开表示预计中国会非常“放任”页岩气开采公司的环境污染行为，不会颁布严格的环境条例来加以约束，因而无须专门制定开采和压裂危害预防措施。[5]

采用“压裂”或水力致裂技术可以大量开采页岩层和煤层的天然气与石油，这让欣喜的业内人士很快忘了最近宣传的石油和天然气枯竭恐慌，俗称“石油峰值论”。采用水力压裂法开发页岩气后，美国国内天然气产量飞速增长，奥巴马政府称其为“国内石油产业复兴”。这种新型压裂技术最早由哈利伯顿公司开发，成本高昂，但 2008 年后随着每桶油价涨至 100 美元，气价屡创历史新高，这种技术在经济效益上依然极具吸引力。

下文将列举页岩气开采的实际危险。鉴于有这些危险，多个欧盟国家在全面安全研究结果出炉前，严禁页岩气压裂开采。

毒素和哈利伯顿漏洞

压裂技术诞生于第二次世界大战后，但为什么全球近几年突然开始如此疯狂地推行页岩气水力压裂法呢？原因之一是近年来石油和天然气价格创下历史新高，让包括低成本压裂或从加拿大焦油提炼石油的低效工艺成为石油行业非常有利可图的赚钱之道；原因之二是各类水平地下钻井技术的发展使哈利伯顿或斯伦贝谢（Schlumberger）等公司得以进入大片页岩层并通过注入物质来“释放”圈闭气。

美国国会 2005 年通过了一项法律——《安全饮用水法》，赋予石油产业的水力压裂作业豁免权，因而水力压裂无须受美国环境保护署（EPA）监管，这是美国最近掀起压裂热潮的主要原因。石油天然气业是美国唯一经环境保护署允许可直接向地下饮用水源或其附近区域注入有害物质且不被检查的行业。毫无疑问，这是一个暴利行业。[6]

这一豁免权由迪克·切尼的老东家哈利伯顿公司千方百计游说而成，而该公司是化学水力压裂液行业的巨无霸，因此这一豁免权被称为“哈利伯顿漏洞”。

2001 年初，切尼成为布什政府的副总统后立即受命负责特别能源任务小组，为美国制定国家综合能源战略。相关文件资料显示，除伊拉克潜在石油储量外，特别任务小组还利用切尼广泛的政治人脉和大量行业游说资金推动了《安全饮用水法》豁免权获得通过，从而使水力压裂作业不受美国环境保护署监管。[7]

切尼担任美国副总统期间，在其影响下，政府环境保护署为美国的大型页岩气开采扩建项目广开绿灯。2004 年，发布的压裂技术环境影响研究报告，被环境保护署的韦斯顿·威尔逊（Weston Wilson）检举为“不合乎科学”，此人甘冒丢掉饭碗之险也要警醒公众。2005 年 3 月，环境保护署监察长尼基·汀斯利（Nikki Tinsley）发现有充分证据显示环境保护署水力致裂研究存在潜在违规，这进一步证明了威尔逊的说法。

美国石油和天然气问责项目组对环境保护署的研究报告展开独立审核，发现环境保护署删掉了报告早期草案中关于无节制压裂操作危害人体健康的相关内容。更令人不安的是，项目组发现环境保护署也未采用“钻井结束后、致裂液可能长期威胁饮用水安全”等重要信息。[8] 然而，遗憾的是，环境保护署和布什政府对所有这些置若罔闻。

哈利伯顿漏洞绝非小事。利用水力压裂法开采天然气需用水和一些已知剧毒化学品，用量巨大。墨西哥湾深海漏油事故引起国际社会高度关注，奥巴马政府和能源部曾组成页岩气顾问委员会，并于 2011 年 11 月发表相关报告，掩饰页岩气的危害。

不难发现，这份报告高度支持页岩气开采。其编制委员会由前中央情报局局长约翰·多伊奇（John Deutch）领导，多伊奇是全球主要能源业银行花旗集团的董事，且与洛克菲勒家族交情不浅。多伊奇还同时兼任斯伦贝谢公司董事，这家公司与哈利伯顿一样是采用水力压裂法的大公司。事实上，顾问团的 7 名成员中有 6 名与能源业相关，因而，当多伊奇报告称页岩气是“近 50 年来能源方面的最好消息”时，丝毫不令人惊讶。多伊奇还表示：“从长远看来，在美国，页岩气有取代液体燃料的潜力。”[9]

公民组织和诉讼人强烈要求石油服务公司透露水力压裂所用化学品的成分，却四处碰壁。石油服务公司声称这些化学品是专利机密，披露这些信息将有损其竞争力，同时坚称“水力压裂技术基本安全，限制其使用会影响国内产量”。[10]

制定法律规避监管的阴谋让压裂技术游说集团尝到了甜头。他们声称该技术安全，拒绝透露所用化学品，并坚持其享有《安全饮用水法》豁免权，可不受环境保护署监管。如果这些化学压裂液真像所说得那么安全，他们为什么害怕像其他化学公司一样接受水安全监管呢？

页岩气和水毒害

在典型页岩气压裂操作中，会先向下钻取一个数千米深的孔，然后再水平钻探约 1 公里。一位专家在谈论压裂技术时描述，完成页岩层水平钻探后，插入一根地下爆破管、一小包形似球形轴承的榴散弹和轻型炸药。引爆后，榴散弹穿过钻孔，在管道上形成多个小孔，随后向 400 万加仑的滑溜水加压，以压裂页岩，释放天然气。爆炸时，穿过管道小孔传向页岩的爆破力极大——每平方英寸的压力超过 9,000 磅——足以使管道两边数码范围内的页岩粉碎，随后埋藏气在自身压力作用下上升，释放。[11]

锁住天然气的页岩密度非常大，必须将其打碎才能获得天然气，于是问题来了。含有化学品（包括苯）的沙水混合物由高压泵送入井内，将岩石粉碎，形成数百万条小裂缝，让页岩气能渗入管道。

在释放天然气或石油（比如在北达科他州的巴肯）的同时，也向页岩层注入了数百万加仑的剧毒液体。科罗拉多州佩奥尼亚（Paonia）内分泌紊乱交流中心主任西奥·科尔伯恩（Theo Colburn）进行了一项研究，查明了可能是页岩气钻探压裂液成分的 65 种化学品，包括苯、乙二醇醚、甲苯、2－(2－甲氧基乙氧基）乙醇和壬基酚等。所有这些化学品与人体过量接触时都会对健康不利。[12]

从事断裂力学研究 30 余年的康奈尔大学工程学教授安东尼·英格拉费（Anthony Ingraffea）博士表示：钻井和水力压裂“会使生物天然气进入淡水层”。[13] 换句话说，这些化学品和气体会污染含水层。

纽约州两个组织“卡茨基尔山管理组织”（Catskill Mountainkeeper）和“公园基金会”（Park Foundation）被授权重新研究压裂对宾夕法尼亚州和纽约马塞勒斯页岩（Marcellus Shale）的影响，研究结果谎称天然气业的压裂技术对地下水无害。该研究结果发表于《地下水》（*Ground Water*）杂志，结果显示：“2009 年到 2010 年中，马塞勒斯共钻造了 5,000 多口井……操作员在 10,000 多磅压力下向各井注入了高达 400 万加仑的液体，以进行钻造和压裂。”迄今为止，对压裂液注入地下后的流向问题，很少进行取样分析。[14]

行业声称压裂仅发生在不透水的页岩层，所以有毒物质不会进入地下水，然而科学家们的结论却截然相反。在一篇由同行评议的文章中，有科学家指出，压裂作用会增大马塞勒斯的天然断层和裂缝，在其作用下，化学品“只需几年”就会进入表层。担任研究领头人物的汤姆·迈尔斯（Tom Myers）是一名独立水文学家，曾为包括美国政府和环境组织在内的诸多客户服务。他表示：“简单说来，岩层并不防渗。马塞勒斯页岩在压裂技术的作用下已变成高透水岩，大多数注水作业的流体都能在岩层间流动”。[15]

压裂诱发地震

水力压裂不仅可能污染地下淡水层，其压裂力还会导致地震。在英国兰开夏郡（Lancashire）钻取页岩气的库德里拉公司（Cuadrilla Company）于 2011 年 6 月停止了页岩气试钻工作，原因是发生了两起地震——4 月 1 日菲尔德（Fylde）海岸 2.3 级地震，5 月 27 日再次发生 1.4 级地震。[16] 2012 年 4 月英国政府发布的地震研究报告指出，压裂钻井作业是导致地震的元凶。[17]

2012 年 1 月，美国权威杂志《国家地理》（*National Geographic*）报道：“最近一起引人注目的地震发生在俄亥俄州扬斯敦（Youngstown）市郊，那天正好是新年前夕，震级 4.0 级。之前也发生过系列地震，但震级较这次轻，随后州官员暂停了附近为开采天然气而进行的水力压裂地下废水处理。天然气开采压裂作业通常需要 400 万加仑或 1,500 万升水，大量水会在钻井作业完成后流回地面，但更多的水会在用井过程中上升，这些水的处理构成严重的环境和健康问题。”[18] 还有其他许多示例可以证明压裂开采与地震相关。

20 世纪 90 年代末期，新式水力压裂技术在德克萨斯州巴奈特页岩（Barnett Shale）首次实施成功，现在该技术还用来开采北达科他州巴肯页岩下的石油。但美国最大规模的页岩气压裂开采集中在马塞勒斯页岩。马塞勒斯页岩区从西弗吉尼亚州延伸至纽约州北部，掀起名副其实的富气带钻取潮，估计其天然气储量可供整个美国使用一个世纪。[19] 在最近的研究中，该数据被减至一半或更低水平，说明能源行业为推广其开采法曾故意夸大潜在储量。

第二部分　新型杀虫剂——毒害小鸟、蜜蜂，甚至婴孩

在西方对中国发起的新型隐蔽化学战中，与页岩气相比，德国拜耳公司（German Bayer AG）生产的新型杀虫剂的危害有过之而无不及。拜耳公司是发明海洛因合成术的化工巨头，这一系列新型化学杀虫剂的通用名是新烟碱杀虫剂。[20]

新烟碱杀虫剂由拜耳公司于 20 世纪 90 年代发明，很快成为全球最广泛使用的杀虫剂。这种杀虫剂会影响蜜蜂等昆虫和小鸟的中枢神经系统。最令人担忧的是，一些研究发现，当累积到一定剂量时，对人体也会有影响。身体内的神经细胞通过名为“神经递质”的化学物质来传递信息，对中枢神经系统（大脑和脊髓）以及周围神经系统的非自主身体功能极其重要。大脑可塑性、唤醒和激励系统都离不开神经递质，更为关键的是，它们可以激活肌肉。但新烟碱杀虫剂的作用恰恰相反，它类似于尼古丁，在达到有毒剂量时，会堵塞乙碱胆碱的分解通道，导致肌肉收缩，呼吸麻痹，甚至死亡。[21]

小鸟和蜜蜂之死

小鸟和蜜蜂是我们这个星球的重要生物。美国农业部的一项研究表明“……人类食物有约 1/3 直接或间接依赖于昆虫为植物传粉”。[22]

蜜蜂中的意蜂（Apis mellifera）是农作物传粉头号功臣。70% 以上的农作物授粉由蜜蜂完成，全球 90% 的食物来自这些农作物。大部分水果和蔬菜，包括苹果、橘子、草莓、洋葱和胡萝卜等都由蜜蜂传粉。[23] 在过去 50 年里，人工养殖的蜂群总数量有所增加，但许多欧洲和北美国家的蜂群数量却严重下降。与此同时，依赖昆虫传粉的农作物种植数量却在

上升。这种现象被赋予一个奇怪的名称，“蜂群崩溃症候群”（CCD），暗指这一现象可能由多种因素导致。然而最近的严肃科学研究却指出，导致这一问题的主要原因是自2004年以来，在世界农业（包括中国农业）中大规模使用的剧毒的内吸性农药：新烟碱杀虫剂。

如果中国、欧盟、美国和其他国家政府不能全面禁止使用这些新型化学杀虫剂，那么不仅蜜蜂会绝种，就连人类自身也会面临生存问题。新烟碱杀虫剂作用于昆虫、蜜蜂和小型鸣禽的中枢神经系统，且最近有证据显示，这种杀虫剂还会影响新生儿的大脑发育，情况令人担忧。

大概从2006年开始，全球不断传出蜂群整体消失的消息，其中最严重的是美国，随后欧洲也愈发严重，主要集中在英国。2004年以来，整个美国的蜂巢消亡量超过一百万，有25个州的养蜂人报告了“蜂群崩溃症候群”。2009年冬天，英国有约1/5的蜂巢消亡，是自然消亡率的两倍。[24] 英国政府当局认为这是一个谜。

拜耳公司生产的可尼丁（Clothianidin）是一种应用广泛的新烟碱杀虫剂，美国环境保护署专门发布情况说明书警告说：“原有数据认为，玉米和油菜上的可尼丁导致鸟类的急性中毒风险微乎其微。然而，评估发现，摄入喷洒了可尼丁的种子可导致非濒危和濒危小鸟（如鸣禽）慢性或急性中毒。”[25]

英国惨剧令人警醒

英国民间研究组织“昆虫生活”（Buglife）和“土壤协会”（Soil Association）试图通过实验来确定蜜蜂死因。他们发现蜜蜂数量下降与新烟碱杀虫剂有关。[26] 新烟碱杀虫剂是一种可进入植物细胞从而消灭昆虫的“内吸性”化学剂，在英国广泛用于农作物（如油菜）和盆栽植物。

英国的新烟碱杀虫剂产品包括用于油菜的切努克（Chinook）杀虫剂和用于盆栽植物培育的拜耳英国720（Bayer UK720），杀虫剂借助盆栽植物进入全英国的花园和家庭。同行评议研究对新烟碱杀虫剂的长期影响进行了调查，最新研究则对其中最全面的调查进行了详细分析，其结论认为，长远看来，新烟碱杀虫剂会影响神经系统，进而危害蜜蜂健康和寿命。报告显示："新烟碱杀虫剂可能是导致当前蜜蜂数量下降的主要原因，同时也可能导致其他非目标无脊椎动物数量下降"。[27]

英国土壤协会会长彼特·梅尔切特（Peter Melchett）告诉媒体，杀虫剂正导致授粉昆虫数量持续下降，致使价值数百万英镑的农业生产面临风险。"众所周知的是，在欧盟，英国对杀虫剂的安全监管最为松懈；昆虫生活组织的报告显示，对英国农业极其重要的农作物授粉面临危机。"梅尔切特表示。该组织要求全面禁止使用新烟碱杀虫剂。[28]

事实上，2012 年 3 月，英国政府环境部首席科学家罗伯特·沃森（Robert Watson）爵士宣布，英国政府正重新考虑是否允许使用新烟碱杀虫剂。沃森告诉英国媒体："我们肯定会参考斯特灵大学（University of Stirling）、法国和美国几个月前的结论，同时我们也必须把这个问题放到现实中来仔细研究，才能判断目前英国的态度是否正确，所以我想要非常、非常仔细地重新评估一下。"[29] 然而直到目前为止，政策并没有什么改变。考虑到科学研究和危害判断的严重性，本该在进一步研究结果出炉前采取审慎政策来暂停新烟碱杀虫剂的使用，但事实却并非如此……

环境保护署腐败案

在美国，由环境保护署负责审批能否投入使用对环境有害的化学品。2003 年，环境保护署不顾其署内科学家的明确警告，向德国拜耳公司和日本武田会社（Takeda）共同研发的新专利烟碱杀虫剂"可尼丁"发放了许可证，上市销售时，品牌取名为"彭丘"（Poncho）。2004 年，该杀虫剂迅速应用到全美 8,800 万英亩玉米地上，随后，中西部玉米种植带爆出上百万蜂群消亡的消息，令人震惊。[30]

当时环境保护署的科学家发布正式评估，认为可尼丁"毒性高，能通过触碰和口腔接触毒害蜂类"，"在土壤和地下水中的流动性极高——很可能会进入溪流、池塘和其他土地，从而有可能被野花吸收"，但署内政务官对该评估结果置之不理，仍然向拜耳的"彭丘"杀虫剂颁发了许可证，此举使更多蜜蜂和非目标昆虫，如蝴蝶和大黄蜂等受害。一份遭泄露的2005年9月28日环境保护署备忘录显示，环境演变与效应部（Environmental Fate and Effects Division）的可尼丁环境风险评估结果为：“喷洒后，其对蜂类的毒害会延续数天，可能对蜜蜂幼虫和蜂王生殖系统造成致死或亚致死影响。”[31]

拜耳还有另一种名为“高巧”（Gaucho）的新烟碱杀虫剂——“吡虫啉”（Imidacloprid），其对蜂类的毒性是“滴滴涕”（DDT）杀虫剂的7,000多倍。环境保护署科学家认为可尼丁的毒性是吡虫啉的好几倍。[32]

1972年，由于多项研究证明滴滴涕对动物和人类均有害，美国下令禁用。

这一年的1月，另一美国政府部门美国农业局的科学家发布了一份重要研究报告，报告负责人是美国农业局蜜蜂研究实验室的杰弗里·佩提斯（Jeffrey Pettis）。这项研究发表在德国科学期刊《自然科学》（*Naturwissenschaften*）上，可谓一石激起千层浪。

佩提斯将蜂类分成两组，一组与新烟碱杀虫剂接触，另一组不接触，以进行对照实验。研究结果清楚显示“蜂群对吡虫啉的亚致死接触量与蜜蜂个体肠道寄生虫‘小孢子虫’（Nosema）的产孢量有关”。此外，研究进一步发现“结果显示当前评估杀虫剂潜在负面影响的方法不够充分。这并不是第一次发现低剂量杀虫剂接触和病原体含量之间存在复杂、超乎想象的关联……我们建议修改新杀虫剂试验标准，在试验协议中增加病原体易感性。最后，如上所述，我们认为杀虫剂和病原体之间的微妙关联是导致全球蜜蜂蜂群消亡量上升的主要原因”。[33]

荷兰著名毒理学家亨克·滕内克斯（Henk Tennekes）也指出，玉米地喷洒过新烟碱杀虫剂后，在其附近生活的蜜蜂整个生长季都会接触到这种有毒杀虫剂，且毒素会累积。滕内克斯还表示：“在整个觅食期，蜜蜂通过多种方式与这些化合物和其他几种农药接触。春季，采用播种机播种用农药处理过的玉米种子时，发现播种机排放物中可尼丁和噻虫嗪（一种新型杀虫剂，属于第二代烟碱杀虫剂）含量极高。我们还发现各块取样地的土壤均含有新烟碱杀虫剂，其中包括未播种土地”。[34]

影响人类大脑？

然而，最令人震惊的是有证据显示新烟碱杀虫剂不仅对鸟类和蜂类有害，与之接触还可能对人体产生可怕影响。

亨克·滕内克斯教授的相关说明如下：

“目前，美国儿童面临的主要疾病涉及多种社会心理和行为问题。神经发育障碍，包括学习障碍、阅读障碍、智力迟钝、注意力缺失症和孤独症，发病率较预期高，美国每年约 400 万新生儿中有约 5% － 10% 受此影响。除小孩外，成人慢性神经变性疾病的发病率也显著升高，比如帕金森症和痴呆症。这些趋势愈发证明，早期的不良接触可能会减少大脑关键位置的细胞数量，使细胞数量低于维持后期正常功能所需水平，从而导致患病。孕期和幼年时期接触杀虫剂会影响大脑结构和健康，增加后期神经性疾病的发病率。”[35]

越来越多的证据显示长期接触喷洒过新烟碱杀虫剂的庄稼可能会损伤人类大脑，最近儿童孤独症发病率显著上升可能与之不无关系。

滕内克斯在谈到最近用老鼠来研究新烟碱杀虫剂的各种影响时表示：“不断有证据显示长期接触烟碱会对儿童正常发育造成许多不利影响。母亲在怀孕期间接触烟碱可导致胎儿猝死综合症、新生儿体重过轻和注意力缺失症、多动症等。所以，新烟碱杀虫剂可能对人体健康，尤其是对大脑发育不利。”[36]

谈到《科学》（*Science*）杂志最近发表的多项研究时，布莱恩·芒什（Brian Moench）表示：

这些杀虫剂的目标是影响昆虫大脑，它们干扰蜜蜂的归巢行为和归巢能力，让它们患上类似“蜜蜂孤独症”。但人类不同于昆虫吗？人类和昆虫神经细胞的基本生物基础是一样的，那些干扰昆虫神经电脉冲的化学物质也同样会作用于人体。但人类比昆虫大许多倍，那些剂量对人类来说不值一提吗？

在人类胚胎发育至关重要的头三个月，胚胎并不比昆虫大，我们完全有理由相信杀虫剂会严重影响人类胚胎的大脑发育。人类胚胎不会跟撒过杀虫剂的玉米田接触，不是吗？但最近一项研究显示，所有受检人群身上均测出全球销量第一的杀虫剂“农达”，其在尿液中的浓度达到饮用水安全浓度的 5 倍－20 倍。[37]

然而，时至今日，政府和欧盟仍未采取给力措施或预防措施来阻止因新烟碱杀虫剂造成的可疑污染，也未推进长期试验来最终检验新烟碱杀虫剂是否真如越来越多的科学证据所示那样危险，这一现状最令人不安。

拜耳公司和新烟碱杀虫剂

2011 年初，联合国环境规划署（UNEP）就全球蜂群消亡现象发表研究报告，将拜耳公司的新烟碱杀虫剂“彭丘”和“高巧”列为对多种动物有害。

联合国报告指出：“当内吸性杀虫剂，比如种皮中的杀虫剂从根部扩散到整个植物，最后进入花朵时，可能会对非目标性传粉昆虫造成慢性毒害。多项研究显示吡虫啉、可尼丁、噻虫嗪和相关成分对许多动物——比如猫、鱼、老鼠、兔子、鸟和蚯蚓——具有剧毒。实验室研究显示这些化学物质会导致方向感缺失，损害记忆力和脑物质代谢，甚至导致死亡。”[38]

然而，目前没有任何迹象显示，拜耳公司会自愿停止生产和销售其含毒的新烟碱杀虫剂。

在这家德国制药巨头取得的历史性成就中，如今有一项它却并不愿提起。它率先研制了一种治疗咳嗽的合成药，在 1898 年取名“海洛因”（Heroin）上市销售，以表彰公司员工参与受试的“英勇”行为。[39] 德国民众监察组织“反拜耳危害联盟”指出，高巧和彭丘一直位列拜耳杀虫剂畅销榜，“2010 年高巧销量达到 8.2 亿美元，彭丘销量达到 2.6 亿美元。高巧在拜耳畅销榜上高居榜首，彭丘排名第七。然而 2011 年年报却未公布高巧和彭丘的销量数据”。[40]

欧盟国家设禁

与美国不同，多个欧盟国家已下令禁用新烟碱杀虫剂，拒绝接受化工制造商的测试和安全报告。比如奎德林堡（Quedlinburg）的国有农作物研究所朱利叶斯库恩研究所——德国联邦栽培作物研究中心（JKI）通过收集、研究蜜蜂尸体样本，认定可尼丁是罪魁祸首。

拜耳农作物科学公司（Bayer CropScience Co.）将其归咎于“多批玉米种子存在缺陷”，在反诉中声称播种后种皮脱落导致异常多的毒尘扩散到附近蜜蜂采集花粉和花蜜的区域，然而这种说法并不可信。提起诉讼的集团联盟律师赫罗·舒尔茨（Harro Schultze）表示：“我们怀疑拜耳为降低植物上的杀虫剂残留风险，故意提交存在缺陷的研究结果。拜耳管理层应对此作出解释，因为现在这个风险已为人所知十多年了。”[41]

在德国，也就是拜耳总部所在国，政府已从2009年起禁止使用拜耳生产的新烟碱杀虫剂，此举发人深省。法国和意大利也颁布了类似禁令。意大利政府发现颁布该项禁令后蜜蜂数量开始上升，因而不顾化工行业的强烈反对继续实施该禁令。[42]

尽管有证据显示新烟碱杀虫剂关系蜂群崩坏症候群，可能影响胎儿细胞和大脑，但到目前为止，欧洲委员会却一直反应迟缓，令人愤慨。

鉴于布鲁塞尔欧盟委员会的迟缓反应，欧盟监察专员办公室发起原因调查。奥地利监察专员办公室控诉欧洲委员会未考虑新烟碱杀虫剂致蜜蜂死亡的新证据，随后欧盟监察专员尼基福罗斯·贾芒杜（Nikiforos Diamandou）展开调查。“其认为委员会采纳了新的科学证据，并采取了恰当措施，比如审查相关化学物质的授权事宜”，一份欧盟监察专员办公室声明表示。

监察专员要求委员会在2012年6月30日前提交调查意见书，以便其发布相关报告。委员会回应已要求欧洲食品安全局（EFSA）在2012年4月30日前对所有新烟碱杀虫剂进行全方位调查，然后将在调查结果基础上采取恰当措施。[43]

欧洲食品安全局掌控在一群充满利益冲突、与拜耳等跨国农业巨头关系微妙的成员手里。将欧洲消费者和昆虫食品安全的最终决策权交给欧洲食品安全局，好比让狐狸看守鸡窝，完全不可靠。[44]

拜耳是全球六大依赖专利转基因生物种子和相关化学制品获利的公司之一，掌控着整个食物链的起始端。孟山都、陶氏化学、巴斯夫、拜耳、先正达和杜邦这几个息息相关的集团共同控制着全球种子、农药、农业生物技术市场，可以说世界农业巨头的这种高度团结是空前的。正如一名观察家所说，这使他们能“控制农业研究进程；操控贸易协议和农业政策；将其技术定位为可增加农作物产量，养活饥饿人口，拯救地球的‘科学化’的解决方案；逃避民主和监管控制；破坏市场竞争”。[45]

拜耳公司是致命性新烟碱类杀虫剂的全球主要供应商，目前这种杀虫剂在中国农业中使用广泛

全球越来越多的科学家呼吁立刻全面停止使用新烟碱杀虫剂，其中包括荷兰毒理学家滕内克斯和哈佛环境卫生系环境暴露生物学副教授吕陈生（Alex Lu）。[46] 吕教授呼吁进行一个非常简单的试验：“我建议全球停用新烟碱杀虫剂 5 年 – 6 年。如果禁令颁布后蜜蜂数量上升，答案就显而易见了。”对于中国政府而言，这不仅仅是食品问题。

第三部分　草甘膦——绝非除草那么简单

新研究显示转基因喂养老鼠易患肿瘤

“农达”是全球销量最好的除草剂，是一种综合性化学制品，由美国圣路易斯市的孟山都公司率先生产。孟山都是全球头号转基因种子销售商，包括大豆、玉米、稻谷和棉花种子等。最近，一项独立科学研究明确证明，化学除草剂农达（主要成分为草甘膦）存在剧毒，即使是美国政府认证的“安全”剂量也对人类的胚胎细胞有害。

2012 年 9 月 19 日，卡昂大学（University of Caen）法国科学家发布了全球首次针对转基因食物喂养老鼠的长期、经同行评议的科学研究结果。[47] 此前，孟山都和转基因联合生化集团采取多种合法手段，施加压力，成功阻止了此类长期独立研究。

卡昂大学的研究结果使整个欧洲、美国和其他地区就转基因生物的危害展开了新一轮讨论。布鲁塞尔欧盟委员会要求欧洲食品安全局立即审查该项研究，俄罗斯政府和其他多个政府则下令禁止进口孟山都公司的转基因玉米。鉴于该研究，全球多个国家和地区开始重新审核整套转基因生物政策。[48]

卡昂大学研究负责人吉勒斯－埃里克·塞拉利尼（Gilles−Eric Seralini）教授表示：

抗除草剂农达的转基因玉米，以及除草剂农达本身（在饮水中含量为 0.1ppb）对健康会产生什么影响呢？我们用老鼠对此进行了长达两年的研究。就母鼠而言，所有实验组的死亡量较对照组高出 2 倍－3 倍，且死亡速度更快……母鼠患大型乳腺肿瘤的比例较对照组高。第二个受影响最严重的器官是脑下垂体。实验组公鼠肝淤血和坏死率高出对照组 2.5 倍－5.5 倍。经光学和透射电子显微镜检查，该病理得到证实。

严重肾病发病率通常也要高出对照组 1.3 倍－2.3 倍。公鼠患大型可触知肿瘤的比例是对照组的 4 倍多（患病时间要早近 600 天）——生物化学数据也证实，存在严重慢性肾脏损伤；所有老鼠（不论性别）在所有实验中出现变化的指标中有 76% 与肾脏有关。这可以通过农达的非线性内分泌干扰作用以及外源转基因在转基因食物和代谢产物中的过量存在来解释。[49]

这项研究针对十组老鼠，耗时两年（实验所用老鼠的平均寿命为两年）。此前，在转基因产业的限制下，这类研究均以三个月为限。这项惊人研究的重要成果包括：

可耐受除草剂农达的转基因玉米和除草剂农达导致的性激素失衡问

题、与性别相关的病患。母鼠死亡率上升 2 倍 －3 倍，主要是由大型乳腺肿瘤和垂体失能引起。公鼠患肝淤血、肝坏死、肾衰竭和大型可触知肿瘤。这可能与除草剂农达引起的内分泌失调和转基因导致的新型代谢失调有关。因此必须通过长期的研究来评估转基因产品和配方除草剂农达的毒性。[50]

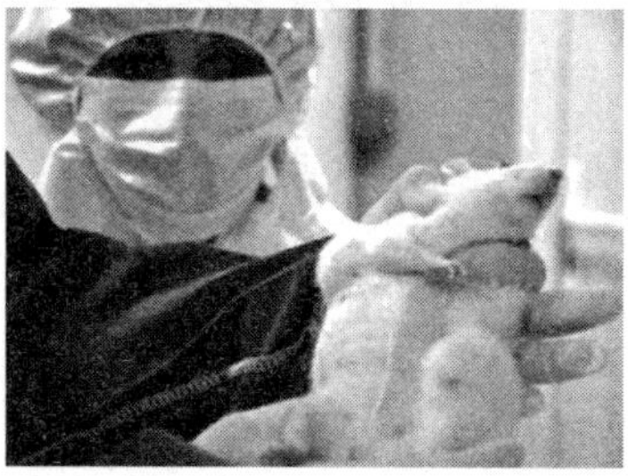

在一项为期两年的同行评议试验中，喂食孟山都公司转基因玉米（喷洒过草甘膦农药）的老鼠出现怪异肿瘤和早死症；欧盟委员会和孟山都公司大量游说，试图诋毁这项研究，污蔑其"不够科学"

由于老鼠也是哺乳动物，其身体系统对这些化学物质的反应与人体相似。这说明人类或猪、牛等动物摄入喷洒了农达的转基因食物后都会面临高死亡率，会长出新的肿瘤，会减短寿命，就像实验中的老鼠一样。

目前世界上没有一个实验室胆敢在人体上做实验。人体实验需要大量资金和政府支持来保证其精确性。

一个德国科学组织在人类尿样检测中发现了微量草甘膦农达的主要成分。在查找导致德国北部整个牧群（特别是牛）重病病因的过程中，曾多次在动物尿液、粪便、乳汁和饲料中检测出草甘膦。目前由于孟山都的农达专利到期，全球每年 80 万吨草甘膦中约有一半产自中国。[51]

瑞士德利内特生态和气候农业研究所（Delinat－Institute for Ecology and Climate Farming）的一篇报道指出：

除草剂和杀虫剂的残留量，与收割前禁用该化学品的时间长度密切相关。然而，草甘膦和类似的农药，如草铵膦（品牌：Basta/Liberty Link）、敌草快（品牌：Reglone）、唑草酮（品牌：Shark）、氨腈（品牌：Azodef）、吲哚酮草酯（品牌：Lotus）和吡草（品牌：Quickdown）的禁用期长度太短了。比如在葡萄栽培中，收割前最后单使用硫化矿物农药的期限为收割前 8 周，而谷物禁用草甘膦的时限仅为收割前 7 天。目前急需采取应对措施，刻不容缓。即使不论与草甘膦有关的一切其他风险，把草甘膦用做干燥剂的做法也必须立即禁止。这样做可以视为蓄意导致人和动物的身体伤害，与目前的动物福利法规直接冲突。[52]

1992 年，美国政府通过不科学的“实质等同性原则”将所有美国人民变成了转基因食物和抗农达（含草甘膦）的试验品，且拒绝允许对其影响进行任何严肃性科学研究，对全球范围内令人惊恐的实验结果则置若罔闻。

法国的塞拉利尼教授的研究结果令人震惊：喂食孟山都转基因玉米的老鼠出现了提前死亡和其他严重的病状，这与喷洒过孟山都除草剂农达（含草甘膦和其他化学制剂）的转基因玉米直接相关。但孟山都公司以世贸组织“贸易秘密”保护条例为由拒绝透露详细情况。

全球出售的所有转基因种子几乎都要使用子草甘膦，包括塞拉利尼研究在内的许多研究都发现了草甘膦的病理影响和毒性证据。

2011 年，美国农业部（USDA）国家植物疾病复原系统下属的美国植物病理学会突发疾病和病理学委员会协调员唐·M. 胡伯（Don M. Huber）教授，就一种新型的、能自我复制的微型真菌类生物向美国农业部发出警告，他认为这种生物会导致牲畜流产、使孟山都的抗农达转基因大豆突然死亡，还会导致孟山都的抗农达转基因玉米染上枯萎病。[53]

胡伯是美国备受尊崇的植物病理学家和转基因生物权威，研究草甘膦已有 20 多年。他发出警告说：“我认为，影响我们食品供应安全的潜在疾病一触即发。这些年来对抗农达的滥用，或称为过度使用，严重影响了我们的土壤质量。这种新型病原体的出现可能是对我们过度行为的一种警告。”在写给美国农业部长汤姆·威尔萨克（Tom Vilsack）的一封信中，胡伯博士表示“许多种植者和制造商正在亲眼目睹动植物疾病激增这样的事实，这对他们的经济活力造成了威胁”。[54]

在对美国境内喷洒过草甘膦的农场进行广泛研究后，胡伯早前曾发出警告说：“草甘膦使多种植物疾病的严重性显著上升，使植物抵抗病原体和疾病的能力下降，使土壤和植物营养素的流动性降低，无法被植物利用”。[55]

胡伯博士补充道：“草甘膦会刺激真菌生长，提高病原体毒性。”过去的15年－18年正是美国允许大量种植转基因作物的时间，胡伯表示“已发现40多种与使用草甘膦相关的植物病害，在人们研究草甘膦致病性的同时，这一数字还在攀升”。[56]

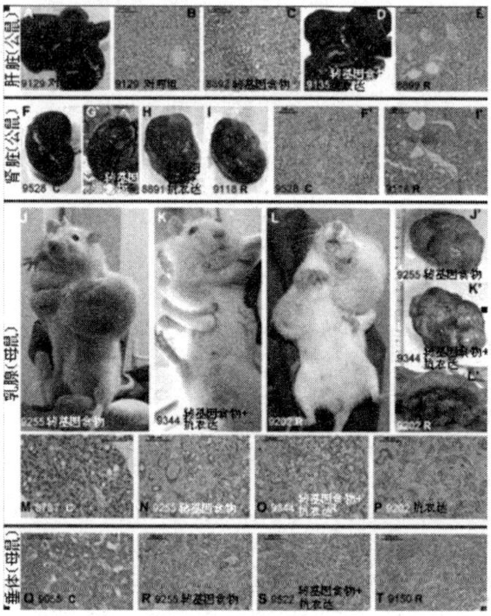

塞拉利尼研究喂食转基因食物和抗农达除草剂老鼠的佐证照片。来源：塞拉利尼等人，《食品和化学品毒理学杂志》(*Journal of Food and Chemical Toxicology*)

美国内政部地质调查办公室2011年所做的其他试验显示：在美国两个农业州的空气和水体样本中发现了抗农达草甘膦。美国地质调查办公室农业化学小组组长、环境化学家保罗·卡博尔（Paul Capel）表示，“那里的草甘膦浓度一直处在较高水平。”卡博尔指出，在为期两年的密西西比河支流取样中以及大多数空气样本中发现了抗农达除草剂的主要成分草甘膦。爱荷华州也做了系列试验。“人们吸入了草甘膦。”卡博尔说。[57]

草甘膦作用的类似独立试验结果也同样令人震惊。2005年，欧洲法院解密孟山都公司2002年老鼠喂养试验的原始机密数据后，基因工程独立研究和信息委员会（CRIIGEN）、卡昂大学和鲁昂大学获得了这些数据。这些数据“明确指出了草甘膦对食品解毒器官肾脏和肝脏的不利影响及其对心脏、肾上腺、脾脏和造血系统的不同损害”。与该小组一同审查数据的吉勒斯－埃里克·塞拉利尼透露。[58]

2010年，阿根廷科学家发现农达除草剂会造成青蛙和鸡先天畸形，并在科学期刊《毒理学化学研究》(*Chemical Research in Toxicology*）上发表论文“草甘膦除草剂通过影响维甲酸信号传输造成脊椎动物畸形”。其中安德列斯·卡拉斯科（Andrés Carrasco）教授、亚历杭德拉·帕格内里（Alejandra Paganelli）和其他研究员表示：

“在阿根廷和巴拉圭，有报告显示转基因大豆产区的草甘膦使用导致医生和居民健康严重受损，包括高先天畸形率、不孕症、死产、流产和癌症。新编报告所收集的科学研究确认接触草甘膦会导致早产、流产、癌症、DNA 以及生殖器官细胞受损。”研究员安德列斯·卡拉斯科指出：“实验室研究结果与观察到的草甘膦接触人群孕期畸形一致。”[59]

大豆猝死综合征，右边地块在头一年喷洒过草甘膦。爱荷华州，2010 年（摄影：唐·胡伯）

卡拉斯科表示转基因抗农达大豆获得首次大丰收后的两年，也就是 2002 年，阿根廷大豆产区的部分居民健康开始出现问题。卡拉斯科说：“我怀疑草甘膦的毒性等级规定过低……有时它就像一种烈性毒药。”居民也报告说草甘膦破坏了环境，包括损害粮食作物，造成小河里鱼类大量死亡等。在这方面，显示草甘膦对环境有害的报告中有多项研究可以佐证。[60]

在科学期刊《环境卫生展望》（*Environmental Health Perspectives*）2005 年发表的一篇论文中，苏菲·理查德（Sophie Richard）及其科学家研究小组对配方农达除草剂和纯草甘膦的毒性进行了比较。结果显示，配方农达的毒性更大，这和孟山都公司秘密添加的化学辅助剂有关，但孟山都公司以保护商业机密为由拒绝透露详情。理查德的研究小组还发现，经过一段时间后，内分泌紊乱病例增加，这表明仅农业上规定用量的 10% 就能引起细胞畸形。其他研究也显示，配方农达中的辅助剂会影响 DNA。[61]

从 2007 年起，支持转基因生物的美国农业部开始拒绝更新美国杀虫剂和除草剂用量数据库，此举难免让人生疑，大众普遍认为，这是孟山都公司和农业化工公司联盟的强大游说的“成果”。估算显示，目前，草甘膦的用量比 2000 年环境保护署的预估量至少增加了一倍多。[62]

2012 年 9 月，卡昂大学塞拉利尼教授的研究成果拉响了警钟，综合早前关于草甘膦和毒性更大的农达对植物、动物、空气和水体质量影响的研究结果，可以断定，草甘膦这种化学物质不应被列为农业除草剂，而应归为用于化学战的毒剂，应像1970年代大多数工业国家禁用滴滴涕一样予以禁止。目前中国化工企业的草甘膦产量约占全球产量的一半，中国政府有责任出手结束这场危机，刻不容缓！

孙子曰“知己知彼，百战不殆”，中国应该在了解北约及其联盟机构发动的所有攻击后再谋划击退各类外部侵略的良策。这就是我们接下来要讨论的话题。

---

[1] 凯瑟琳·T. 杨（Catherine T. Yang），“中国迎难而上，开发丰富页岩气”，国家地理新闻网（National Geographic News），2012年8月8日，网址：http://news.nationalgeographic.com/news/energy/2012/08/120808-china-shale-gas/。

[2] 同上。

[3] 同上。

[4] 同上。

[5] 全菲斯公司（Trefis），“康菲石油能推动中国页岩气开采吗？”，2012年9月18日，网址：http://www.trefis.com/stock/cop/articles/144078/can-conocophillips-help-china-tap-its-shale-gas-reserves/2012年9月18日。

[6] 土方工程网（Earthworks），“哈利伯顿漏洞”，网址：http://www.earthworksaction.org/halliburton.cfm。

[7] 同上。

[8] 丽莎·淑敏（Lisa Sumi），“饮用水危机：环保署和石油天然气行业想隐瞒水力致裂真相”，2005年4月7日，网址：http://www.earthworksaction.org/library/detail/our_drinking_water_at_risk。

[9] 约翰·迪奥斯（John Deuss），摘自“页岩气遇挑战，研究组乐观面对”，2012年11月18日，网址：http://globalresourcesnews.com/getp.php?needle=deutchshale。

[10] 同上。

[11] 比尔·麦吉本（Bill Mckibben），“为何不用压裂技术？”，《纽约书评》(*New York Review of Books*)，2012年3月8日，网址：http://www.nybooks.com/articles/archives/2012/mar/08/why-not-frack/?pagination=false&printpage=true 。

[12] 摘自“页岩气钻取致水污染”，网址：http://www.water-contamination-from-shale.com。

[13] 同上。

[14] 亚伯拉罕·卢斯特加登（Abrahm Lustgarten），“新研究预测压裂液几年内会进入含水层”，2012年5月2日，网址：http://www.commondreams.org/headline/2012/05/02-3。

[15] 同上。

[16] BBC新闻网，“兰开夏郡发生压裂水污染概率‘极低’”，网址：http://www.bbc.co.uk/news/uk-england-lancashire-16494766。

[17] 约翰·达利（John Daly），“英国政府地震压裂报告使争论升温”，2012年4月20日，http://oilprice.com/Energy/Energy-General/UK-Govt.-Seismic-Fracking-Report-Certain-to-Sharpen-Debate.html。

[18] 玛丽安·拉维勒（Marianne Lavelle），“探寻压裂开采和地震的关系”，《国家地理》，2012年1月4日，网址：http://www.greatenergychallengeblog.com/2012/01/04/tracing-links-between-fracking-and-earthquakes/。

[19] 同上。

[20]F.威廉·恩道尔，《全美蜂、鸟死亡之谜》，全球研究，2012年7月1日，网址：www.williamengdahl.com。
[21] 匿名，新烟碱杀虫剂，网址：http://beesalive.com/honey-bee-deaths/neo-nicotinoids/。
[22] S.E.麦格雷戈（S.E. McGregor），“农作物的昆虫授粉”，1976年，美国农业部《第496号农业手册》(*Agriculture Handbook 496*)，第1页。
[23] 反拜耳危害联盟（Coalition against BAYER Dangers，德国），《反对股东会议：拜耳杀虫剂导致蜜蜂数量下降》，新闻稿，2012年4月11日。
[24] 路易斯·格雷（Louise Gray），《养蜂人损失1/5蜂箱》，2009年8月24日，《每日电讯报》(*The Telegraph*)，网址：http://www.telegraph.co.uk/earth/earthnews/6069218/Beekeepers-lose-one-fifth-of-hives.html。
[25] 匿名，“剧毒新烟碱杀虫剂可尼丁危及蜜蜂和其他传粉动物”，2007年3月20日，网址：http://www.theenvironmentalblog.org/2007/03/clothianidin-a-neo-nicotinoid-pesticide-highly-toxic-to-honeybees-and-other-pollinators/。
[26] 同上。
[27] 同上。
[28] 同上。
[29] 迈克尔·麦卡锡（Michael McCarthy），“政府复议神经性杀虫剂”，《独立报》(*The Independent*)，2012年3月31日，网址：http://www.independent.co.uk/environment/nature/government-to-reconsider-nerve-agent-pesticides-7604121.html。
[30] 亨克·滕内克斯，“我们和环境都是试验品”，2011年1月19日，网址：http://www.boerenlandvogels.nl/en/content/they%E2%80%99ve-turned-environment-experiment-%E2%80%93-and-we-are-all-experimental-subjects。
[31] 同上。
[32] 同上。
[33] 同上。
[34] 亨克·滕内克斯，“整个玉米生长季其附近蜜蜂都会接触到新烟碱杀虫剂”，2012年1月5日，网址：http://www.farmlandbirds.net/en/taxonomy/term/3。
[35] 亨克·滕内克斯，“孕期接触杀虫剂可能会增加小孩后期神经性疾病发病率”，2012年3月20日，网址：http://www.farmlandbirds.net/en/content/prenatal-exposures-pesticides-may-increase-risk-neurological-disease-later-life。
[36] 亨克·滕内克斯，“新烟碱杀虫剂可能对人体健康，尤其是大脑发育不利”，2012年3月20日，网址：http://www.farmlandbirds.net/en/taxonomy/term/3。
[37] 布莱恩·芒什，“孤独症和蜂群消亡有共同之处？”，2012年4月2日，共同梦想网（Common Dreams），网址：http://www.commondreams.org/view/2012/04/02。
[38] 同注[23]。
[39] 理查德·阿斯克威思（Richard Askwith），“阿司匹林传奇：一百年前海因里希·德莱赛因发现海洛因和阿司匹林暴富”，《星期日泰晤士报》(*Sunday Times*)，1998年9月13日，网址：http://opioids.com/heroin/heroinhistory.html。
[40] 同注[23]。
[41] 环境新闻服务网（ENS），“德国联盟起诉拜耳杀虫剂导致蜜蜂死亡”，2008年8月25日，网址 http://www.ens-newswire.com/ens/aug2008/2008-08-25-01.asp。
[42] 罗伯塔·克鲁格（Roberta Cruger），“新烟碱杀虫剂禁令颁布后蜜蜂数量上升”，2010年5月15日，网址：http://www.treehugger.com/clean-technology/nicotine-bees-population-restored-with-neo-nicotinoids-ban.html。
[43] 亨克·滕内克斯，“欧盟回应杀虫剂致蜜蜂死亡疑问”，2012年4月24日，网址：http://www.farmlandbirds.net/en/taxonomy/term/3。

[44] 奥利维尔·浩德曼（Olivier Hoedeman），“企业欧洲观测所：关于欧洲食品安全局管理委员会利益冲突的一封公开信”，布鲁塞尔，2011 年 3 月 4 日，网址：http://www.corporateeurope.org/sites/default/files/sites/default/files/files/openletter/EFSA%20management%20board%20conflicts%20of%20interest.pdf。
[45] 安德鲁·奥尔森（Andrew Olsen），卡特尔化工集团（Chemical Cartel），2010 年 6 月 28 日；又见：F. 威廉·恩道尔，《粮食危机：运用粮食武器获取世界霸权》。
[46] 亨克·滕内克斯，“吡虫啉和蜂群崩溃症候群——科学家呼吁全球禁用导致蜜蜂死亡的杀虫剂”，2012 年 4 月 5 日，网址：http://www.farmlandbirds.net/en/taxonomy/term/3。
[47] 吉勒斯－埃里克·塞拉利尼等，“农达除草剂的长期毒性和耐抗农达转基因玉米”，《食品和化学品毒理学杂志》，2012 年 9 月 19 日，网址：http://www.sciencedirect.com/science/article/pii/S0278691512005637#FCANote。
[48]《食品设计》（*Food Product Design*），“俄罗斯担心食品安全，禁止进口孟山都公司转基因玉米”，2012 年 9 月 26 日，网址：http://www.foodproductdesign.com/news/2012/09/russia-bans-monsanto-gm-corn-over-food-safety-con.aspx。
[49] 同上。
[50] 同上。
[51] 德克·布兰德利（Dirk Brändli）和桑德拉·赖纳赫尔（Sandra Reinacher），“人类尿液中检出除草剂”，《伊萨卡》杂志，2012 年 1 期，第 270 页－272 页，国际标准期刊编号：1663－0521，网址：http://www.ithaka-journal.net/druckversionen/e052012-herbicides-urine.pdf。
[52] 同上。
[53] 拉迪·阿纳达（Rady Ananda），“基因工程科学家警告新型危险病原体和孟山都农达有关”，全球研究，2011 年 2 月 21 日，网址：http://www.globalresearch.ca/index.php?context=va&aid=23303。
[54] 同上。
[55] 同上。
[56] 同上。
[57] 凯里·吉勒姆（Carey Gillam），“水和空气中发现了抗农达成分草甘膦”，路透社，2011 年 8 月 31 日。
[58] J.S. 德闻多莫耶斯 JS（J.S. de Vendômois JS）等，“三种转基因玉米对哺乳动物健康的影响比较”，《国际生物科学杂志》（*International Journal of Biological Sciences*），2009 年 5（7）期，第 706页－726 页，网址：http://www.biolsci.org/v05p0706.htm。
[59] 安德列斯·卡拉斯科，迈克尔·安东尼奥（Michael Antoniou）等，“转基因大豆：可持续吗？可靠吗？”，《转基因观察》（*GM Watch*），2010 年 9 月 13 日，网址：http://www.gmwatch.org/reports/12479-gm_soy_sustainable_responsible_report。
[60] 同上。
[61] 同注 [53] 。
[62] 同上。

第八章
媒体战争：谷歌、YouTube、脸谱网和嵌入式全球媒体

伍德罗·威尔逊总统曾公然与好莱坞电影制片商合作，在美国民众中渲染战争狂热气氛。从那以后，紧密联系好莱坞和美国媒体就成为了美国国家战略的共识。直至今日，这个组合一直在不遗余力地将中国描绘成一个新的敌对国，仿佛中国在未来短短几年内就会变得像“希特勒统治的德国”。美国五角大楼、军事基地、纽约外交关系委员会的精英们以及其他具有强大政治影响力的各个精英组织都在摩拳擦掌。在他们的操纵下，一场针对中国文化和媒体的战争浮上了台面。

中情局和其对美国媒体的控制

"冷战"格局出现后，北约和美国中央情报局相继成立。根据美国国务院冷战战略家乔治·凯南的建议，第一任中情局局长在1948年的头等要务，便是任命弗兰克·威斯纳为新设立的中情局特殊项目处（后更名为政策协调处）的第一任负责人。

这个政策协调处日后成为了中央情报局的隐蔽行动机构。威斯纳根据指示建立了一个组织，主要行动是"宣传、经济战；预防性的直接行动，包括破坏、反破坏、摧毁和撤退措施；援助敌国的地下反抗组织，并支持西方世界受威胁国家的本土反共运动"。[1]

1948年后期，威斯纳设立了一个代号为"知更鸟行动"的中情局隐蔽项目，旨在影响外国媒体。威斯纳招募了在《华盛顿邮报》工作的菲利普·格雷厄姆来负责这个项目。到1950年初艾伦·杜勒斯全盘接管中情局时，威斯纳已经控制了《纽约时报》、《新闻周刊》、哥伦比亚广播公司和其他重要媒体中的主要新闻记者。[2]

中情局很早就与具有影响力的美国本土媒体以及国际私营媒体建立了联系，如今看来，那只不过是为他们今天完全控制全球各大"主流"媒体所做的铺垫。

美国五角大楼完美演绎“文化”战争

在美国攻占伊拉克以后，美国陆军上校拉尔夫·彼得斯撰写了一份精准的军事评估报告，报告称，紧密联系的美国媒体所发挥的作用令人惊叹，并对世界的文化侵略进行剖析。文化侵略包括了好莱坞电影制片厂、美国有线电视网和《纽约时报》这样的主流电视和平面媒体。新近还包括影响巨大的互联网和社交媒体，如谷歌、YouTube、脸谱网和推特等。

好莱坞政治献金对包括巴拉克·奥巴马在内的美国总统竞选影响巨大

伍德罗·威尔逊总统曾公然与好莱坞电影制片商合作，在美国民众中渲染战争狂热气氛。从那以后，紧密联系好莱坞和美国媒体就成为了美国国家战略的共识。直至今日，这个组合一直在不遗余力地将中国描绘成一个新的敌对国，仿佛中国在未来短短几年内就会变得像“希特勒统治的德国”。

美国五角大楼、军事基地、纽约外交关系委员会的精英们以及其他具有强大政治影响力的各个精英组织都在摩拳擦掌，在他们的操纵下，一场针对中国文化和媒体的战争浮上了台面。对这场由美国发起的文化战争，以思维敏锐和直言不讳闻名的五角大楼拉尔夫·彼得斯上校在美国陆军战争学院的季刊上分析道：

信息能够摧毁传统的工作和文化，它诱惑人，将人引入歧途，同时，它也无懈可击。难道你有办法可以反击别人传递给你的信息吗？答案是：没有！你除了努力排斥它以外别无办法。对那些无法融入我们的信息帝国或与之抗衡的个体和文化，毋庸置疑，等待它们的就只有失败（值得注意的是，在一些边缘国家，人们以为通过互联网就能享有权利，畅所欲言，憧憬着联合国能为大家构建国际大家庭，从而实现世界和平。这只是一种错觉）……

好莱坞的电影能够触及到哈佛大学不曾触及的地方。而对于看不到美国本质的外国人来说，美国的那种不负责的自我幻想萦绕着他们；身在围墙之外的他们看到的是一个极具魅力、性观念开放和可怕的世界；贫穷的他们认为那个世界很富饶。

……全世界的有识之士都喜欢抨击“美国文化……”但传统知识精英的影响力正在减弱，逐渐被成功的精英人士所替代，如比尔·盖茨、斯蒂芬·斯皮尔伯格、麦当娜等，以及那些最成功的政治家们——他们知道怎样迎合大众的口味，引领公众的意愿，并在必要的时候重塑自我。当代的美国文化前所未有的强大，对其他试图与其竞争的文化具有强大的摧毁力……美国文化的精髓，其杀手锏，正是为知识精英们所唾弃的本质：声称美国文化才是正统的主流大众文化。它强调一种安慰感和便捷感，并带给大众快感。我们是卡尔·马克思的美梦，也是他的噩梦。

在这个时代，一些非宗教和宗教革命者都犯了相同的错误，他们以为全世界的工人或者那些老老实实的人每天在回家后都迫不及待地学习马克思理论或研读《可兰经》。但事实上，乔·斯派、伊凡·提契尼和阿里·卡特（译者注：美国俚语，即 Joe Sixpack，Ivan Tipichni，and Ali Quat，分别是对普通美国人、意大利人和伊朗人的讽刺称谓。）更愿意守着电视看《海岸救生队》。美国人早就意识到了这一点，而且我们很善于将想法变为行动，不仅如此，我们的文化还会强有力地束缚那些我们不会侵蚀的文化。在文化（或军事）领域，我们都没有“势均力敌的对手”。我们的文化帝国让全世界痴狂，而且还将继续影响更多的人。这些人将为他们的幻想付出代价。

美国文化因其短暂性而经常受到批判，被称为“一次性”用品，但这种特性却蕴含着能量。过往的文化都曾寻求一种理想的状态，一旦达到这种状态后，就一直将这种完美固守下去。美国文化注重的不是结果，而是过程，一个创造、毁灭，然后再创造的动态过程。如果说我们的所作所为都是转瞬即逝的，那么生命给予我们最大的恩赐——激情、美貌和冬季阴沉午后的一缕阳光，甚至生命本身，又何尝不是这样呢？美国文化是有生命力的，我们的军队彰显着这种生命力。我们不奢求问题的最终解决方案，但我们追求不断的进步。所有的过往文化，不论是普通文化还是军事文化，都试图追寻生命的理想形式，然后像板上钉钉一样把它延续下去，而不论平民百姓还是军人，我们美国人向来都是勇于改变的。

那些备受知识精英们谴责，充斥着暴力和性画面的电影是我们最成功的文化武器，几乎全世界的人们都在购买，甚至非法制售。比如美国的动作片，西起亚马逊河上游、东至缅甸的曼德勒市都能买得到，不过通常是质量难以入目的复刻版。这些电影甚至比我们的音乐还受欢迎，因为它们更容易理解。史泰龙、施瓦辛格或查克·诺里斯的动作电影靠的是视觉表现，不需要对白你就能看懂。这类电影普遍假托一个虚假的故事，表达人最基本的冲动（尽管如此，我们还没有拍出一部比《伊利亚特》更暴力血腥的电影）。这种电影里一般都会有一个英雄式的人物、一个恶棍和一位需要被保护或营救的女士——以及暴力和性。虽然对这些电影的抱怨声铺天盖地，但它们确实很卖座。《第一滴血》——一个已经老掉牙的系列电影，其在海外的受欢迎程度持续不减，这个现象比一个满是科学论证的图书馆更好地告诉了我们人性是什么。

……技术可以帮助我们扩充财富、积累力量和获取更多的机遇，其余的则依赖流行文化。如果宗教对大众来说相当于鸦片的话，那么电影就是强效可卡因。

和平是不会存在的。在我们余生的每个时刻，层出不穷的冲突仍将在全世界不断地上演。暴力冲突将充斥着我们的眼球，尽管如此，最终还将是文化和经济斗争决定大局。美军真正的角色是要为美国的经济发展而维护世界和平，为针对我们对他国的文化侵略构筑罗马大道。为此，我们将制造相当数量的杀戮。[3]

在美国策划的这场文化战争中，一枚精心掩饰、效率极高的武器更进一步瞄准了中国，而谷歌则是这个武器的一个重要零件。

谷歌背后的中情局和美国政府

2010年3月，因中国政府限制谷歌在中国内陆的业务，总部位于美国的互联网搜索引擎巨头谷歌愤而退出了中国大陆市场，而转移到了中国香港。

2010年1月，谷歌曾在其官方博客发表声明，指称其受到了来自中国的网络攻击，为此，谷歌表示需要重新考虑在中国的业务。就在同一天，美国国务卿希拉里·克林顿对该攻击事件进行谴责并要求中方作出解释。而在早些时候，北京方面已经开始对谷歌的搜索引擎实施更多的限制，同时禁止了一些敏感的搜索结果，已经就限制对某些谷歌站点的访问一事与谷歌达成了一致。[4]

中国政府尝试对谷歌做出的限制看似无关痛痒，实则是在努力牵制五角大楼和中情局媒体操控战略中的最重要的新式武器——控制互联网上的信息。[5]

在谷歌公司的会议上，美国国务卿希拉里并没有向公众坦白，那就是谷歌和它的子公司（如YouTube）其实是美国政府网络战争武器的重要组成部分。

总部位于加州的互联网巨头谷歌公司是由两名斯坦福大学的学生——谢尔盖·布林和拉里·佩奇创立的，他们得到了中情局的秘密财政支持。因为在中情局看来，这两位企业家发明了绝顶聪明的搜索技术，足以让他们掌控不断发展中的互联网。前任中情局官员罗伯特·大卫·斯蒂尔向美国媒体透露，谷歌是在2006年中情局种子资金的帮助下成立的。他甚至还说出了中情局内部的谷歌联络人的名字：“我就说明白点——中情局内部的谷歌联络人叫瑞克·史坦塞尔，他在研究发展办公室工作。”斯蒂尔称。

除了来自中情局的资助，谷歌还与绝密间谍机构——美国国家安全局（NSA）有着深层的合作。据调查和公共信息显示，谷歌与国家安全局保持着密切的合作关系。谷歌为国家安全局和其他一些美国情报机构提供软件、硬件和技术支持，帮助他们建立一个浩大的闭源数据库，以便在全球部署间谍网和共享情报。

此外，谷歌和中情局还合伙成立了一家网络合资企业。谷歌和中情局共同投资了一项互联网监控项目用于搜查推特账号、博客以及网站中的各种信息，而且，该项目还可以预测未来。谷歌投资的分支机构——谷歌风投和中情局下属的 In－Q－Tel——一家专门与中情局以及更大的情报网进行业务往来的高科技风投公司，共同给一家名为“记录未来”的公司注资 1,000 万美元。

谷歌和脸谱网（Facebook）与美国中情局有着千丝万缕的联系

另外，谷歌的高管还自吹自擂，夸夸其词地说在 2011 年脸谱网在埃及引发的骚乱中扮演了重要角色。在 2011 年的埃及动乱中，谷歌抓住机会，渗透到了有关大规模抗议游行的新闻报道中。据时任谷歌首席执行官的埃里克·施密特承认，埃及网络活跃人士、谷歌的高级主管维尔·格尼姆通过在脸谱网和推特上散布信息，在发动、组织解放广场和其他地方发生的抗议活动中都扮演了极为重要的角色。在那段时间，这样的行为对刚刚开始进行的反穆巴拉克抗议行为来说至关重要。

如果没有脸谱网、推特、谷歌和 YouTube，埃及政权的更迭绝不会发生，格尼姆向媒体透露搜索引擎全面点燃了这场革命。格尼姆，这位谷歌在埃及的主管还是脸谱网页面的管理员，“我们都是哈勒德·萨伊德”，这一口号在动乱中起到了推波助澜的作用。[6]

很明显，中国对谷歌在其网络上活动的自由度表现出过分地谨慎是理所当然的。

对主要美国媒体的控制

谷歌、脸谱网和 YouTube 与美国情报界形成了紧密的联系，除此之外，美国的主流媒体还组成了一个巨大的信息联合体，所谓的言论自由在 2001 年“9·11”事件之后便不复存在。

曾任海军大臣、二战时期的英国首相温斯顿·丘吉尔曾说：“在战乱时期，真相是如此的宝贵，所以她需要被重重谎言保护着。”2012 年，美国以外的主要全球化媒体均受到控制，所做的真实报道屈指可数，这句重重谎言是对这些所谓的真实报道最好的阐述。

目前，随着伊拉克战争情况的公开，主流美国媒体和国际媒体的记者只要能够“嵌入”美军部队，就可以进入战区报道。宣传控制的目的达到“只有先发制人的战争，才有推行民主的可能”，这是华盛顿那帮人所信奉的原则，而美国的媒体已经成了这句话的践行者和制造永久战争状态不可或缺的共犯。

只要能够操控普通美国人对现实的理解来支持当权者对全球的野心，就能掩人耳目地控制美国大众成为世界新秩序的执行者，让他们的子女到残酷、毫无意义的战争中去流血，比如伊拉克战争和阿富汗战争。美国的这台强大、受控制的媒体宣传机器现在盯上了中国——这个被奥巴马总统在 2012 年 10 月的总统竞选辩论中宣称为新“敌手”的国家。

美国全球媒体联合体

第二次世界大战后，美国中央情报局和国务院创立心理战略委员会，此后美国外交关系委员会（CFR）与美国精英界的核心集团开始投入大量资源，以期控制全球媒体。进入 2000 年后，幕后的外交关系委员会精英集团牢牢控制了美国媒体，然而这种控制又是极其隐秘的，大多数美国民众并不知道每个政治观点其实都是精英集团灌输和操控的结果。

20 世纪 90 年代初以来，为改变全球化时代的重心，媒体巨头经政府许可并废除反垄断法后进行了重组和集权管理，于是“全球化”的媒体落到了少数几个人手中：

美国有线电视新闻网（CNN）被曝在巴林和其他许多地方受贿进行有倾向性的政治宣传

美国在线时代华纳（AOL－TimeWarner）：美国在线时代华纳是美国当今最大的媒体集团，旗下有哥伦比亚广播公司（CBS）、美国有线电视新闻网（CNN）、美国最大的付费电视网家庭影院（HBO）、最大的杂志出版商时代杂志集团（出版有《体育画报》和许多其他杂志）、华纳兄弟（Warner Bros.）和其他好莱坞工作室。美国在线是美国最大私营互联网提供商，杰拉德·莱文（Gerald Levin）是美国在线时代华纳的主席。

华特迪士尼公司（Walt Disney Co.）：华特迪士尼公司是美国第二大媒体巨头，首席执行官迈克尔·艾斯纳（Michael Eisner）并非迪士尼家族成员。目前迪士尼旗下有多家电视制作公司，如试金石电视（Touchstone TV）、博伟电视（Buena Vista TV）以及数家好莱坞电影公司，包括华特迪士尼影业（Walt Disney Motion Pictures）、试金石影业、大篷车影业（Caravan）和好莱坞影业（Hollywood Pictures）等。华特迪士尼公司还拥有美国第二大电视网资本城（Capital Cities/ABC），其分支机构遍布欧洲。

维亚康姆公司（Viacom Inc.）：维亚康姆公司是美国媒体联合体的第三大巨头，旗下拥有有线电视体育网“娱乐与体育电视网”（ESPN）、《女装日报》（*Womens' Wear Daily*）、维亚康姆公司、派拉蒙电影公司（Paramount Pictures）和最近从时代华纳收购的哥伦比亚广播公司。维亚康姆还占据着全球青年市场的第一把交椅，旗下播放暴力和性音乐录影带的有线电视网“音乐电视”（MTV）、尼克儿童频道（Nikelodeon）和娱乐时间频道（Showtime）颇受青少年欢迎。音乐电视播放的摇滚－说唱音乐录影带在全球71个国家和地区的观影家庭达到2.1亿户。可以说维亚康姆公司是全球最具影响力的传播公司之一。

新闻集团（News Corporation）：新闻集团是全美第四大媒体集团，由澳大利亚裔媒体巨头鲁伯特·默多克（Rupert Murdoch）掌控。旗下的福克斯电视网（Fox TV）是倾向于以色列新保守派的喉舌媒体。默多克还同时拥有《纽约邮报》（*New York Post*）和威廉·克里斯托尔（William Kristol）主编的新保守派杂志《旗帜周刊》（*Weekly Standard*）等许多刊物。好莱坞亿万富翁哈伊姆·沙班（Haim Saban）是默多克前商业伙伴，与阿里尔·沙龙（Ariel Sharon）、本雅明·内塔尼亚胡（Benjamin Netanyahu）和以色列鹰派交情深厚，最近买下了德国最大电视集团 Pro－7 传媒（Pro－7 Media）。

纽豪斯集团（Newhouse Group）：第五大媒体集团，是亿万富翁塞缪尔·I.纽豪斯（Si Newhouse）掌控的纽豪斯集团，旗下拥有 12 家电视台、87 个有线电视网、《星期日杂志》（*Sunday*）、《大观杂志》（*Parade*）、《纽约客》（*New Yorker*）、《时尚》（*Vogue*）、《小姐》（*Mademoiselle*）、《名利场》（*Vanity Fair*）、《克利夫兰平原商报》（*Cleveland Plain－Dealer*）、《纽瓦克明星纪事报》（*Newark Star－Ledger*）和《新奥尔良时代花絮报》（*New Orleans Times－Picayune*）等杂志。

在美国媒体权力高度集中的今天，令人震惊的是所有顶级公司都在外交关系委员会成员的掌控之中，从迪士尼、美国在线时代华纳、福克斯新闻到维亚康姆无一例外。媒体权力如此高度集中，这在美国历史上是史无前例的，难怪大部分美国人对世界大事或伊拉克战争的观点一边倒，他们几乎没有机会接触到更为中立的新闻报道。

连地方或区域性小报都掌控在媒体巨头手中，没有报纸能提供独立报道，更不要说国际新闻社了。他们必须从《纽约时报》、道琼斯《华尔街日报》或《华盛顿邮报》购买“新闻”，而这些媒体又都掌控在同一个利益集团手中。

《纽约时报》：《纽约时报》归亚瑟·苏兹伯格（Arthur Sulzberger）家族所有。纽约时报公司（New York Times Corp.）拥有《波士顿环球报》（*Boston Globe*）和其他 33 家区域性报纸、《麦卡尔斯》杂志、《家庭圈》杂志、电台以及电视台。纽约时报新闻社（New York Times News Service）向全美 506 家报纸出售各类新闻。

华盛顿邮报公司（Washington Post Corporation）：《华盛顿邮报》是华盛顿最具影响力的报纸，由伯纳德·巴鲁克（Bernard Baruch）的前合作伙伴、银行家尤金·梅尔（Eugene Meyer）家族发行，目前由已故凯瑟琳·梅尔·格雷厄姆（Catherine Meyer Graham）的儿子唐纳德（Donald）掌管。华盛顿邮报公司旗下拥有电视台、11 家军事出版社、《新闻周刊》（*Newsweek*）、有线一台（Cable One TV）以及最近与《纽约时报》联合发行的最大国际性英语报《国际先驱论坛报》（*International Herald Tribune*）。

按照布什政府联邦通信委员会（Federal Communications Commission）主席、国务卿科林·鲍威尔（Colin Powell）的儿子迈克尔·鲍威尔（Michael Powell）批准的相关规定，媒体巨头们得以合并、掌控更多美国地方电视台和媒体，从而实现在万维网外控制公众舆论。这种控制几乎是彻底的，就像战时斯大林（Stalin）对前苏联的控制一样，但却更加隐秘。人们可以公开表示异议，以制造激烈辩论的假象，这种辩论有助于推动布什与切尼的“美国世纪”进程，能为美国实现全球帝国——“全方位主宰”目标提供源源不断的动力。

1996 年，国会在通讯业的压力下对其解除了相关管制，此后报纸、广播、电视、有线电视和通信业开始以“自由”企业之名创建全球垄断性信息控制巨头。控制媒体正是美国机构推动其全球帝国进程的隐蔽手段，然而许多无知的美国人却以为其享有“新闻自由”。

为了建立国际新秩序，“美国世纪”战略的决策层在美国的恋战人群中发起了一场受意识形态驱动的大规模群众运动，并抛出蛊惑人心的信仰，让运动群众觉得自己是在为耶稣基督攻打一场新的十字军远征圣战。这一庞大的媒体机器正愈加插手中国的国家利益，从南海权利、言论自由到中国经济和货币政策以及其他重要活动，无不涉足，中国将会很快感受到它们的热浪。

[1] 维基百科，知更鸟行动，网址：http://en.wikipedia.org/wiki/Operation_Mockingbird#cite_note-2。
[2] 黛博拉·戴维斯（Deborah Davis），《凯瑟琳陛下：凯瑟琳·格雷厄姆和华盛顿邮报》，HB 乔万诺维奇出版社（Harcourt Brace Jovanovich），1979 年，第 137 页 – 138 页。
[3] 拉尔夫·彼得斯（Ralph Peters），《持续冲突》选段，美国陆军战争学院季刊，1997 年夏，第 4 页 – 14 页。网址：http://www.carlisle.army.mil/usawc/parameters/Articles/97summer/peters.htm。
[4] 希拉里·克林顿（Hillary Clinton），《关于谷歌在中国业务的声明》，国务卿发言，华盛顿特区，2010 年 1 月 12 日，网址：http://www.state.gov/secretary/rm/2010/01/135105.htm。
[5] 杰西卡·盖恩（Jessica Guynn）和大卫·皮尔森（David Pierson），《中国对谷歌搜索结果做出新的限制》，洛杉矶时报，2010 年 3 月 24 日，网址：http://articles.latimes.com/2010/mar/24/business/la-fi-china-google24-2010mar24。
[6] 同上。

第九章
中国的制胜策略

北约和五角大楼企图通过战略威胁，迫使中国屈从于他们勾勒的“世界新秩序”（有时美其名曰“全球化”）。所幸的是，一股反击的力量正在酝酿，从上海合作组织的成员国及各个关系国（其中尤以俄罗斯和伊朗为代表）之间的关系中我们便可看出端倪。

第一部分　战略现实

到 2013 年，中国在战略上将遭遇新中国成立以来前所未有的严峻挑战。在本书的前八章中，只展示了对中国主权种种威胁的冰山一角，但笔者希望借此引发更大范围的讨论，探讨中国面临的真正危机。鉴于中国在反对全球极权统治中扮演的角色愈发重要，这些讨论不光与中国及其人民的未来福祉息息相关，也会牵动全世界，尤其是欧美人民的利益。

事实上，中国政府已经展开了一系列行动，着手应对前文所述的诸多威胁和各种隐蔽或公然的战争行为。中国人民银行正大力推行人民币战略，不断降低人民币对美元的依赖性，从而使人民币可能为他国——至少为中方的亚欧贸易伙伴——所接受，成为这些国家的备选储备货币。早自 2001 年起，中国就一直在非洲、中东、拉美等地实施全球最积极的石油采购策略。在这一过程中，虽然也有失误，但中国还是帮助大批非洲国家从国际货币基金组织的债务桎梏中解放出来，使他们得以开始投资本国的经济开发项目。

尽管如此，纵观中国在新世纪第二个十年所面临的种种威胁，不难发现，单从表面上看，中国的处境就已经危机四伏。中国若想安然度过 21 世纪，还需全中国人民奋发图强、加倍努力。

由北约各国，尤其是美国和法国一手掀起的“阿拉伯之春”运动，意在重整中东局势，破坏中国的主要石油进口来源。在中国，人畜消耗的大豆中有至少 61% 是遭草甘膦污染的转基因大豆，这给中国的食品安全带来灾难。中国的农作物被大量喷洒新烟碱杀虫剂，这类有毒杀虫剂给昆虫、蜂群和鸟类带来了巨大伤害，并最终危害到食用这些农作物的人群。

中国在农业工业化进程中效仿美国模式，而农业工业化正逐渐破坏中国人日常膳食的食品质量，引发流行性过敏和 II 型糖尿病等疾病。推广美国和瑞士制药垄断集团生产的专利药物和疫苗的决定也事与愿违，因为这些药物给整整一代人带来的各种慢性疾病和健康问题，远比其理论上能抵御的疾病更为严重。围绕美国总统奥巴马的 2012 对华“枢纽”战略，五角大楼的军事部署使中国面临严峻挑战，不仅要保卫其石油和海上供应线路，就连国界也不得不防。

西方国家发起的贸易战争和世贸组织对中国出口产品以及国内制造业的挑衅正逐渐加剧，正迫使中国遵守西方制定的游戏规则——即全球化规则，而最终，将会导致中国在这 30 年来的“赢家”地位不复存在，转而日益沦为这场竞争中的输家。中国政府开放国内地震易发地区的决定，也给了美英法石油公司以可乘之机。这些公司往往采用含毒的页岩气水力压裂法来开采天然气，这不仅危及中国稀缺的淡水资源，甚至还有引发毁灭性地震的危险，而地震对国民经济造成的损失，将远非十几亿立方米天然气带来的利润所能弥补。从在中国大行其道的好莱坞电影，到半受控制的互联网平台，方方面面的文化侵略，对中国本来就未得到足够重视的文化主权来说无疑是雪上加霜。

作为忧国忧民的一般民众，该如何反击这些威胁呢？因为只有中国人民自己才有资格做出主权决定，选择最有利的前进道路，所以笔者仅能在下文中以海外友人的身份给出些许刍荛之见，虽远非万全之策，但希望能抛砖引玉，引发更多讨论。

正如地缘政治战略家兹比格涅夫·布热津斯基（Zbigniew Brzezinski）公开承认的那样，自苏联解体，美国成为世界霸主之后，其唯一的眼中钉便是因共同战略利益，在政治经济上均联合起来的两个亚欧大国——中国和俄罗斯。[1]

如今正处在耄耋之年的美国资深战略家布热津斯基，在他 1998 年出版的《大棋局：美国的首要地位及其地缘战略》一书中阐述了欧亚地区蓬勃发展会给美国造成的地缘政治威胁：“各洲约从 500 年前就开始政治交流，从那时起，欧亚大陆便已成为全球权力的中心。”[2]

布热津斯基随后补充道：“当务之急，是确保欧亚地区不会出现统领大局、进而向美国发起挑战的势力……”他还根据从苏联解体的余波中得出的教训，总结了美国单边霸权将面临的真正威胁。[3]

“美国如何‘管理’欧亚地区，将会产生至关重要的影响。因为掌控了欧亚大陆，就等于掌控了全世界 2/3 最先进、经济生产力最强的地区。扫一眼世界地图也能看出，控制了欧亚大陆，就几乎自动将非洲招致麾下，在地缘政治上把西半球和大洋洲赶出世界的中心大陆。欧亚大陆居住着全球大约 75% 的人口，不论从经济还是从资源层面上说，这里都聚集了全世界大部分的物质财富，其能源量占到世界已知能源总量约 3/4。”[4]

第二部分　欧亚军事防御

北约和五角大楼企图通过战略威胁，迫使中国屈从于他们勾勒的“世界新秩序”。所幸的是，一股反击的力量正在酝酿，从上海合作组织的成员国及各个关系国（其中尤以俄罗斯和伊朗为代表）之间的关系中我们便可看出端倪。

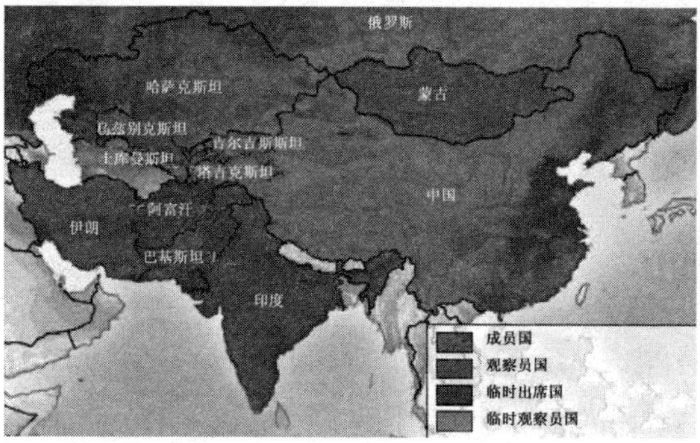

上海合作组织将发展成为全球主要新经济和地缘政治中心

今天的上海合作组织从各个方面来看还处于萌芽阶段，但却正好拥有凝聚欧亚各国、挑战单边霸权的潜力。上海合作组织（SCO）是一个成立于 2001 年的区域性经济和贸易组织。随着华盛顿政府在阿富汗和中东继续扩大战火，该组织渐渐充当起了“反北约”的角色。

上海合作组织的成员国除了俄罗斯和中国外，还包括哈萨克斯坦、吉尔吉斯斯坦、塔吉克斯坦和乌兹别克斯坦等。伊朗、巴基斯坦和印度虽尚未正式加入，但担当着观察员的角色，其中一个原因，就是上海合作组织要求在任一成员国遭受攻击的情况下，所有成员国均应共同抵御外敌。

欧亚国家间的合作，尤其是中俄两个大国之间的合作，正迅速形成战略纵深。中俄两国共同决定反对联合国批准的对叙利亚巴沙尔·阿萨德（Bashar al－Assad）政权实行的军事干预，此举揭示出北约反阿萨德联盟的成员内部已出现了深度分裂。而中俄越是共同坚守反对立场，西方的北约全球主义阵营就会越快分裂，会给中国带来新的，甚至是意想不到的盟友，共同对抗名义上强大的北约军事敌对力量。

重温孙子的名言能给我们很大启发。孙子曰：“实而备之，强而避之……攻其无备，出其不意。”若中国能把对这句话的理解从军事行动层面上升到隐蔽的意识形态斗争和未来世界格局对立的层面，便能“战胜”北约这个军力虽远胜中国，但内部却四分五裂、混乱不堪的对手。

第三部分　抗击美国的导弹防御威胁

为反击美国在全球部署咄咄逼人的导弹防御系统，中国、俄罗斯和伊朗已通过各自和共同的努力，开始组建切实可行的军事防御体系的关键部分。从几年前起，小布什和奥巴马领导的华盛顿政府就把大力部署反导阵列雷达和

奥巴马实施亚洲“枢纽”战略，意图围绕中国建立反导防御系统，让中国在面临美国核打击时无力施展其核威慑力

导弹发射场列为首要任务，意图将中国、俄罗斯和伊朗发动导弹攻击的机会扼杀在摇篮中。

在战争和核军事战略中，如果一方拥有——哪怕仅仅是简单的——反导部署，而其对手毫无反导能力，那么在核战中，有导弹防御的一方就会稳操胜券。但外界意识到这一点的军事战略专家却屈指可数。

可以预见的是，只需一场先发制人的核打击便可摧毁对手的导弹攻击力量。既然这样，遭到打击的就是中国、俄罗斯或伊朗，而且很可能三国同时遭到打击。

冷战时期，华约和北约由于惧怕两败俱伤，在核问题上僵持不下，这一做法被军事战略家称为 MAD ——“相互确保摧毁”（Mutually Assured Destruction）战略。这一战略听上去恐怖，但比起美国独握核武大棒这一局面，却还要安全几分。这是因为，MAD 战略的前提是双方势均力敌，谁都没有决定性的优势来保证己方免于被核战争摧毁，在这一背景下，发动核战争对各国来说皆是“不可想象的”。

若一个国家能抢先拥有核导弹防御系统（NMD），它便在实际上掌握了“先发制人”的能力。罗伯特·鲍曼中校，作为里根时期美国空军导弹防御计划主任，相当正确地把核导弹防御称为“首次核打击的失落环节”。[5]

美国自 20 世纪 70 年代起就在开发核导弹防御系统，并被五角大楼视作最高机密。当时该项目采用陆基防御系统，能够应对有限的导弹攻击。该导弹防御系统由五个部分组成，其中包括能够探测敌方导弹发射并加以追踪的相控阵雷达站。早在 20 世纪 50 年代，前苏联的核打击势力尚未全面成型时，美国就已经计划实施首次核打击了。[6]

欧亚地区的“战略铁三角”

目前中国正在印度洋进行军事部署，五角大楼称之为中国“珍珠链”战略。与此同时，伊朗也增加了波斯湾和阿曼湾的海军部署，扩充海防力量。在具有重要地缘政治意义的亚丁湾海上通道，欧亚三大强国连同其盟

伊朗导弹试验

国沿也门、吉布提和索马里海岸线部署了多艘海军舰艇。

尽管导弹防御系统的部署可能会引发新一轮武器竞赛，美国政府仍不顾多次警告继续我行我素。为保护国土免受可能来自美国或北约的核攻击，中国政府完全有理由积极部署自己的反导弹防御系统并采取相关对策。

鉴于目前的军事现状，按常理推测，中国肯定已经对其战略武器的耐受性和穿透力进行了大规模改进，包括增加武器数量、开发核攻击潜艇、全面增强导弹威力，使其成为可穿越一切导弹防御系统的战略威慑弹。中国扩大战略防御体系的计划包括与同样受美国导弹部署威胁的友邦悄悄合作，比如俄罗斯、朝鲜和伊朗。

2012 年 10 月下旬，美国大选前夕，中国国防部公开驳斥了关于中国人民解放军将进行反卫星导弹试验的报道，“这些报道与事实不符”，国防部发言人杨宇军表示。据说中国正在试验侦察卫星和导航卫星等高轨度瞄准卫星。[7]

早在 2010 年美国政府不顾中国强烈反对向中国台湾地区出售爱国

美国导弹防御系统使北约能在俄罗斯核武器击中目标前将其摧毁。目前美国正在如法炮制针对中国的导弹防御系统

者导弹时，中国官方新闻机构新华通讯社就曾报道中国首个陆地导弹防御体系已试验成功。[8]

2012年10月12日，就在中国国防部发表声明前的两周，朝鲜政府宣布将增强导弹实力，以对抗美军。此举是对韩国欲加大弹道导弹射程的回应。韩国总统曾在早前宣布，韩国将开发射程为800公里的弹道导弹，而美韩协定修改前，曾规定韩国导弹射程不得超过300公里。新导弹射程可覆盖整个朝鲜半岛，提高首尔应对朝鲜导弹威胁的能力。

韩国早前曾加入全球武器控制协议“导弹及其技术控制制度”（MTCR），承诺控制导弹和运送大规模杀伤性武器的无人驾驶飞船。然而韩国现在提高导弹射程的做法违背了该协议，对此，美国总统奥巴马辩解说，韩国此举“完全正当，是应对朝鲜弹道导弹计划的自卫之举。”[9]

如果日本、韩国和澳大利亚继续参与美国的反导弹计划，亚洲将经历一场失控的军备竞赛。对于经济实力更胜一筹的中国，军备竞赛反而有利。同时，近年来日本、韩国和澳大利亚经济对中国的依赖性逐渐增大，中国可以通过许多非间接潜在手段来对这几国施加经济制裁。

美国强迫亚洲国家协助其部署导弹防御体系以对抗中国，此举使中国占领了道德“高地”。中国在营造世界舆论以对抗美国的挑衅性部署时必须运用这一道德上的优势。中国中央电视台或一家专门新成立的电视广播公司投入巨资，在俄罗斯国有频道“今日俄罗斯”（RTTV）节目覆盖地区分别邀请母语为英语、韩语或日语的记者向澳大利亚、韩国或日本人民准确还原事件真相。这是中国营造世界舆论的重要一招。“师夷长技以制夷”，中国必须巧妙利用西方的宣传手段来对付西方的阴险计划。

美国全球导弹防御体系只是五角大楼包围欧亚，尤其是中国、俄罗斯和伊朗的一步棋而已。

首先，为确立美国的核霸主地位，美国军事体系对俄罗斯或中国在应对美国或北约攻击时可能采取的核措施进行了全方位布防。全球导弹防御体系旨在抵御俄罗斯和中国在五角大楼挑起核攻击后的所有核“反击”。

美国导弹防御体系从一开始就设计成具有战略意义的全球性体系，五角大楼早在20世纪90年代甚至更早就开始规划这一体系。日本和美国的北约盟国一直是这一军事计划的合作伙伴，只是参与程度不同而已。[10]

多年来，中国和俄罗斯对美国五角大楼导弹防御体系的全球野心一直心知肚明，曾发表联合声明谴责此举会影响全球战略性均势，不利于全球稳定。2000年7月，中国和俄罗斯甚至联合哈萨克斯坦、吉尔吉斯斯坦和塔吉克斯坦发表联合声明，警告五角大楼的全球导弹防御体系阻碍国际和平，违反《反弹道导弹条约》。尽管一再警告批评美国的行为会造成世界两级敌对，让人想起冷战，但美国政府仍置若罔闻。现在俄罗斯、中国和伊朗正悄然采取非对称措施来对抗美国的导弹部署。

中国要在未来保护其神圣主权不受侵犯，就必须与盟国加强合作共同抵御美国导弹防御体系。在这方面，俄罗斯、中国和伊朗各有所长。集三国之力制定强大战略性对策或可避免核战争爆发。

俄罗斯在增加公海巡游的同时也在增强其海军实力，俄国政府计划在其近海、黑海以及地中海内新建海军基地。目前俄罗斯联邦在俄罗斯领土外拥有两个海军基地，一个是位于黑海的乌克兰塞瓦斯托波尔（Sevastopol）港口，另一个是位于地中海的叙利亚塔尔图斯（Tartus）港口。现在拟新建基地的克里姆林宫将目光投向了加勒比海、中国南海和非洲东海岸（毗邻亚丁湾），其中古巴、越南和塞舌尔（Seychelles）为首选国。

2002 年以前，俄罗斯一直在越南金兰湾（Cam Ranh Bay）驻军。1979 年，越南将该港口租给苏联，1991 年苏联解体后，俄罗斯继承了港口使用权。苏联解体后，俄罗斯还保留了其位于古巴的卢尔德（Lourdes）情报信号基地，用以监视美国。2001 年，该基地关闭。

与此同时，克里姆林宫还在其北极海岸部署军事设施。其在北部新建的北极海军基地即将开放，这是俄罗斯精心策划的北极战略的一部分。该军事基地有两大功能：一是保护俄罗斯领土和能源利益不受罗蒙诺索夫海岭（Lomonosov Ridge）的北约国家侵害；二是为俄罗斯实现全球海洋战略服务。[11]

俄罗斯意识到美国和北约意图限制其在黑海和地中海的军事力量。美国和欧盟想要控制和限制俄罗斯进入叙利亚的海上通道，这使其战略倾向和目标露了馅儿，促使俄罗斯计划在加勒比海、中国南海和非洲东海岸新建海军基地。

俄罗斯在北极修建海军基础设施，在古巴、越南和塞舌尔等国新开海军基地，以确保实现俄罗斯的海军全球部署计划。俄罗斯舰艇可以通过多处进入公海和国外安全停靠基地，这些基地将成为俄罗斯在大西洋和印度洋上的永久停靠港。

俄罗斯位于太平洋海岸上的远东地区海军基础设施使其军舰可以轻松进出公海，同时其在古巴等国增设海军基地可有效确保其海军活动范围不受美国及其盟国限制。

从历史上来讲，海军在俄罗斯武装部队中的使命就是保护俄罗斯海岸，所以俄罗斯海军舰队并不是一支攻击型部队。然而，随着美国五角大楼采取包围战略，俄罗斯正积极改变现状。目前俄罗斯也和中国、伊朗一样正集中力量增强海上军事实力。

俄罗斯升级和扩编海洋核舰队的做法被俄罗斯媒体称为夺取“海上霸主”地位的新举动。克里姆林宫希望其海军舰队具备海上核攻击能力等核优势，这是其应对美国五角大楼全球导弹防御体系和包围策略的直接对策。

到 2020 年，俄罗斯舰队将新增战舰五十余艘、潜艇二十余艘，约 40% 的新潜艇将拥有致命核攻击能力。美国前小布什政府开始在欧洲修建美国导弹防御体系后，俄罗斯便启动了该计划。[12]

在过去几年里，俄罗斯应对美国导弹防御体系的对策逐渐明朗化。2011 年，俄罗斯开始在阿尔汉格尔斯克（Arkhangelsk）港所在的白海进行“北风”（Borey）级潜艇试验，同年宣布开发潜射型拉涅尔（Liner）弹道核导弹，据说该导弹能射穿美国的导弹防御体系。2011 年，俄罗斯开始在巴伦支海（Barents Sea）秘密试射拉涅尔导弹。[13]

实际上，俄罗斯可以凭借其在海上展露的核军事力量新姿态围绕美国巧妙布设多艘移动核潜艇。换句话说，俄罗斯可在海上自由航行的核军舰就像多个“古巴”，借古巴对付美国，这也是俄罗斯发展海外军事基地的原因。是用海上核武装包围还是侧击美国，全由俄罗斯决定。[14]

俄罗斯巧妙利用其海军战略来对付美国五角大楼的全球导弹防御体系。在该进程中，面对美国和北约在冷战后的侵略性核攻击主义，俄罗斯采取了先发制人的核攻击政策。就在俄罗斯进行拉涅尔导弹试验的同一年，俄罗斯联邦战略火箭部队总司令卡拉卡耶夫（Karakayev）称，俄罗斯洲际弹道导弹将在不久的将来实现“隐形”。[15]

伊朗、俄罗斯和中国三国合作

随着西方对波斯湾国家的经济制裁日渐加重，俄罗斯开始悄悄但合法地向伊朗提供重要防御性军事装备。据以色列政府消息，伊朗不仅升级了防御体系，还拥有先进空防系统——俄罗斯制造的 3 个高端 S－400 发射台。

美国弹道导弹防御系统直指中国、俄罗斯和伊朗，其战略指向不言自明

2012年10月，俄罗斯国防部公共委员会主席伊戈尔·卡洛特琴科（Igor Korotchenko）明确表示，包括防空系统在内的防御性军事装备不在联合国制裁范围内。最近俄罗斯向伊朗出售了总价高达130亿美元的先进军事防御装备，但此举并未向西方媒体公布。S－400可发射三种不同导弹，射程最高可达250英里，能有效对抗以色列订购的隐形飞机，成功率高达96%－98%，拦截洲际弹道导弹和"巡航"导弹同样有效。[16]

2012年10月，美国《海军时报》（*Navy Times*）承认："在世界大部分石油通过的波斯湾地区，美国设置的导弹防御体系无法拦截伊朗的高空弹道导弹。伊朗可以派遣大量快速攻击艇袭击大型战舰并将其击沉，同时其隐形潜艇舰队发射的鱼雷速度超过美军舰队的任何鱼雷。"[17] 显然，尽管美国军事规模庞大、预算充足，但其在这样一场战争中并非无坚不摧，这也促使美国政府有选择性地逐渐撤回全球攻击性导弹防御战略。

近年来中国与伊朗加强合作，达成战略关系，中国成为伊朗最大的石油消费国和经济伙伴。尽管最近被美国制裁，伊朗仍成为中国第三大石油出口商。伊朗官员明确强调了中伊伙伴关系的战略性。伊朗外交部长阿里·阿克巴尔·萨利希（Ali Akbar Salehi）表示："伊朗与中国的关系具有战略意义，前景是光明的。"[18] 伊朗将中国视做在全球范围内尤其是中东地区遏制美国势力的新兴经济、政治和军事强国。

---

[1] 兹比格涅夫·布热津斯基，《大棋局：美国的首要地位及其地缘战略》，基本书局（Basic Books），1998年。

[2] 同上，第13页。

[3] 同上，第 14 页。
[4] 同上，第 31 页。
[5] F. 威廉 · 恩道尔，《霸权背后：美国全方位主导战略》，威斯巴登（Wiesbaden），恩道尔出版社（edition.engdahl），2009 年，第 162 页。
[6] 同上。
[7] “中国否认将试射反卫星导弹”，新华社，2012 年 10 月 25 日。
[8] 安德鲁 · 雅各布（Andrew Jacobs）和乔纳森 · 安斯费尔德（Jonathan Ansfield），“中国不满美国对台军售，大搞防御试验”，《纽约时报》，2010 年 1 月 13 日。
[9] “朝鲜增强导弹实力对付美国”，新华社，2012 年 10 月 11 日。
[10] 马赫迪 · 达厄斯 · 纳真若亚（Mahdi Darius Nazemroaya），“军事包围和全球主宰：俄罗斯从海上抵御美国导弹防御体系”，全球研究，2012 年 11 月 4 日，网址：http://www.globalresearch.ca/russia-counters-the-us-missile-shield-from-the-seas/5310516。
[11] 同上。
[12] 同上。
[13] 同上。
[14] 同上。
[15] 同上。
[16] 戈登 · 达夫（Gordon Duff），“以色列的反伊朗计划失败”，2012 年 11 月 5 日，新闻电视台（Press TV）。
[17] 同上。
[18] 法尔斯新闻社（Fars News Agency），“高级分析师强调伊朗对中国具有全球战略意义”，2011 年 6 月 20 日。

第十章
中欧大陆桥

欧亚经济空前繁荣，前景光明，并将持续到下个世纪甚至更远的将来。整合欧亚巨大经济空间的首要举措正通过若干条连接中国、俄罗斯、哈萨克斯坦和西欧局部地区的铁路得以实现，尽管对这些铁路鲜有报道。可以说，这些铁路基础设施是构建欧亚整体新经济市场的重要环节。

经济基础设施的战略地位

近几年，北美和欧盟的市场愈显颓势，欧亚大陆的连接以及中国出口增长的未来市场都取决于新市场的开发，而要开拓横跨欧亚，通向非洲、西欧的新市场则需新建大批基础设施网络，包括高速铁路、现代化高速公路、通讯、电力和能源基础设施。

有了中国、俄罗斯和包括哈萨克斯坦，甚至伊朗在内的欧亚国家的支持，这些基础设施的建设资金不成问题。当然，这从来就不是钱的问题，钱不过是国家信贷的政治产物而已。

与美国和欧盟国家相比，中国在发行债券支持长期基础设施建设方面依然能力卓著、优势巨大。如果中国、俄罗斯和上海合作组织的其他成员国能就此类基础设施真诚合作、互利规划，发起内部融资，从而抛开美元和欧元资本市场，中国、俄罗斯、中亚，甚至是陷入经济困境的西欧国家都将在未来 30 年或更长时期内保持经济复兴。

中国的战略性大陆桥计划

中国和土耳其正在考虑兴建一条横跨土耳其的高速铁路，建成后将成为土耳其有史以来规模最大的铁路项目，一举超越第一次世界大战前的柏林－巴格达铁路。在中国和土耳其 2012 年 4 月初的政府会谈上，该项目被列为重要议程。这条拟建铁路始于与亚美尼亚接壤的最东部边境城市卡尔斯（Kars），横穿土耳其到伊斯坦布尔，与穿越博斯普鲁斯（Bosphorus）海峡的在建铁路隧道马尔马雷（Marmaray）相连，最后到达欧盟的保加利亚和希腊边境附近的埃迪尔内（Edirne），工程总体耗资将达到约 350 亿美元。这条土耳其铁路建成后将完善中国跨欧亚铁路桥项目，使中国货物可以经陆路进入西班牙和英格兰。[1]

卡尔斯－埃迪尔内铁路建成后，乘车穿越土耳其只需 12 个小时，而原来则需 36 个小时，时间缩短 2/3。根据中国与土耳其于 2010 年 10 月签订的协议，中国同意为拟建铁路网项目放贷 300 亿美元。此外，连接阿塞拜疆首都巴库（Baku）和卡尔斯的巴库－第比利斯－卡尔斯（BTK）铁路也正在修建中，这将大大提高卡尔斯－埃迪尔内铁路的战略地位。对于中国而言，这是其跨欧亚铁路基础设施中的重要部分，是连接欧洲和外部市场的关键一环。

埃尔多安（Erdogan）的北京之行因某些其他原因而显得意义非凡，这是自 1985 年以来土耳其首次高规格地派出总理访问中国。埃尔多安被安排与当时的中国副主席习近平展开高层会谈，到中国石油储量丰富的新疆参观，无不展现了中国对土耳其这样一个中东新兴重要战略势力的无比重视。

新疆拥有约 900 万与土耳其一样保留突厥传统、信奉土耳其伊斯兰教逊尼派的维吾尔族人。2009 年 7 月，美国政府通过其资助的非政府组织“国家民主基金会”（National Endowment for Democracy，一个致力于政权颠覆的民间组织）在中国新疆煽动发起了一场

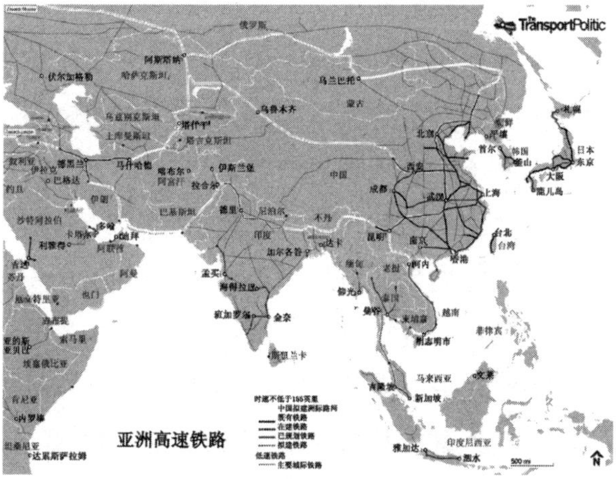

在整个中亚地区建设高速铁路货运、客运基础设施网络，将在十年内打造出全球最大经济空间

由境外指挥、境内行动的有预谋、有组织的、严重的打、砸、烧暴力犯罪事件，导致许多经营店铺的汉族商人死伤严重。为达到不断向中国施压的目的，美国政府反而谴责中国政府应对该事件负责。在2009年的这场事件期间，埃尔多安指责中国政府“搞种族灭绝”，抨击中国人权现状，此举对面临库尔德人问题的土耳其而言堪称冒险。目前，中土双方经济先行的政策导向改变了这种复杂的政治局面。

构建全球最大市场

与米尔顿·弗里德曼（Milton Friedman）及其同僚的教条相反，市场从来就不“自由”，市场是人为打造的。基础设施建设是构建新市场的要素，对广袤的欧亚大陆而言，铁路网络在新市场开拓中至关重要。

20世纪90年代初冷战结束后，欧亚大陆中有大批落后地区再次开放。在经济发展潜力方面，这些地区让富足的北美相形见绌：它们的土地面积约占全球总面积的40%，且大部分是未开发的优质农业用地；人口占全球总量的3/4，人力资源价值不可估量；国家数量约88个；拥有全球已知能源的3/4以及工业化需要的所有矿物资源。

中土铁路磋商不过是中国编织跨欧亚大陆内陆铁路网宏伟蓝图的一部分。中国此举旨在打造全球最大的新经济空间，为其自身，也为所有欧亚国家、中东和西欧开辟巨大市场。直达铁路比船运、卡车运输更快，成本更低，比起空运来更是便宜许多。铁路网建成后，将为中国和沿线欧亚国家的产品注入新的经贸活力。

自第二次世界大战后，欧亚内陆铁路网的前景首次变得明朗，这与两项因素息息相关。首先，苏联解体使欧亚大陆得以以全新方式开放，同时中国对俄罗斯及其欧亚邻国开放，使几十年的互信问题得到解决。与此同时，欧盟向东扩张，与前华沙条约组织国家结盟。

欧亚大陆幅员辽阔，亟须快速的铁路运输。随着集装箱运输量激增，中国及其在欧洲、北美目的地的集装箱港口作业量日趋饱和。新加坡最近取代鹿特丹成为全球货运量最大的港口。在世界金融危机爆发前的2006

年，中国集装箱港口吞吐量的年增长率约为 25%。2007 年，中国港口的集装箱吞吐量约占世界总量的 28%。然而，中国以及俄罗斯的大陆桥战略还有另一方面值得关注。随着上海合作组织（尤其是中国和俄罗斯）以及北约成员国间的军事紧张气氛不断升级，将贸易流转向陆地会更为安全。海运则必须要通过一些高度危险的狭窄通道或要道，如马六甲海峡。

在中国发起修建的跨欧亚大陆铁路网中，土耳其的卡尔斯－埃迪尔内铁路必不可少。19 世纪晚期，铁路基础设施先后改变了欧洲和美洲的经济格局。这些年受此启发，中国这个全球最高效的铁路修建国已悄然将其铁路网延伸到了中亚甚至更远的地方。由于采取了分段修建的方式，迄今为止，中国铁路基础设施建设的宏伟抱负尚未引起西方船运业以外各界的足够关注。

中国修建第二欧亚大陆桥

截至 2011 年，中国已完成第二欧亚大陆桥其负责部分的修建工作。第二欧亚大陆桥始于中国东海港口连云港，经哈萨克斯坦的德鲁日巴（Druzhba），通往中亚、西亚和欧洲，连接多个欧洲国家和地区，最后到达大西洋海岸的荷兰鹿特丹港。

第二欧亚大陆桥是连接太平洋和大西洋的新建铁路，中国至哈萨克斯坦德鲁日巴段由中国完成。这条最新的欧亚大陆桥向西穿过江苏、安徽、河南、陕西、甘肃、新疆六省（区），这六省（区）又分别毗邻山东、山西、湖北、四川、青海、宁夏和内蒙古，因此，覆盖面积约 360,000 平方公里，约占中国陆地总面积的 37%。沿线居民约 4 亿，占中国总人口的 30%。出中国后，该大陆桥可辐射亚洲和欧洲的 40 多个国家和地区，对于没有出海口的中亚和西亚国家尤其重要。

2011 年，中国副总理王岐山宣布了哈萨克斯坦阿斯塔纳（Astana）－阿拉木图（Almaty）高速铁路的修建计划，该铁路预计于 2015 年完工。阿斯塔纳－阿拉木图铁路总长 1,050 公里，采用中国先进的筑路技术，建成后列车时速可高达 350 公里。

目前，德铁辛克铁路汽运有限公司（DB Schenker Rail Automotive）负责为宝马公司（BMW）将汽车零件从莱比锡（Leipzig）运输到中国东北城市沈阳。满载汽车零部件的列车从辛克位于莱比锡的转运站出发，历时 3 周，行驶 11,000 公里，然后到达宝马公司位于辽宁沈阳的工厂，这些部件将用于宝马汽车装配。2011 年 11 月下旬开始，莱比锡开往沈阳的列车改为日发。“直达列车运输需要 23 天，速度是海运的 2 倍，接着通过陆地转运就能到达中国内地”，德铁移动物流股份公司（DB Mobility Logistics）运输与物流部管理层董事会董事卡尔－弗雷德里克·劳施（Karl－Friedrich Rausch）博士表示。这条线路经过波兰、白俄罗斯和俄罗斯到达中国。因轨距不同，集装箱在运输途中需要两次通过起重机来转轨：在波兰－白俄罗斯边境转至俄罗斯宽轨，在俄罗斯－中国边境的满洲里转回标轨。[2]

2011 年 5 月，欧洲第二大港安特卫普港（Port of Antwerp）与中国西南工业枢纽重庆之间开通了日发直达铁路货运列车，运行后大大提高了从欧亚到欧洲的铁路货运速度。从中国东部港口到西欧，走海运会耗时 36 天，而目前安特卫普－重庆铁路货运仅需 20 天－25 天，今后的目标是缩短至 15 天－20 天。往西发送的货物包括汽车和技术产品，往东发送的则主要是化学制品。该项目是安特卫普港和比利时政府与中国以及其他合作方的重点项目。列车运营商包括瑞士联运物流公司琥珀克（Hupac）及其合作伙伴俄罗斯拓亚多式联运有限公司（Russkaya Troyka）和亚欧好运物流有限公司（Eurasia Good Transport）。该铁路线路从安特卫普港出发，途经德国、波兰、乌克兰、俄罗斯和蒙古，最后到达中国重庆，总里程超过 10,000 公里。[3]

第二欧亚大陆桥总长 10,900 公里，中国境内路段约 4,100 公里，与中国古代的丝绸之路平行。这条铁路横穿中国，通往德鲁日巴，与全球最大内陆国哈萨克斯坦的宽轨铁路相连。中国的铁路和公路向西延伸后，中哈两国贸易开始蓬勃发展。2008 年 1 月到 10 月，两国间经霍尔果斯（Khorgos）口岸运输的货物达到 880,000 吨，与去年同期相比增长超过

250%，预计到 2013 年，中哈贸易量将增长 3倍－5 倍。截至 2008 年，亚洲发往欧洲的货物中仅有约 1% 采用陆路运输，由此可见，其发展空间巨大。[4]

铁路从哈萨克斯坦途经俄罗斯、白俄罗斯到达波兰，进入欧盟市场。

另一条铁路通往乌兹别克斯坦的塔什干（Tashkent），这是中亚第一大城市，人口约 200 万。还有一条铁路向西通往土库曼斯坦首都阿什哈巴德（Asgabat），直至伊朗边境。通过一些追加的投资，这些铁路网络如今与中国广阔的区域和市场相连，为鲜有问津的中亚地区带来新的经济机遇。上海合作组织可采取妥善措施来协调欧亚众多铁路基础设施的建设，以便充分利用原有的铁路网络。

俄罗斯的大陆桥

俄罗斯已准备就绪，如果上海合作组织采取这样的战略，其将从中获益良多。第一欧亚大陆桥沿西伯利亚铁路穿越俄罗斯。西伯利亚铁路由俄罗斯人谢尔盖·维特（Sergei Witte）在 19 世纪 90 年代倡议修建，1916 年初步竣工，用于将俄罗斯帝国连为一体。时至今日，总长 9,297 公里的西伯利亚铁路依然是全球最长的单线铁路。西伯利亚铁路又称北部东西走廊，从俄罗斯远东港口海参崴（Vladivostok）穿过欧洲，到达鹿特丹港，全长约 13,000 公里。目前，由于维护和速度问题（最高时速仅 55 公里），西伯利亚铁路在太平洋－大西洋货运中的地位有所下降。

为改善西伯利亚大陆桥的使用情况，俄罗斯曾经有过不少尝试。2008 年 1 月，德国联邦铁路公司（Deutsche Bahn）尝试提供欧亚铁路长途货运服务获得成功。其发出的“北京－汉堡集装箱专列”途经蒙古国、俄罗斯联邦、白俄罗斯和波兰，将中国首都北京和德国港口城市汉堡相连，全程约 10,000 公里（6,200 英里），耗时 15 天，而船运则耗时两倍，约 30 天。这条线路于 2010 年投入商业运营，其中一段利用了现有的西伯利亚铁路。这条铁路的轨距较中国、欧洲列车宽，需要在中国－蒙古国边境和白俄罗斯－波兰边境进行两次装卸转轨作业。

横跨整个欧亚俄罗斯地区的西伯利亚铁路如果能升级成可供高速货运

列车通行的现代化铁路，将为俄罗斯内陆地区的经济发展带来巨大空间。西伯利亚铁路是双轨电气化铁路，至少应对其中某些路段进行改造，以降低整合难度，提高其在欧亚向西货运中的吸引力。

有明显迹象显示，普京总统将在新一届任期内把更多注意力转向欧亚地区。第一欧亚大陆桥的现代化工程可切实开辟新市场，创造新经济活动，从而帮助实现大部分发展目标。如今，美国与欧洲的债券市场充斥着担保等级低的被称为“有毒废物”的证券，人们对国家是否会破产充满担忧，这种情况下，随着欧亚大陆货运量的必然增长，俄罗斯为现代化改造或兴建并行的高速铁路大陆桥而发行的国家债券肯定会受到投资者的热捧。

俄罗斯将在2018年举办世界杯足球比赛，俄希望在此之前兴建一条计划投资200亿美元的高速铁路，目前正与中国和参与投标的中国公司进行磋商。中国铁路建设经验丰富，曾创下在最短时间内完工约12,000公里高速铁路的纪录，这是中国投标的主要优势。值得一提的是，俄罗斯计划通过发行新铁路债券来筹集100亿美元的资金。

第三欧亚大陆桥

在中国政府举办的2009年第五届泛珠三角区域（PPRD）合作与发展论坛上，云南省政府宣布打算加快必需的基础设施建设，以打造第三个欧亚大陆桥，使中国南方通过土耳其与鹿特丹实现陆路相连。2012年4月，中国总理温家宝与埃尔多安曾在北京就此问题展开讨论。云南省省长秦光荣表示：将在2015年完成大陆桥云南省内的路网建设。该项目始于广东沿海港口，以深圳港为中心，最终将经昆明通往缅甸、孟加拉国、印度、巴基斯坦和伊朗，从土耳其进入欧洲。

这条线路比珠江三角洲和鹿特丹之间的海运线路缩短约6,000公里，中国东部制造中心的产品可由此进入亚洲、非洲和欧洲。该计划拟补建系列轨道和现代化公路，总长约1,000公里，这个数字其实并不惊人。要使云南铁路与缅甸和南亚的公路网相连，只需在中国毗邻的缅甸修建300公里长的铁路和公路，建成后将有效帮助中国打通前往印度洋的陆上通道。

第三欧亚大陆桥将穿越 20 个亚洲和欧洲国家，总长约 15,000 公里，较东南海岸经马六甲海峡进入印度洋的海运路线缩短约 3,000公里－6,000 公里。2009 年，沿线地区的贸易总量接近 3,000 亿美元。该计划最终还将形成一条从土耳其途经叙利亚和巴勒斯坦进入埃及的支线，以方便中国－非洲的货运往来。很明显，五角大楼非洲司令部和美国支持的“阿拉伯之春”运动直接影响了这一扩建工程，但将会影响多久目前尚不清楚。

地缘政治因素

对于欧亚经济体与西欧和非洲之间日益增强的联系，并非所有大国都欣然接受。前美国总统顾问兹比格涅夫·布热津斯基（Zbigniew Brzezinski）在其 1997 年出版的著作《大棋局：美国的首要地位及其地缘战略》（*The Grand Chessboard:American Primacy and its Geostrategic Imperatives*）一书中写道：

“简单说来，美国的欧亚地缘战略包括对地缘战略性活跃国进行专门管理……以更为残酷的古帝国时代的说法来讲，帝国地缘战略上的三大迫切问题是：防止附庸国串通一气并让它们在安全上继续依赖，让附庸国保持顺从并给予保护，防止野蛮国联合起来。”[5]

布热津斯基书中的“野蛮国”指中国、俄罗斯及介于两者之间的所有国家；“帝国地缘战略”指美国战略性外交政策；“附庸国”指德国、日本和美国的其他北约盟国。时至今日，布热津斯基的地缘政治理论依然影响着美国的外交政策。

欧亚经济空前繁荣，前景光明，将持续到下个世纪甚至更远的将来。

连接广阔经济空间的首要设施已经就位或正通过这些铁路网络得以兴建。在欧洲、非洲、中东和包括中国与俄罗斯在内的欧亚大陆，有越来越多的人意识到打造这些市场的自发趋势只有一大障碍：北约和美国五角大楼的“全方位主导”（Full Spectrum Dominance）战略。第一次世界大战前，柏林决定修建经奥斯曼土耳其帝国通往柏林和巴格达的铁路工程，此举促使英国战略分子煽动系列事件使欧洲最终卷入了有史以来最具破坏性的一场战争。这次，我们有机会避免欧亚发展遭遇类似的悲惨命运。现在越来越多经济不景气的欧洲国家开始将目光从西转向东，不再像之前那般热切地将欧洲未来经济寄希望于大西洋彼岸。

[1] 《星期日时代报》(*Sunday' s Zaman*)，"土耳其和中国考虑投资350亿美元联合兴建高速铁路项目"，伊斯坦布尔，2012年4月14日，网址：http://www.sundayszaman.com/sunday/newsDetail_getNewsById.action?newsId=277360。

[2] F.威廉·恩道尔，"欧亚经济繁荣和地缘政治：中国大陆桥通向欧洲：中国－土耳其高速铁路"，全球研究，2012年4月27日，网址：http://www.globalresearch.ca/eurasian-economic-boom-and-geopolitics-china-s-land-bridge-to-europe-the-china-turkey-high-speed-railway/30575。

[3] 奥布里（Aubrey Chang），"安特卫普－重庆直达货运列车开通"，2011年5月12日，网址：http://www.industryleadersmagazine.com/antwerp-chongqing-direct-rail-freight-link-launched/。

[4] 同上。

[5] 兹比格涅夫·布热津斯基，《大棋局：美国的首要地位及其地缘战略》，1997年，基本书局（Basic Books），第40页。关于德国－巴格达铁路在第一次世界大战中的地位，参见F.威廉·恩道尔，《石油战争：石油政治决定世界新秩序》(*A Century of War: Anglo – American Oil Politics and the New World Order*)，威斯巴登（Wiesbaden），2011年，恩道尔出版社。

第十一章 西方的要害

中国要进一步寻求国内与国际经济增长、发展的和平之路就必须认清西方的要害——美国和西欧大部分欧盟经济体的霸权、经济和人口正处于衰退晚期。虽然事实如此，却没人敢于指出。中国能否真正崛起？中国会成为世界和平的推手还是沦为战争与致命冲突的源头？这一切都取决于中国如何拿捏西方的要害。

中国国内的薄弱环节

在认真讨论西方的要害前，必须建设性地引入西方地缘政治战略家对中国国内薄弱环节的看法。首当其冲的是西方试图通过其大量宣传喉舌和非政府人权组织来营造这样的印象：执政的中国共产党高层官员与其受命服务的普通民众日趋疏远。

中国在短短30年内财富激增，自然而然诱使多名党内高官或市政地方官员大肆敛财。如果中国共产党容忍这种巨额敛财行为，其合法执政党地位将会受到威胁，胡锦涛主席也在最近的中国共产党第十八次全国代表大会上公开承认和抨击过这一事实。但是，如果中国共产党垮台，将给中国和世界带来巨大灾难，然而这恰恰是西方情报圈的主要目标。这些年来，他们一直借助政治化的非政府“人权”组织，身披貌似合法的外衣在中国挑拨离间，制造纠纷。

面对日益增长的压力，中国共产党领导人可以有多种回应之道。其一是否认存在任何违法问题或官员滥用职权为自身或其家族大肆敛财的行为，然而这种做法在当今社会是极其危险的。其二是杀鸡儆猴，挑出其中的一人或多人作为个别现象进行严惩。

要求党内官员公布个人及家庭财产，严打滥用职权敛财的措施会令许多人惴惴不安，但会更得民心。选举道德高尚的共产党领导层是使群众心悦诚服的唯一方式，且这种做法是完全可行的。对于中国这样一个幅员辽阔、人口稠密的国度，其执政党领导层需要肩负当今世界最艰巨的责任，只有真正廉政爱民的人才能担此重任。就我所知，中国并不缺少这类卓越人才。

中国共产党以及中国人民如何处理滥用职权的问题属于中国内政，只能由他们自己决定。唯一需要警惕的是西方情报机构及其非政府“人权”组织正在大肆挖掘各类丑闻和权力滥用案例，意欲给中国中央政府掀起一种日益增长的动荡氛围。如果对目前存在的实际问题置之不理，不仅会影响中国共产党的前途，还会危及中国作为一个主权国家的未来。

要阻止北约情报机构编造或利用腐败现象制造纠纷，中国中央政府必须认真吸取俄罗斯总统普京和 2009 年由美国煽动的伊朗“绿色革命”后伊朗政府的教训。这意味着中国需要对西方资助的所有非政府组织（NGO）、美国和欧盟政府援助机构，包括美国国际开发署（USAID）、人权观察组织、国家民主基金会（National Endowment for Democracy）等下禁入令。

目前莫斯科和德黑兰已明令禁止这类外国干预行为。在过去 20 年或更长时间里，那些所谓的非政府“人权”组织一直是北约瓦解对手政权的最有力武器。埃及军政府就是因为反应过慢而致使政权落入总统穆罕默德·穆尔西（Mohamed Morsi）领导的“穆斯林兄弟会”（Muslim Brotherhood）手里。

1979 年中国对外开放初期，在许多情况下，中国不经意间让许多西方情报机构趁开放之机长驱直入。如今，面对西方全球主义对手发起的隐蔽战，中国必须采取妥善的应对措施，切不可再冒之前的风险。然而，在严防西方干预的同时，政府必须对民众，尤其是年轻人进行相关教育，让其知晓美国和欧盟非政府组织进入中国的真正原因及其对中国稳定的危害。

西方金融的要害

以超级大国美国为代表的西方国家的主要问题在于：其人民以及政

治、精神、商业的领袖已经丢失了道德罗盘。乍一听可能会觉得恐怖，因为从卡利古拉（Caligula）统治的罗马到希特勒独裁的德国，这些道德沦丧的帝国一直是破坏其他国家的残暴引擎。

20 世纪 80 年代初兴起的“里根革命”要求建立不受监管的自由资本市场，取消政府对银行业的审慎控制，这导致此后 30 年甚至更长时间的道德沦丧，为有史以来的最大金融银行业危机埋下祸根。尽管美国和欧盟银行纷纷否认存在危机以安抚民众，但危机其实比 2007 年美国房地产泡沫首次破灭时更加严重。在此有必要大篇幅援引一名美国经济学家的观点，他认为这场金融银行业危机就是在爆发后的第 6 年，即 2013 年，都远没有结束的迹象：

银行损失超过 2,000 亿美元（可能更多）。约 1 万亿美元资产重返银行资产负债表……随着对冲基金逐渐去杠杆化，将有更多资产重返银行资产负债表，但具体数额目前尚不清楚。

银行需要资金和资本来弥补亏损和因资产返回所减少的收益（IAG——非自愿资产增长）。同行拆借利率居高不下，银行放款速度减慢，部分表明银行正采取现金源紧缩政策，以应对非自愿资产增长。银行通过“乐善好施”的央行和市场筹集资金，主要金融机构则大量发行高信用利差的定期债券……

银行同样需要大量新增资本来弥补损失或按规定支付监管资本以防止资产返回，具体情况如下：

损失：2,000 亿－ 4,000 亿美元；

追加资本：1,000 亿－ 3,000 亿美元［按照返回资产的 10% 计算，《巴塞尔协议》（*Basel*）规定该比率不得低于 8%，但很少有银行执行该水平］。

对于按照《巴塞尔协议 II》运营的银行，信贷模式的违约可能性将导致监管资本增加……所需资本约为全球银行总资本的 15% － 25%……

如何满足这一资本需求目前尚不清楚。新资本最初由主权基金（SWF）和中国的银行提供。鉴于大多数投资者损失惨重，近期内该资金源不太可能被使用。于是银行开始发行“混合型”资本工具，如永久性优先股等等……在许多银行的资本结构中，混合型证券的比例不断上升，对此许多评级机构表示担忧。

资产出售也是资本来源之一，然而资产市场的现状使资本出售不太可行，同时资本出售将给流动性和价格带来更大压力。[1]

衍生品风险权威、经济学家萨蒂亚吉特·达斯（Satyajit Das）随后指出，即便美国和欧盟的主要银行能度过当前的资产负债表危机，下阶段将出现大规模的实体经济通货紧缩：

上述新增资本只能帮助银行修复资产负债表。放款和资产的增加都需要追加资本。银行系统的放贷能力已严重受损，且在可预见的未来不会发生改变。全球金融体系的信贷额有明确分配，如果银行不能重新积累资本，信贷紧缩将会加剧。

近几年，表外交易工具——资产担保性商业票据渠道、结构性投资工具（SIV）、债务抵押债券（CDO）和对冲基金（统称“影子银行”系统）成为新增杠杆。这些工具对银行资金或支持依赖性大，一旦失去支持将很快发生去杠杆化。

资产担保性商业票据渠道、结构性投资工具和债务抵押债券正逐步取消，相关资产重返银行资产负债表。对冲基金业也被强制要求将杠杆比减少1/3到1/2。主要经纪机构和银行大规模紧缩信贷，抬高了所需抵押品的标准，即使是有优质资产的抵押品也不例外。对冲基金杠杆比每减少1/2，涉及资产超过2万亿美元，这也加速了去杠杆化进程。

去杠杆化进程的下一阶段将集中体现在实体经济上……

债务将到期的优质公司会面临更高的借款成本。商业前景黯淡且信用不高的公司，如果重新融资可能会遇到困难……

过去几年发行的非投资型债券主要集中在信贷等级较低的类别，易受经济环境衰退影响。据评级机构标准普尔（Standard & Poor）评估，2/3的非金融债券发行公司目前的评级已沦为垃圾级，而10年前该比例为50%，20年前为40%。最近几年，约一半的高收益债券评级不超过B级。这些借款方在重新融资时将面临重重困难。

个人资产负债表也将面临去杠杆化。美国消费者以及英国、爱尔兰、澳大利亚和新西兰的一小部分消费者靠借款（凭借飞涨的房地产价值）来弥补实际收入降低所产生的缺口。房地产价格下降、信贷难度升高将迫使出现去杠杆化。

通货膨胀也是导致个人资产负债表去杠杆化的一个原因。生活必需品价格上涨，导致用以还债的现金流减少……

经济增长放缓也将加剧去杠杆化……在美国经济中，家庭用品业、房地产业和金融业占到所有经济活动的一半以上，（长期）经济增长放缓可能难以避免。美国需求是全球活动的重要推动力。最近对全球增长放缓的预测表明人们担心……

公司资产负债表呈现不断“金融化”的现象。金融市场变化会对许多依赖“金融工程”而非“实体工程”的公司造成严重影响。通用电气（GE）的问题并不是特例。

对于个人借款者而言，个人收入下降和失业将大大加快去杠杆化进程。随着公司和消费者减少借款，积极储蓄，对未来的不确定性和市场波动性也将加快去杠杆化进程。

实体经济的去杠杆化可能会导致违约事件增加。当所借款项无以为继时，公司和个人将会破产。随着资产价格和杠杆总比水平的调整，金融机构在弥补反向恶性循环时将遭遇更大损失。

中央银行和政府已采取措施来维持流动性并加大对金融业的直接支持。美国和西班牙已施行直接财政激励方案。

这些措施旨在防止金融业出现灾难性崩盘，助推金融业向信誉良好的公司和个人提供正常贷款，防止实体经济放缓导致去杠杆化进一步加速。如果这些措施能使不可避免的去杠杆化进程以及金融资产价格调整平稳进行，那就最好不过了。[2]

上文对西方主要银行在2009年初的情况进行了说明。此后美国联邦储备局实施了史无前例的量化宽松政策并买下了相关银行所有坏账，除此之外，情况几乎没有变化。事实上，大量印钞使美元的世界储备货币地位下降，这让人想起 1923 年的魏玛德国。只不过美国大型银行因为自身资产问题无法借贷，到目前为止一直掩盖了迫在眉睫的美元恶性通货膨胀。

对约 1,600 年前导致罗马帝国灭亡的经济原因稍作分析就能有所启发。罗马帝国也是当时世界上唯一的超级大国，其统治阶级（称为富有的寡头政体也许更为贴切）欲通过侵略战争和掠夺外国土地来扩大帝国版图，遂颁布相关政令。然而这样做并不是为普罗大众谋福利，而是统治阶级想积累个人财富，提高个人权力，这也是罗马帝国从衰退走向灭亡的根本原因。罗马帝国的经济模式建立在对战败国的掠夺上。随着帝国版图扩张，为巩固政权，统治阶级向边远地区派驻了卫戍部队，且对外国雇佣军的依赖日趋增强。

在罗马帝国的军事扩张中，作为帝国中坚力量的农民却变得穷困潦倒。他们被迫离开家园，常年在外征战，结果之一就是导致意大利南部被毁。有钱人把买地作为唯一的稳定投资方式，遂成为大庄园主、大地主。

国内衰退摧毁罗马

有钱人大肆买地导致土地高度集中在少数人手里，由从侵略战争中俘虏回来的奴隶耕种。小农纷纷破产，被迫离开罗马成为无产阶级、雇佣工人。他们没有投票权，也没有其他公民权利，在富人看来，他们不过是可以买卖、操控和攻击敌人的“乌合之众”，他们是庶民、平民、普罗大众。罗马“民主”的实质就是操控平民为帝国效力。[3]

罗马帝国政府并未建立一个恰当的预算体系，政府大肆挥霍资源以维系帝国势力，产出却甚少。当从战败地区掠夺的战利品不再足以支付庞大开支时，政府便开始提高税收，将巨大的军事负担转嫁到人民身上。日渐高昂的税费迫使越来越多的小农放弃耕种，任凭土地荒芜。形势每况愈下，为转移民众的注意力，罗马统治阶级的寡头政客开始向穷人发放免费小麦并提供娱乐消遣，比如马戏、赛车、将基督徒丢去喂狮子，等等。这就是臭名昭著的“面包和马戏”安民之策。

富人买官现象日趋严重，民众则把选票“卖给”各类政客以邀功请赏，虚假民主无处不在。由于越来越多的远方作战不得人心，罗马帝国政府决定将征来的农民军改编成领军饷的正规军，这一根本性改变给罗马带来了致命打击。越南战争后，尼克松总统废除征兵，支持“纯自愿军”的做法，与当年的罗马如出一辙。

随着罗马战士远方作战任务愈加繁重，需要制定更多激励制度来招募新兵。于是仅允许本国公民参军的制度被废除，外国人也可以通过参军获得罗马国籍，这与当今美国政府以获得国籍来换取青年移民为其远赴阿富汗、伊拉克等国外战场作战的做法颇为相似。罗马士兵必须发誓效忠统帅，而非国家。

小农场逐渐被用战利品购买的大庄园所取代，罗马贫富差距逐渐加大。公元2世纪，格拉古（Gracchus）两兄弟试图通过农业改革来限制富有议员的权力从而缩小贫富差距，却落得被有钱人暗杀的下场。

罗马寡头政治愈加堕落。到罗马皇帝统治被推翻前，富人阶层已暴食成性，甚至修起供人吃饱喝足后呕吐的大通道，吐后再吃，暴食之风盛行。

尼禄（Nero）大帝曾说：“我们要征税，征税，再征税！我们要看到他们一无所有！”购买东方香料、丝绸和其他奢侈品榨干了罗马的黄金储备，很快罗马连制造硬币的黄金都不够了，他们不得不减少硬币中的金属含量，到最后干脆一点金子都不掺。

随着时间的流逝，维持罗马庞大军事体系所需开支愈加高昂，为此政府不断增税。到公元3世纪，各种苛捐杂税繁重不堪，人们想方设法逃税、避税。从奥古斯都（Augustus）大帝到戴克里先（Diocletian）大帝，罗马军队规模扩大了一倍，其间由于罗马货币中金、银含量不断减少，导致爆发了长期的通货膨胀。此外，国家政府开支激增。到戴克里先当皇帝时，罗马一共有四个皇帝，这意味着要供养四个皇朝、四支禁卫军、四处宫殿、四组帝王人马！维持罗马国家治安所需费用日渐庞大。[4]

最终，随着罗马帝国停止扩张并开始收缩，支持其全球野心和国内经济的战利品越来越少。军事上过度依赖外部资源导致整个国家死气沉沉、毫无斗志、堕落颓废。将美国在越南战争、伊拉克战争和阿富汗战争中无功而返后的情形拿来与其一比，再相似不过了。

罗马帝国开始逐渐走向衰亡。北方蛮族不断攻击这个一盘散沙的帝国，罗马皇帝气急败坏，开始大肆收买军心，导致国家负债累累，社会道德日趋沦丧，基督徒遭到迫害，竞技场内各色人等死于暴力竞技，而嗜血人群却冷眼欢呼。

公元 3 世纪，罗马货币不断贬值导致罗马帝国最终走向灭亡。随着人们对货币价值的信心渐失，贸易下滑、庄稼歉收、军队像遭遇连连败仗一样士气低迷。

20 世纪 70 年代以来，美元也经历了大幅贬值，美国被迫于 1973 年放弃美元黄金本位，并决定采用浮动汇率。美国政府仰仗其全球军事大国和美元的储备货币地位迫使其他国家（如日本以及过去 20 年在经济上崛起的中国）通过购买美国国债资助其在伊拉克和其他地方的战争。目前，中国持有的美国国债超过万亿美元。过去 30 年里，美元悄然通货膨胀，且日趋严重，导致美国社会出现前所未有的贫富分化，1% 的富人越来越富，而 99% 的穷人却越来越穷，社会分裂加重，抗议不断，比如“占领华尔街运动”。

在经历 20 世纪 60 年代后期毫无意义的越南战争后，美国人民对于美国这个自由之国的意义愈加麻木。伊拉克、阿富汗和反利比亚战争后，美国负债累累，与此同时，其经济基础不断外包至墨西哥、东欧，尤其是中国。

美国债务陷阱

美国债务危机愈演愈烈，美国和美国人民深陷其中。美国联邦政府官员允许华尔街的重要银行自由敛财、创造虚假财富，而不受 20 世纪 70 年代以来的监管措施约束。2012 年底，随着奥巴马的再次当选，美国债务负担空前繁重，其占国内生产总值的比例创下历史新高。包括私债和政府公债在内，美国债务负担总计达到国内年生产总值的336%。从2005年到金融危机爆发的2007年，包括房地产在内的美国债务总额在短短3年间激增11万亿美元即30%，令人咋舌。[5]

美国国债大部分集中在外国政府手中，首当其冲的是中国、日本、沙特阿拉伯和俄罗斯。早在2007年，美国总审计长就曾警告说：“美国经济更多掌握在外国利益群体而非美国人手里，这对于整个国家的金融而言并非明智之选。越来越多的美国国债集中在外国手里，其中一些是我们的盟友，另一些则不是。中国和沙特阿拉伯等国大量持有美国国债，这些债务可能沦为他们对付美国公司和谋取外交利益的有力金融武器。”[6] 这说明，即使中国抛出一小部分美国国债，都可能撬动美国经济。

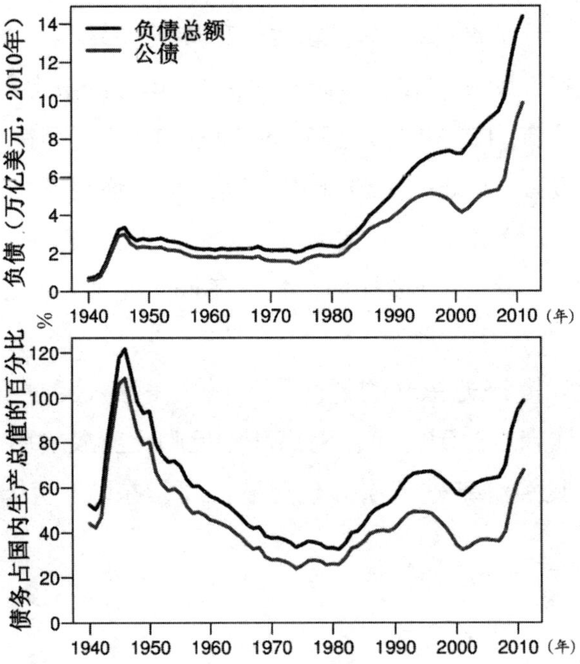

从上面两幅图可以看出，从1945年第二次世界大战结束到70年代末，美国政府负债的名义数额保持相对稳定，且数额较小。随后负债激增，从约3万亿美元增至2011年的14万亿美元，短短30年内涨幅约为500%。2011年，政府债务占国内生产总值的百分比与第二次世界大战债台高筑时一样高

目前美国私债水平比20世纪30年代大萧条时期高出许多，且继续保持增长势头，似乎借债无须承担后果，且无还债限制。大萧条后，美国债务约占国内生产总值的20%，第二次世界大战结束时为40%（战争中总债务占到国内生产总值的100%），20世纪70年代降回至20%。乔治·W.布什担任总统以及两次战争期间，美国联邦债务翻倍，从2001年的约6万亿美元激增至2008年的11万亿美元。

美国债务水平创下新高，且该致命弱点波及面颇广。人们纷纷用存款购买政府债券而非投资工厂和计算机等生产资料，致使产量和收入下降。向世界推销国债的利息成本不断上升，将迫使政府削减项目。

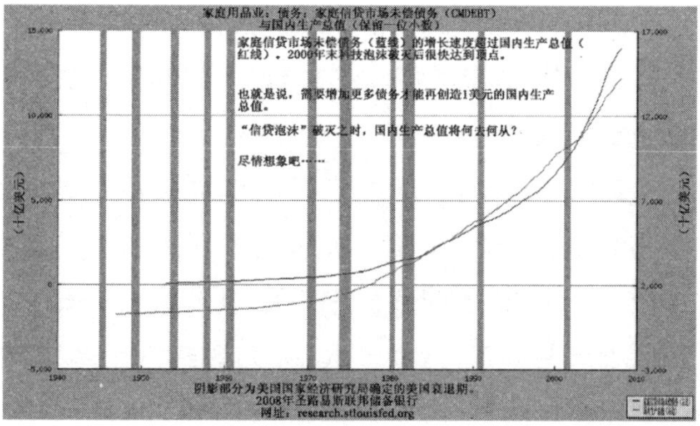

2000 年美国信息科技股泡沫破灭后，私债涨速超过国内生产总值，这使美国极易受到全球信贷抵制

2013 年初美国经济将面临的最大危机是：全球可能联合抵制美国兜售其国债，迫使美国大幅提高国债利率。此举可能会使不堪一击的美国银行体系出现大规模违约和危机。美国常被称为“地球上最富有的国家”，但事实却是美国人民靠借钱度日。

纵观整个美国经济，政府、公司和消费者负债均创下新高。银行等私营实体在过去 30 年里发行的私债激增。通过信贷购买车房、股票和其他消费品的行为使消费额上升，却加剧了债务。在 20 世纪 30 年代的大萧条时期，联邦政府仅有小额负债，然而如今其负债却超过国内生产总值的 103%，且还在迅速增长。

美国“财政悬崖”

2012 年底到 2013 年初，按照美国国会控制联邦赤字和债务指数飙升的愚蠢计划——“休克疗法”，将发生一系列进一步震动美国经济的重大财政事件，包括 2001 年以来的减税方案到期，政府就业计划的终止以及 1.2 万亿美元全面“自动减赤”方案的启动，联邦医疗保险中医生费用的迅速大幅削减，现行的替代性最低税（AMT）优惠到期以及提高国家负债上限的再次需要。美联储主席本·伯南克（Ben Bernanke）称这一系列计划措施为“财政悬崖”。

按照计划，2013 年联邦预算自动削减额和增税额将总计达到 7,000 亿美元。如果无法扭转，这将导致美国国内生产总值减少约 4.5%，使经济进一步陷入低迷。[7]

2007 年，美国房地产投机泡沫破灭后，负面影响不断，包括抵押还款违约或银行收房等。从这些方面来看，这场危机还远远没有结束。到 2012 年，首次抵押危机出现已进入第五个年头，美国国内仍有逾 500 万套私人房产处于违约状态或无力向银行偿还抵押贷款。然而，美国经济的新“休克疗法”计划将接踵而来。[8]

除全美房地产业崩盘外，美国 50 个州缴纳的国税也发生锐减，情况最为严重的是美国经济第一大州加利福尼亚州。如果将加利福尼亚州看成一个国家，那它的国内生产总值可以排到全球第八位。在危机爆发后的第六年，加利福尼亚州的预算赤字翻倍，2012 年达到 160 亿美元。根据法律规定，加利福尼亚州不得有赤字，这说明州预算需要削减 160 亿美元或等额增税，或两者并施。加利福尼亚州政府曾连续发布三份预算，大额削减对公共教育、州立大学和社会福利计划的资助，同时为维持收支平衡采取的措施造成企业再三裁员，却未见成效，在 2012 年加利福尼亚州还是出现了预算危机。[9]

2013 年初，美元处境危险，恐慌性抛售一触即发。美国经常账户赤字巨大，需要海外投资来阻止美元下跌。而要吸引海外投资，美国必须实现经济增长。欧元则没有这个压力，因为其大多数贸易都集中在欧盟内部。只不过过去三年对欧元危机的持续关注阻止了美元出现自由下跌。

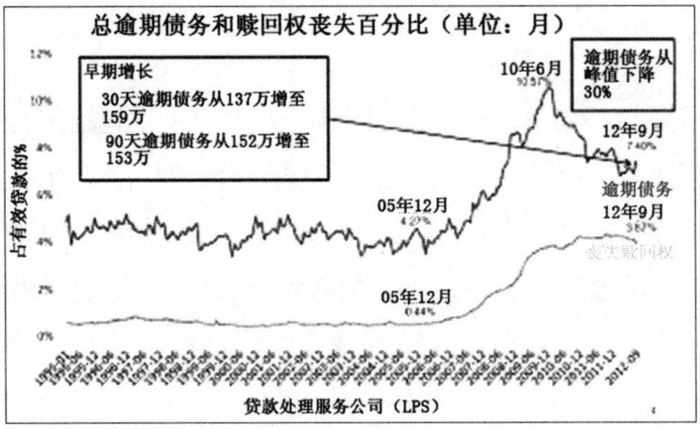

危机爆发 5 年多以后，抵押违约率尚未恢复正常水平

欧元区危机愈演愈烈

与此同时，在欧盟、欧洲中央银行和国际货币基金组织三方施压下，希腊和其他欧元区弱势经济体被迫实施苛刻的紧缩政策。然而结果却适得其反，希腊和西班牙官方失业率均超过 25%。欧盟主要银行濒临破产，靠欧洲中央银行的应急措施勉强支撑。

欧盟国家虽然处境不同，但与美国一样深陷债务陷阱。美国在格林斯潘时期就依靠美国联邦储备局的廉价美元信贷结余度日。2012 年底，欧元区深层结构危机愈演愈烈。意大利和法国的贷款需求陡降 50%，西班牙失业率达到 26%，2013 年恐升至 30%。柏林、欧洲中央银行和国际货币基金组织的策略是不惜一切代价拯救欧元和与欧元挂钩的大银行，牺牲欧盟人民和经济体的利益也在所不惜。[10]

最近国际货币基金组织的报告显示如果整体经济形势持续走低，欧盟主要银行将面临 4 万多亿欧元的信贷紧缩。这将导致所有欧盟国家深陷衰退，比如德国，因其约有 60% 的出口是针对欧盟出口市场。

到 2013 年，美国和西欧这些盛极一时的经济强国将深陷债务危机、腐败、经济衰退和道德沦丧，站在对中国有利的角度必须意识到这点。中国应该根据这一现实局势制定有效经济策略来遏制北约和欧盟串通起来挑衅中国。

印度、俄罗斯、日本、澳大利亚和美国的地缘政治弱点

从美国金融和经济现状可以看出：华尔街和军工集团中主导美国政策的团体将越来越倾向于通过现有军事优势来迫使其他国家成为“美国世纪”的附庸国。

到 2013 年初，华盛顿政府一直千方百计地要将日本、澳大利亚、印度和韩国变成遏制中国经济力量增长的工具。表面看来，中国战略安全形势严峻。

2012 年 11 月，奥巴马竞选总统成功连任后，软弱的日本政府同意与美国加强导弹防御合作，以期遏制中国。[11] 此前几周，日本在美国的默

许之下决定购买位于中国东海的钓鱼岛列屿的几个小岛。钓鱼岛的主权一直存在争议，日本对钓鱼岛进行实际管辖，但中国和中国台湾地区宣称对钓鱼岛享有主权。[12]

日本驻华盛顿大使佐佐江贤一郎（Kenichiro Sasae）表示："美国政府明确认为这些岛屿适用于《日美安全保障条约》。"谈到日本政府就是否应当正式购岛咨询美国意见时，"美国并未（对此举动）表示反对"，佐佐江贤一郎说道，"（美国认为）这应该由日本自己决定"。[13] 日本东京都知事、民族主义分子石原慎太郎（Shintaro Ishihara）曾在 4 月宣布购岛计划。佐佐江贤一郎辩解说日本政府此举旨在抢占先机。

显然，日本商界和政界精英们在中日关系未来走向上进退两难、深陷困境。钓鱼岛争端使中日经济关系遭受重创，且日本没有基本战略理由来公开反对中国这样一个经济强国。在当前形势下，需要中国政府采取睿智的外交战术和战略来化解中日紧张局势。

2012 年底，日本国内风云变幻，日本首相野田领导的政府极可能面临不信任投票危机。与此同时，日本小党派结盟，由日本民主党前党首小泽一郎（Ichiro Ozawa）领导。此前，小泽一郎退出民主党，与其他民主党退党人士共同组建了新党"国民生活第一党"（People's Life First）。国民生活第一党计划从其支持者中选出一名候选人来反对津轻海峡（Tsugaru Straits）青森县（Aomori Prefecture）的大间町（Oma）的在建核电厂，以强调其反核立场。小泽一郎一直公开反对美国插手阿富汗和其他重大问题，如果其联盟能成功组建下一届日本政府，中日关系将出现转机，然而这是美国不愿意看到的。[14]

澳大利亚是中国外交政策上的另一难题，当然对于澳大利亚来说也是如此。2011 年，从澳大利亚西北部黑德兰港（Port Hedland）出口的货物中，有 70% 运往中国，而 2005 年仅为 45%。黑德兰港成为澳大利亚经济发展中不可或缺的重要力量，但仍无法满足中国的庞大需求。过去 8 年里其产量翻了 3 倍，且预计 2016 年会再次翻番。中国对澳大利亚出口品，尤其是原材料的需求是澳大利亚在 2008 年金融危机后未陷入衰退的重要原因。未来几年，澳大利亚对中国的依赖性将逐渐增大。国际货币基金组织估计，过去 10 年里澳大利亚国内生产总值增长中有约 12% 源于中澳贸易，且在未来 10 年这一比例可能会达到 35%。黑德兰港所在的西澳洲州长科林·巴奈特（Colin Barnett）表示，中国可能是该地区在大衰退时期表现强劲的“唯一支柱”。“中国对于自然资源的无尽需求将继续推动我们的经济发展”，巴奈特说。[15]

位于悉尼的智囊团洛伊国际政策研究所（Lowy Institute for International Policy）曾在 2012 年进行过一次相关调查。57% 的调查对象表示，澳大利亚政府过度允许中国在澳投资，65% 的人认为，中国想要主宰澳大利亚。“澳大利亚人在潜意识里越来越担心（中国）”，洛伊执行官迈克尔·韦斯利（Michael Wesley）表示。

澳大利亚总理茱莉亚·杰拉德（Julia Gillard）采取双向策略，一方面增强与美国的军事合作来对付中国，另一方面增加与中国的经贸往来。中国外交政策向来老练、灵敏，同时中国虚心接受对其海外公司（包括澳大利亚公司）做法的中肯批评，因此中国完全有能力平息澳大利亚关于中国经济崛起的担忧。[16]

随着中国对澳大利亚经济的贡献增大，澳大利亚对中国愈加警惕。2010 年，中国法院对英国－澳大利亚矿业巨头力拓集团（Rio Tinto）4 名雇员受贿和窃取商业机密案进行了非公开审理，所做出的有罪判决让澳大利亚人感到震惊。澳大利亚总理茱莉亚·杰拉德一直试图在中美间寻求一种微妙平衡：2012 年 3 月，澳大利亚做出友好保证来讨好美国政府，同时又在 4 月访问北京时与中国签约促进贸易和旅游业发展。

中国是澳大利亚采矿业的命脉。2011 年，中国占到澳大利亚矿物出口量的 37%，而 10 年前仅占 5%。随着中国需求不断增大，2010 年，采矿公司在澳大利亚的投资超过 400 亿美元，是 2005 年的 3 倍，另外还有 1,400 亿美元的采矿和能源项目正在进行中。澳大利亚农业与资源经济和科技局（Australian Bureau of Agricultural and Resource Economics and Sciences）的评估数据显示，这与 6 年前相比翻了差不多 7 倍。“澳大利亚即将迎来 1850 年淘金热后的最大矿业投资潮"，最近澳大利亚财长韦恩·斯万（Wayne Swan）炫耀说。这一切都源于中国。[17]

在澳大利亚增强与北约和五角大楼遏制中国的军事合作后，巨额投资为中国赢得了与澳协商减少军事敌对的巨大空间。

在中国外交上，印度是一个更令人头痛的国家。居心不良的布什政府在印度设立据点作为其在亚洲次大陆遏制中国的又一阵地。就印度而言，印度政府过度依赖英国，现在又依赖美国对中国的战略评估，印度立场始终不够独立，这点可以从笔者与前印度外事服务处（Indian Foreign Service）高级官员的多次讨论中看出。其实这样做对印度极其不利，这将会阻碍其在地区和平经济发展中发挥重要作用。如果印度能与中国展开真诚对话，那中国可以对巴基斯坦的某些对印政策产生积极影响。

一个印度智囊团最近提出了多项建设性方案来增强中印两国的对话与合作，强调了以下三个方面：两国应认清彼此在遏制宗教激进主义方面的共同利益；印度需更加重视北京对遏制的担忧；印度的殖民地痕迹依然浓重。[18]

该印度研究院还呼吁："印度和中国在维护边境和地区和平与稳定方面有许多共同利益，中印两国应积极发展包括两国边境地区和周边小国在内的次区域合作；两国应增加国防交流，确保进行初、中级官员对话；共同参与人道主义救援、赈灾和联合国维和行动，可改善两国在这三方面的合作与协调。鉴于两国所处地区极可能遭受非传统安全因素威胁，中国和印度必须增强这方面的双边合作，其中尤以地方政府参与的次区域合作受威胁影响最大，但必须鼓励这类合作。目前中印经济关系主要集中在贸易上，必须进一步扩大合作，尤其是鼓励自由投资和金融服务。由此产生的复合型相互依赖关系将成为可持续经济合作的基础。"[19]

他们总结说："印美关系在过去十年甚至更长时间里迅速改善（导致中国相当不安），恰恰凸显了印度政府对印美关系与印中关系所投政治资本的巨大差异。事实上，印度政府的对华政策由其官僚部门和军事机构决定。在印度体制中官僚部门包括内政部、情报局、商务部和外交部，这几个部门在决定对华政策时并未积极拓展新思路，反而更注重如何避免出错和维持现状。”

“经历了多年反叛乱战争和购买核武器后，印度军事机构在思考对中军事目标时同样未能摆脱传统思维。所以，印度仍然将重点放在沿实际控制线（LAC）部署武器和部队这类常规军事实力上。印度国家安全政策常常建立在怀疑和最坏打算的基础上，导致许多资源未能物尽其用。印度外交官对中国或中国国内情况不甚关心，仅在不得已时才做出回应。2005 年签署协议后，印度几乎没有提出过任何重大政策方案。官僚部门认为两国关系持续‘稳定’发展，经常在双边和多边论坛平台上进行高层会晤。”[20]

中国的机遇

西方势力，尤其是美国正处心积虑地对中国施加威胁性遏制。在全球动荡日渐加剧的今天，如何巧妙利用这些威胁来加强稳定与和平，一个绝佳的机会摆在中国面前，拥有灿烂历史文化和儒家传统的中国可以大打文化牌。在海外的中国公司必须坚持卓越，在亚非欠发达地区要积极利用自身优势，而非一味模仿其欧美竞争对手。中国中央政府已颁布有利税收措施来鼓励中国海外公司营造良好的企业公民形象。从非洲的殖民经历来看，非洲对中国公司的开放和善意是中国的宝贵财富，切不可因为缺少道德监督而白白浪费。所以打造良好企业公民形象，刻不容缓。

尽管当今中国仍存在不少实质性问题，但中国也拥有其他国家无法比拟的宝贵资源。近些年在中国国内与学生、教授、工人和农民进行大量讨论后，笔者认为，大多数中国人都肩负着一种使命感，他们坚信中国会成为创造历史的大国。尽管本书满怀期待，但真正做起来却并不容易。过去 60 年，甚至是过去 2,500 年的历史告诉我们：在优秀国家领导人的卓越远见指引下，中华民族定能创造辉煌！

[1] 萨蒂亚吉特·达斯（Satyajit Das），“萨蒂亚吉特·达斯对核心去杠杆化的看法”，2008 年 5 月 13 日，网址：http://www.nakedcapitalism.com/2008/05/satyajit-das-on-nuclear-de-leveraging.html#l2sByQawGXIvSGCI.99。

[2] 同上。

[3] 马特兹·罗曼诺夫斯基（Mateusz Romanowski），“古罗马：帝国的衰亡”，网址：http://www.ancient-rome.biz/downfall.html。

[4] 约瑟夫·佩登（Josef Peden），“罗马帝国的通货膨胀与灭亡”，米塞斯研究院（Mises Institute），1984 年 10 月 27 日，网址：http://www.marketoracle.co.uk/Article12831.html。

[5] 雷克斯·纳丁（Rex Nutting），“美国债务负担减速创 50 年代以来最高”，2012 年 6 月 8 日，市场观察网（MarketWatch）。

[6] 大卫·沃克（David Walker），美国总审计长，2007 年 7 月 23 日，网址：http://business.timesonline.co.uk/tol/business/markets/united_states/article2120735.ece。

[7] 美国尽责联邦预算委员会（Committee for a Responsible Federal Budget），“债台高筑与财政悬崖之间”，网址：http://crfb.org/sites/default/files/Between_a_Mountain_of_Debt_and_a_Fiscal_Cliff.pdf。

[8] 汤姆·劳勒（Tom Lawler），“‘三房’（房地美、房利美和房管局）和私有品牌证券机构欠房企的清单”，2012 年 11 月 8 日，网址：http://www.calculatedriskblog.com/2012/11/lawler-reo-inventory-of-fs-and-pls.html#OCeAjSSCqHAS4hcC.99 。

[9]《纽约时报》，“加州预算危机”，2012 年 11 月 6 日，网址：http://topics.nytimes.com/topics/news/national/usstatesterritoriesandpossessions/california/budget_crisis_2008_09/index.html。

[10] 安波斯·埃文斯·普里查德（Ambrose Evans Pritchard），“希腊青年失业率达 58%，谁能阻止受虐货币学派？”，《每日电讯报》，2012 年 11 月 8 日，网址：http://blogs.telegraph.co.uk/finance/ambroseevans-pritchard/100021180/who-will-stop-the-sado-monetarists-as-jobless-youth-hits-58pc-in-greece/。

[11] 园田浩二（Koji Sonoda），“日美同意修改防御协定”，2012 年 11 月 11 日，《朝日新闻》（*Asahi Shimbun*），网址：http://ajw.asahi.com/article/behind_news/politics/AJ201211110057。

[12] 仓重七惠（Nanae Kurashige），“外交官表示美国不能在钓鱼岛问题上保持中立”，2012 年 10 月 31 日，《朝日新闻》，网址：http://ajw.asahi.com/article/behind_news/politics/AJ201210310054。

[13] 同上。

[14] 维基百科，小泽一郎，网址：http://en.wikipedia.org/wiki/Ichir%C5%8D_Ozawa。

[15] 迈克尔·舒曼（Michael Schuman），“中国矿场”，《时代杂志》，2011 年 6 月 19 日，网址：http://www.time.com/time/magazine/article/0,9171,2075236,00.html#ixzz2BvUafWbH。

[16] 同上。

[17] 同上。

[18] 郑嘉宾（Jabin T. Jacob），“印度对华政策：摆脱政治摇摆”，南洋理工大学拉贾拉南国际问题研究院（S. RAJARATNAM SCHOOL OF INTERNATIONAL STUDIES, NANYANG TECHNOLOGICAL UNIVERSITY），新加坡，网址：http://www.rsis.edu.sg/publications/policy_papers/Time%20to%20Overcome%20Political%20Drift.pdf。

[19] 同上。

[20] 同上。

后　记

胡锦涛十八大报告

世界历史风云变幻，值此关键时刻，中国哲学先圣孙子的智慧之言恰如其分。笔耕至此，已是2012年底，显然中国远非乌云压顶、四面楚歌。即将离任的胡锦涛主席在2012年11月的十八大上发表了重要讲话，仔细研读，字里行间无不透着一股积极之风、向上之气，不难发现中国领导人对于国家面临的各种威胁正日趋明了。要想措施得当，就必须首先了解真相。

大多数西方政客，尤其是美国总统喜欢借用选举时的陈词滥调来忽悠公众，比如称"现在正是空前的好时候"，而胡锦涛的讲话却一针见血、针砭时弊，值得称颂。下面我摘录了他讲话中与本书所述威胁，至少是部分威胁相关的重要战略论述。

在第三部分"全面建成小康社会和全面深化改革开放的目标"中，胡锦涛讲到：

——经济持续健康发展。转变经济发展方式取得重大进展，在发展平衡性、协调性、可持续性明显增强的基础上，实现国内生产总值和城乡居民人均收入比2010年翻一番。科技进步对经济增长的贡献率大幅上升，进入创新型国家行列。工业化基本实现，信息化水平大幅提升，城镇化质量明显提高，农业现代化和社会主义新农村建设成效显著，区域协调发展机制基本形成。对外开放水平进一步提高，国际竞争力明显增强。

——人民民主不断扩大。民主制度更加完善，民主形式更加丰富，人民积极性、主动性、创造性进一步发挥。依法治国基本方略全面落实，法治政府基本建成，司法公信力不断提高，人权得到切实尊重和保障。

——文化软实力显著增强。社会主义核心价值体系深入人心，公民文明素质和社会文明程度明显提高。文化产品更加丰富，公共文化服务体系基本建成，文化产业成为国民经济支柱性产业，中华文化走出去迈出更大步伐，社会主义文化强国建设基础更加坚实。[1]

要实现 8 年内国内生产总值翻一番的宏伟目标，就必须制定谨慎的经济战略。中国具备人口优势，可源源不断地提供廉价劳动力，再加上良好的国际大环境，这两个因素的完美结合催生了中国在 1989 年后的经济发展“奇迹”。然而昔日机遇难以重现，所以中国绝不能将希望寄托于美国和欧洲这两个日渐衰退的经济体，而只有自主创新才有出路。

胡锦涛关于农业现代化的讲话非常重要。然而，正如我们前面所讨论的一样，并非所有现代化都会为这片土地和人民带来福利，转基因工程、化学除草剂和杀虫剂尤其如此，在引进现代化方法时必须慎之又慎。在中国即将面临的艰难考验和崎岖道路中，扩大真正的人民民主对于维持社会凝聚力至关重要。

发展“软实力”

胡锦涛在这次讲话中提到了国家“软实力”，这点非常有趣。中国在近年来一直努力通过劝说和自身魅力来赢得海外影响力，也就是通常所说的通过文化、教育和外交方面的来往，而非诉诸威胁或武力。从派遣医生和教师出国工作、接收海外留学生到资助海外中文项目，中国加大了对文化交流的支持力度。

2005年，中国教育部推出新计划，旨在推动美国大学和全球语言学校的汉语教学。中国文化对世界多地的影响已开始显现，且正在逐步传播、渗透。目前中国计划在世界范围内增设100所孔子学院，以传播中国文化和语言，向汉语学生教授简体字。美国政府一直把中国渲染成一个残忍、处处设限的独裁国家，为还击这样的恶劣宣传，展现软实力的另一渠道就是通过多媒体向世界正面介绍中国。中国拥有丰富的文化资源，在开设100所孔子学院的同时，还可以实施传统中医师培训项目。西方有数千万民众对西医疗效不满，中医的市场前景广阔。

读者在阅读这本书时，在对中国安全、主权、健康和全面战争的描述中读到胡锦涛主席的讲话全文时，不难发现中国共产党领导层对其中大部分威胁了若指掌，并打算采取应对措施。下面我将简短引用胡锦涛讲话中最具战略意义的要点：

——人民生活水平全面提高。基本公共服务均等化总体实现。全民受教育程度和创新人才培养水平明显提高，进入人才强国和人力资源强国行列，教育现代化基本实现。就业更加充分。收入分配差距缩小，中等收入群体持续扩大，扶贫对象大幅减少。社会保障全民覆盖，人人享有基本医疗卫生服务，住房保障体系基本形成，社会和谐稳定。

——资源节约型、环境友好型社会建设取得重大进展。主体功能区布局基本形成，资源循环利用体系初步建立。单位国内生产总值能源消耗和二氧化碳排放大幅下降，主要污染物排放总量显著减少。森林覆盖率提高，生态系统稳定性增强，人居环境明显改善。

——要加快完善社会主义市场经济体制，完善公有制为主体、多种所有制经济共同发展的基本经济制度，完善按劳分配为主体、多种分配方式并存的分配制度……

——深化改革是加快转变经济发展方式的关键。经济体制改革的核心问题是处理好政府和市场的关系，必须更加尊重市场规律，更好发挥政府作用。要毫不动摇巩固和发展公有制经济，推行公有制多种实现形式，深化国有企业改革，完善各类国有资产管理体制，推动国有资本更多投向关系国家安全和国民经济命脉的重要行业和关键领域，不断增强国有经济活力、控制力、影响力……

——解决好农业农村农民问题是全党工作重中之重，城乡发展一体化是解决“三农”问题的根本途径。要加大统筹城乡发展力度，增强农村发展活力，逐步缩小城乡差距，促进城乡共同繁荣。坚持工业反哺农业、城市支持农村和多予少取放活方针，加大强农惠农富农政策力度，让广大农民平等参与现代化进程、共同分享现代化成果。……坚持计划生育的基本国策，提高出生人口素质，逐步完善政策，促进人口长期均衡发展……

——国土是生态文明建设的空间载体，必须珍惜每一寸国土。要按照人口资源环境相均衡、经济社会生态效益相统一的原则，控制开发强度，调整空间结构，促进生产空间集约高效、生活空间宜居适度、生态空间山清水秀，给自然留下更多修复空间，给农业留下更多良田，给子孙后代留下天蓝、地绿、水净的美好家园。加快实施主体功能区战略，推动各地区严格按照主体功能定位发展，构建科学合理的城市化格局、农业发展格局、生态安全格局。提高海洋资源开发能力，发展海洋经济，保护海洋生态环境，坚决维护国家海洋权益，建设海洋强国……

——加强水源地保护和用水总量管理，推进水循环利用，建设节水型社会。严守耕地保护红线，严格土地用途管制。加强矿产资源勘查、保护、合理开发……

——要适应国家发展战略和安全战略新要求，着眼全面履行新世纪新阶段军队历史使命，贯彻新时期积极防御军事战略方针，与时俱进加强军事战略指导，高度关注海洋、太空、网络空间安全……

——紧跟世界新军事革命加速发展的潮流，积极稳妥进行国防和军队改革，推动中国特色军事变革深入发展。坚持以创新发展军事理论为先导，着力提高国防科技工业自主创新能力，深入推进军队组织形态现代化，构建中国特色现代军事力量体系……

世界仍然很不安宁。国际金融危机影响深远，世界经济增长不稳定不确定因素增多，全球发展不平衡加剧，霸权主义、强权政治和新干涉主义有所上升，局部动荡频繁发生，粮食安全、能源资源安全、网络安全等全球性问题更加突出……

——人类只有一个地球，各国共处一个世界。历史昭示我们，弱肉强食不是人类共存之道，穷兵黩武无法带来美好世界……

——党面临的执政考验、改革开放考验、市场经济考验、外部环境考验是长期的、复杂的、严峻的，精神懈怠危险、能力不足危险、脱离群众危险、消极腐败危险更加尖锐地摆在全党面前。不断提高党的领导水平和执政水平、提高拒腐防变和抵御风险能力，是党巩固执政地位、实现执政使命必须解决好的重大课题……

——坚定不移反对腐败，永葆共产党人清正廉洁的政治本色。反对腐败、建设廉洁政治，是党一贯坚持的鲜明政治立场，是人民关注的重大政治问题。这个问题解决不好，就会对党造成致命伤害，甚至亡党亡国。反腐倡廉必须常抓不懈，拒腐防变必须警钟长鸣。要坚持中国特色反腐倡廉道路，坚持标本兼治、综合治理、惩防并举、注重预防方针……[2]

胡锦涛在讲话中呼吁“建设资源节约型、环境友好型社会”“主要污染物排放总量显著减少”等。在这一讲话的指导下，在全面利用压裂技术和向地下水注入有毒物质开采页岩气和页岩油之前，中国迫切需要对页岩气可能产生的环境影响进行全面独立的评估，并向人们介绍开采的利弊。这一做法同样适用于农药对环境的影响，比如含草甘膦的抗农达和新烟碱类杀虫剂。

未来 10 年，中国国内是和平安宁，还是像如今的利比亚或叙利亚一样沦为混乱滋生的温床，胡锦涛关于全面打击政府机关腐败的讲话以及新一任领导人习近平的相关措施或将决定一切。对于本书所讨论的中国内部问题，西方列强一直虎视眈眈，欲大做文章。

此处引用的胡锦涛讲话还应结合亚洲重大新经济方案进行解读。

亚洲新经济空间

2012 年 11 月 20 日，第 21 届东盟峰会在柬埔寨金边举行，但这场盛会几乎遭到了西方媒体的全面禁播。在峰会上，中国、东盟成员国以及日本、印度、韩国、澳大利亚和新西兰领导人发表开启区域全面经济伙伴关系谈判的联合声明，为推动《自由贸易协定》（FTA）下的贸易和投资铺平道路。[3]

这届峰会标志着区域全面经济伙伴关系（RCEP）谈判的正式启动。从许多方面来讲，全面经济伙伴关系的创立是地缘政治的一大步，尤其重要的是，这是第一个未邀请美国参加的主要国际贸易区。区域全面经济伙伴关系建立后，区域内可能形成最大的单一市场，远远超过美国和欧盟的传统市场。[4]

柬埔寨商务部部长占蒲拉西（Cham Prasidh）表示："我们将打造一个超越欧美的合作区域。单看中国和印度的总人口，东盟就占世界人口的一半以上，且经济实力强劲、雄厚，所以我们努力在东盟框架下通过谈判来建立一个新市场，一个没有出口关税和配额限制的市场。虽然我们已经开启了一扇门，但我们还需要努力开启另一扇门来确保出口长期稳定。"

区域全面经济伙伴关系可在区域内构建一个统一市场，极其庞大，覆盖人口超过 30 亿，综合国内生产总值约 19.78 万亿美元，超过全球市场的一半，约占全球经济产值的 1/3。2013 年初，将开启区域全面经济伙伴关系谈判，预计于 2015 年底结束，同时成立东盟经济共同体（AEC）。区域全面经济伙伴关系将加强东盟经济共同体，并建立包括 16 个国家的全球最大活力增长型单一市场。亚洲和中国经济的未来不在欧洲或北美，恰恰相反，西欧国家和美国的经济未来在中国、俄罗斯、欧亚，在与东盟国家的合作之中，那些能超越西方社团主义霸权统治梦想并具有远见卓识的人士都能看清这一点。[5] 区域全面经济伙伴关系将涉及经济和技术方面的合作，使处于各种发展水平的所有成员国都能深化、拓宽经济参与度，充分利用各种机会。

值得注意的是，美国总统奥巴马的"转向"计划一直处心积虑筹建反中国贸易区，而创建区域全面经济伙伴关系的“东盟 +”模式直接给了这一计划一记响亮的耳光。之前奥巴马呼吁召开将中国排除在外的《泛太平洋战略经济伙伴关系协定》（TPP）成员国会议。在东盟峰会积极推动内部自由贸易谈判的同时，奥巴马主持下的美国、文莱、马来西亚、新加坡、越南、澳大利亚和新西兰会议并不成功。[6]

大卫·P. 戈德曼（David P. Goldman，笔名斯彭格勒，Spengler）在《亚洲时报》（*Asia Times*）发表评论称：

“奥巴马试图通过柬埔寨峰会来兜售美国主导的《泛太平洋战略经济伙伴关系协定》，以排挤中国，但 30 亿亚洲人民的代表更有理由青睐一个排除美国的区域组织。美国政府可能希望将重心转向亚洲，但在金边，亚洲领导人却要求奥巴马转身回家。”戈德曼补充道：“上周，有 1 项提议几乎毫无异议地获得一致通过，让美国和奥巴马本人都颜面尽失，美国的处境可见一斑。我指的是 11 月 20 日东盟峰会在金边发表的声明：占世界一半人口的 15 个亚洲国家将建立美国以外的区域全面经济伙伴关系。奥巴马参会原本是想兜售美国主导的《泛太平洋战略经济伙伴关系协定》，以排挤中国，但他失败了，没人站在他那边。”[7]

进入 2010 年以来，西方文明的霸主地位开始摇摇欲坠，面临深入的威胁。自工业革命开始，15 世纪末欧洲成为全球霸主，哥伦布代表西班牙发现西印度群岛后，也许这是首次出现这样的局面。

5 个多世纪后，世界迎来了属于亚太经济的新千年。中国及其各阶层精英必须意识到美国和西方全球主义权力掮客在未来计划上存在严重分歧。如果中国及其东盟和欧亚盟国（主要是俄罗斯、印度和日本）悄然、慎重地研究出帮助美国利益群体走出危机的积极道路，则中国和全世界可避免欧美为保护其垂死霸权主义而有可能引发的第三次世界大战。

笔者是一个美国人，在其人生 60 年里，美国自由和发展的逐渐毁灭让其深感悲痛，故撰写此书，借此书期望世界关系迈进更加公平、和平的新时代。

1941 年 12 月 7 日珍珠港事件爆发，此后美国霸权主义开始在西方世界的大多数地区崛起，是巧合亦或天意，今天刚好是珍珠港事件纪念日。如今霸权主义穷途末路，新的世界格局尚未成型，是在公正和平的基础上与美国和西欧展开合作，还是发起冲突和毁灭性战争，这一切都取决于我们。

F. 威廉·恩道尔，写于威斯巴登

F. William Engdahl

2012 年 12 月 7 日

[1] 胡锦涛十八大讲话全文，新华网英文版（English.news.cn），2012 年 11 月 17 日，网址：http://news.xinhuanet.com/english/special/18cpcnc/2012-11/17/c_131981259.htm。

[2] 同上。

[3] 湄·昆玛卡拉（May Kunmakara），“区域全面经济伙伴关系将开创巨大市场”，《金边邮报》（*Phnom Penh Post*），2012 年 11 月 22 日，网址：http://www.phnompenhpost.com/index.php/2012112259887/Business/regional-comprehensive-economic-partnership-to-create-huge-market.html。

[4] 同上。

[5] 同上。

[6]《曼谷邮报》（*Bangkok Post*），“东盟领导人开启区域全面经济伙伴关系谈判”，2012 年 11 月 21 日，网址：http://www.bangkokpost.com/news/local/322261/asean-leaders-begin-rcep-negotiations。

[7] 大卫·P. 戈德曼（笔名：斯彭格勒），“金边创造后美国时代新世界”，2012 年 11 月 27 日，网址：http://www.atimes.com/atimes/Global_Economy/NK27Dj02.html。